卓越领导力系列丛书

高效能组织领导力

聚焦战略目标有效落地

High-Performance Organizational Leadership

Focus on effective landing of strategic goals

庄进城 著

中国法制出版社

CHINA LEGAL PUBLISHING HOUSE

图书在版编目(CIP)数据

高效能组织领导力：聚焦战略目标有效落地 / 庄进城著. —北京：中国法制出版社，2020.4（2023.3重印）

（卓越领导力系列丛书）

ISBN 978-7-5216-0954-7

Ⅰ.①高… Ⅱ.①庄… Ⅲ.①企业管理—组织管理学 Ⅳ.① F272.9

中国版本图书馆 CIP 数据核字（2020）第 041508 号

策划编辑：潘孝莉

责任编辑：马春芳　　　　　　　　　　　　　　　封面设计：汪要军

高效能组织领导力：聚焦战略目标有效落地
GAOXIAONENG ZUZHI LINGDAOLI: JUJIAO ZHANLUE MUBIAO YOUXIAO LUODI

著者 / 庄进城

经销 / 新华书店

印刷 / 北京虎彩文化传播有限公司

开本 / 710 毫米 × 1000 毫米　16 开　　　　印张 / 18.25　字数 / 252 千

版次 / 2020 年 4 月第 1 版　　　　　　　　　2023 年 3 月第 2 次印刷

中国法制出版社出版

书号 ISBN 978-7-5216-0954-7　　　　　　　　　　　　　定价：69.00 元

北京西单横二条 2 号　邮政编码 100031　　　传真：010-66031119

网址：http://www.zgfzs.com　　　　　　　　编辑部电话：010-66073673

市场营销部电话：010-66033393　　　　　　邮购部电话：010-66033288

（如有印装质量问题，请与本社印务部联系调换。电话：010-66032926）

推荐语

这是一本打造组织战斗力、落实战略目标执行并充分结合心理运用的好书。如果今年你只看一本书，这绝对是你的首选！

——张旭男，智烨 NLP 教练学院院长，美国 NLP 大学 Master Trainer

庄进城先生凭借多年的企业大学培训经验以及企业管理实践的思考，从整体、立体的视角，从个体、团队、组织的不同层次以及人、事、为、果的不同维度等方面，全方位阐述战略目标落地的实操技术，是管理者打造高绩效组织非常实用的落地工具。整本书的写作既有理论的高度，又有实践实操的技术，企业管理者和高校学生可以各取所需。

——王永丽博士、教授，中山大学管理学院

本书作者构建了一套清晰的逻辑体系，对自己多年来有关组织效能促进的实践经验和理论思考进行总结和提炼。全书既有整体全局观，又能着眼于细节，可以为组织战略落地提供有价值的指导和启发。

——白新文博士、副研究员，中国科学院心理研究所聚焦战略目标，创建与设计高效能组织，本书堪称不可多得之作。

——陆小英博士，中央民族大学

本书为企业战略目标有效落地提供方法论和实用工具包，逻辑清晰地为读者剖析理论，实战层面更具指导性。

——何惠献，维达国际控股有限公司营销副总裁

企业发展到几千人、几万人，仅靠经验管理模式无法适应快速变化的市场，而且很多企业普遍面临着传承的压力。本书从企业管理实践出发，创造性地提炼出公式：战略目标落地＝方向一致 × 上下齐心（G=D×H），并把管理要素层层分解与展开，能帮助企业创建一套战略规划和经营落地的管理循环机制，指导企业建立起一套能有效将战略目标落地执行、个人经验转化成企业能力的高效能组织系统，为还在探索转型或正在转型中的企业提供有效的思想、工具和方法。

——袁智勇，浙江红蜻蜓股份有限公司副总裁、董事长特别助理

一个企业要取得长期持续发展，不仅仅要定好战略，更要关注如何使之有效落地。庄老师创造性地提出了战略目标落地理论，通过两大要素、四大保障机制，清晰勾勒出行之有效的实现路径图。本书为我们理解战略目标落地提供了一个全新的视角，值得一读。

——肖冬云，特步（中国）有限公司人力资源高级总监兼特步大学执行校长

"上下同欲者胜，同舟共济者赢"，这在组织治理中一直是个知易行难的道理。如何构建健康平衡的组织场域、如何让员工与组织不再备受身心灵欲的割裂分离、如何将战略文化驱动下的目标变成大家共同的经营认知、如何将科学严谨的西方管理学与大道无形而至简的东方哲学做完美结合让大家远离组织之殇？非常欣喜《高效能组织领导力：聚焦战略目标有效落地》的出版。在书中，进城就如何保证组织能量场域（战略—组织—人—群体）与个体能量场域的一致性给出了系统解答。在我眼里，它是我拜读过的最好的组织发展工具书之一。

——吕冰然，原美设国际人力行政副总裁

进城兄职业生涯已有 20 余年，在多家品牌企业和上市公司任职高管，勤勉务实、专业精进，并拥有 MBA 知识面，在战略、人力资源、营销管理领域有丰富的实战经历和成功案例，尤其在推动战略落地之组织效能、人才培养和团队执行力等方面有独到的经验和沉淀，本书在打造卓越的组织效能、机制建设、目标管理和战略落地上有实际的指导和借鉴意义，值得向企业和职业经理人隆重推荐。

——刘庆先，原特步集团高级副总裁

庄老师将系统论、控制论和信息论的思维巧妙地应用于他的新书《高效能组织领导力：聚焦战略目标有效落地》之中，使得新书逻辑性强、内容环环相扣。同时，大量实践性的工具将帮助读者轻松地将这些理论应用于实际工作中，帮助实现战略目标落地。

——李挺生，宝马集团中国学院技术培训经理

推荐序

企业的核心竞争力到底是什么？

我的答案：团队，一支上下同欲、左右同行的高能量、高组织能力的团队。

无数企业，其创始人并不缺乏伟大的理想和愿景，但缺乏构建一支高能量团队的能力。

制订清晰的发展战略，不易；把战略落地执行为结果，更难！

日本无印良品前社长松井忠三说过：无印良品每年花5%的时间做战略，然后用95%的时间做执行。

企业的战略执行，不是一两个人的事，而是一大群人的事。

从纵向来看，战略决策是决策层少数人的意图，但要传递到管理层，再传递到执行层，最终通过执行层的战术行为来支撑和落实战略意图。此为上下同欲。

从横向来看，战略决策要分解为品牌、产品、研发、采购、生产、市场、销售等多个垂直专业领域的分工与协同，再加上人、财、物、数等各类资源的支撑，才能通力协作而成。此为左右同行。

但如何做到纵向、横向的一体化，让一群人有一个人的整体性、协调性？

进城老师在书中给出的，有理念，有框架，有方法，有工具，有实操，可以说完整地解答了这个复杂、系统的问题。

正在做企业的、正任职高管的、正准备搞创业的，都应该静下心来，认真看一看这本书。

企业家应该做好的，与其说是提供给客户需要的高质量产品和服务，不如说是缔造一支能够给客户持续提供高质量产品和服务的高能量、高组织能力的团队。

好书，往往不需要很多，真正理论和实践兼具、效果和效率兼得的书，一两本足矣。

穆兆曦

优识营销管理咨询公司董事长，优识营销学院院长，宜和宜美COO

中国·北京

序 言

古希腊哲学家亚里士多德最早提出第一性原理："在每个系统探索中存在第一性原理，第一性原理是基本的命题和假设，不能被省略和删除，也不能被违反。"

Tesla（特斯拉公司）、SpaceX（太空探索技术公司）和 Hyperloop One（超级高铁公司）的 CEO 埃隆·马斯克说：

"不要只追随潮流。从物理方法的角度思考是很好的，就是第一性原理。这是一个很好的方法，可以弄清楚某件事是否真的有意义。"

"这不是类比推理，而是你把事情分解为最基本的事实。你可以从这里出发去想象和推理。"

"这很难做到，但如果你试图做些新的事情，这是最好的思考方式。这真的是一种非常强大的思考方式。"

"创造高效能组织"正是在实践中探索"聚焦战略目标有效落地"的不变的第一性原理。

组织就像鸟巢，战略就像鸟巢里的蛋，孕育出新生命后展翅飞翔。战略目标落地就是一个孵化出新生命并展翅飞翔的过程。作为一个不可分割的整体，战略目标落地包含两个核心因素：事与人。事，代表组织走什么路；人，则决定组织能走多远。

刘慈欣创作的长篇小说《三体》里最著名的"黑暗森林法则"在最近10多年的商业实践中逐步成为常态，原有行业霸主顷刻之间被异业所颠覆，企业遇到前所未有的易变性、不确定性、复杂性和模糊性（VUCA）的挑战。

从众多规模几千万、几亿元的互联网企业，规模十几亿元但在细分领域里一枝独秀的国有企业，规模几十亿元的知名服装企业，规模几百亿元的消费品行业领导者当中，我们发现一个共同挑战：如何高效地实现战略目标落地。

当商潮退去，我们才知道到底谁在"裸泳"。

如果"高效地实现战略目标落地"这个问题真的无解，那么又如何解释那些历经百年沧桑依然生机勃勃的组织呢？

这背后的本质和规律到底是什么？

某天，S事业部总经理向我们提出为其管理层做一场管理培训的需求。在深入调查后，我们才发现该组织面临着诸多挑战：人与人之间关系淡漠，相互从内心不能接受对方，部门之间协作乏善可陈，甚至相互掣肘，消耗能量，大家越来越没有成就感，业绩领先优势快速减弱，甚至被另一事业部赶超。但我们有一个坚定信念，即一定能从根本上帮助该组织改变现状。很快，我们决定在S事业部以试点方式实施一个项目。为了给这个项目取个有意义的名字，我们按照"好问题"的三个标准来思考：

1. 一旦这个问题被解决，能带来巨大的收益；

2. 这个问题一定可以被解决；

3. 当人们看到这个问题时，充满激情，激发潜能。

"创造高效能组织"正是在这样的背景下，经过多次讨论之后确定下来的。我们认为高效能组织具有五大特征：高效益、高效率、高投资回报率、高能量、可持续发展，并且设计了"Inside-out organization leadership model（由内而外的组织领导力模型）"，包括：打开自我防御、正确自我认知、积极领导自我、高效领导团队、实现突破成果五个核心过程。项目的终极目的是使组织成员达成"方向一致，上下齐心"，使战略目标落地水到渠成，实现组织可持续发展。最终我们在只花了1万元左右的极低成本下，不仅将组织健康指数提升了34.5%，而且人均产能同比增长了14.3552%（另一事业部为2.81%），库存周转率同比增长了8.2145%（另一事业部为0.13%），净利润额目标进度同比提升了 17.99%。

该组织取得"战略目标落地"的优秀成果，正是项目组里的每个成员通过学习与实践并发生"由内而外"的改变所致。在项目实施中，我们看到组织成员中具有安全感的人越来越多，成员之间的相互信任度在逐步改善，相互之间的认可、尊重行为越来越多样化，相互协作与支持也越来越顺畅。

与此同时，我们也看到有些限制条件依然在起非常大的约束作用。由于 S 事业部实施的是内部独立核算制，厂与厂之间依然存在着明显的竞争和潜在利益冲突可能性，我们也从项目跟踪中发现，整个组织在"关注集体成果"和"相互信任"方面目前处于 65—70 分（满分 100 分）的位置，因此，项目还需要持续深化。

在汇报第一阶段成果之后，我们将这个模式复制到营销事业部，结合营销事业部的实际情况，对项目逻辑与主题、进度管理、质量管理进行定制化升级。在实施过程中，我们欣喜地看到营销事业部项目组成员非常兴奋，这个项目的实施带领管理团队解决了多个实际业务过程中的挑战，让他们感受到"战略目标落地"在掌控之中。从半年间隔的两次测评结果对比看：个人安全感为 20.25，上升 2.38%，在正常范围内，说明组织心理上处于健康状态；焦虑值为 37.88，下降 5.70%，在正常范围内，说明团队耐挫能力越来越强；归属感为 83.4，说明成员把自己当成组织的一分子，拥有良好的认同、维持关系；心理资本为 110.45，上升 6.95%，为良好水平以上，说明团队可以接受更大挑战；团队协作水平为 6.74 分（满分 9 分），上升 5.51%，达到中等偏上水平；学习型组织水平为 74.87，上升 13.32%，达到中等水平；组织健康指数为 7.79，上升 14.57%，接近良好水平。

在这些实践基础上，我们以"Create a high performance organization with high positive energy（创造高效能组织）"申请了 ATD（人才发展协会）2018 年度"Leadership/Management Development（领导力/管理）"奖项，并最终获得了"Excellence in Practice Award（卓越实践奖）"。这是 2018 年度全球 7 个"Leadership/Management Development"奖项之一，也是 2018 年度中国

企业获得的唯一"Leadership/Management Development"奖项。

该项目有两个核心假设：其一，组织是一个不可分割的整体，因此，项目组成员包括了总经理、副总经理、总监、经理、主管；其二，组织成员当下就具备创造突破性成果的内在丰盛资源，项目组成员能够发挥集体智慧的力量，不断创新突破。

在组织中每个成员的每个行为背后都有心理因素起支持作用。从2017年开始，在中国科学院心理研究所系统地学习管理者心理资本硕士学位系列课程并取得美国NLP大学"NLP Practitioner（NLP专业执行师）"的严格认证后，我得以更深入的将心理学原理与"创造高效能组织"项目结合起来，并以心理学原理来解释和引导"战略目标落地"过程中所采取的一系列干预措施，不断推进"个体身心平衡""团队关系平衡"与"组织场域平衡"的整体生态平衡状态，朝着可持续发展组织的方向前进。

在此，我要特别感谢给予我持续帮助和指导的老师和同事：

鲍勃·卡特勒（Bob Cutler），一位来自美国的非常慈祥的、富有智慧的长者。在他的指导下，本书关于战略目标落地逻辑体系的理论基础更加扎实、案例更加丰富而翔实。

穆兆曦先生，优识营销管理咨询公司董事长、优识营销学院院长、宜和宜美COO，也是我多年的领导。正是因为穆兆曦先生的严格要求、悉心指导与帮助，使我对战略目标落地实践有更强的信心。

王永丽博士，国立中山大学管理学院教授。在王老师的指导下，本书对组织行为学和幸福学的理解和应用更加丰满。

白新文博士，中国科学院心理研究所副研究员。在白老师的指导下，本书在团队构成、团队认知、团队过程、团队绩效与心智模式构建方面更加具有针对性与实用性。

陆小英博士，专攻发展心理学领域，中央民族大学老师。在她的指导下，本书在现代心理学原理的理解和应用方面更加扎实。

张旭男老师，智烨NLP教练学院院长、美国NLP大学全球"Master

Trainer"之一。在他的指导、严格训练与认证下，我成为大陆首批获得美国NLP大学认证的"NLP Practitioner"之一。

在不涉及知识产权、企业机密信息的前提下，我将把我所理解的有关创造高效能组织的知识、逻辑、方法论与工具都毫无保留地分享出来，期待着更多有识之士能从中获得"战略目标落地"的一些启发和帮助。

同时，由于本人学识和视野有限，不能面面俱到，如果读者能从更多基础学科研究中获得启发，如物理、化学、人文、量子力学等基础科学和前沿学科，或许会有更多新的收获。

期待着大家在此基础上为可持续发展的高效能组织不断创新和突破。

最后，我要感谢我亲爱的家人给予我的充分理解和支持，是他们给我创造了一个安全的物理空间和心理空间，让我可以在一个安全、自由、轻松和开放的环境里完成这本书籍的写作：

庄清水，我亲爱的爸爸，正是爸爸坚定的信念和父爱指引着我前进的方向；苏雪梅，我亲爱的妈妈，正是妈妈的温柔与慈爱让我拥有温馨的心灵港湾；庄杨城，我亲爱的哥哥，正是哥哥在背后为我撑起一把兄弟之情的大伞，让我可以放心地出去学习和探索；还有我的岳父余达民和岳母郑玉荷，他们给予我的小家庭许多无私的爱。

余晓颖，我亲爱的太太，我的灵魂伴侣，是她给予了我信心，她以一个伟大母亲的形象给予我无穷的力量；庄一诺，我亲爱的儿子，上帝赐给我们的聪明、可爱的孩子，他用健康的生命展示了上帝的爱的伟大奇迹，让我们亲眼见证"上帝与我们同在"的神迹，给予我们无穷的动力。

我爱你们！

庄进城
中国·厦门

目 录

第一部分
战略目标落地面临的真正挑战

第一章　战略目标落地核心　3

战略目标落地目的：组织可持续发展　3

战略目标落地核心："方向一致"与"上下齐心"　8

战略目标落地假设：无限的潜能　11

理解层次：激发潜能过程　11

人类三脑：激发潜能原理　16

战略目标落地的整体形态：高效能组织　19

第二章　战略目标落地逻辑　45

战略目标落地公式："方向一致"×"上下齐心"　45

四大机制：参与、项目、激励、创新　47

四个子系统：事、人、为、果　49

实现方向一致的逻辑：两个维度和七个环节　51

实现上下齐心的逻辑：三个层次和四大环节　53

动态平衡：减少过程损失　56

第二部分
方向一致：编织战略目标落地的生意逻辑网

第三章　三个共同（VMG）：咬文嚼字　73

共同愿景——Shared Vision　74

共同使命——Shared Mission　77

共同目标——Shared Goal　79

VMG 共同程度指数　82

第四章　生意逻辑（OGSM-PRE）：字斟句酌　87

OGSM：横向环环相扣　87

OGSM：纵向层层深入　108

PRE：计划的匹配性　114

PRE：资源配置优先级　118

PRE：紧密地辅导执行　119

第三部分
上下齐心：打造战略目标落地的高能量组织

第五章　四个共同（SBVL）：闻出能量味道　123

　　共同身份（Status）　124

　　共同信念（Belief）　125

　　共同价值观（Values）　127

　　共同语言（Language）　131

第六章　个体身心平衡：平静安稳　135

　　个体动机：理解为何，接纳任何　138

　　个体信念：必胜　160

　　个体价值观：信（Faith）　168

　　个体思维与行为准则　171

第七章　团队关系平衡：自然涌动　188

　　团队动机：信任与和谐　190

　　团队信念：发挥优势组合　195

　　团队价值观：望（Hope）　204

　　团队思维与行为准则　208

第八章　组织场域平衡：浑然一体　210

　　组织动机：整体大于局部之和　210

　　组织信念：持续生命力　218

　　组织价值观：爱（Love）　251

　　组织思维与行为准则　253

第四部分
战略目标落地指数应用

第九章　基本算法　263

　　战略目标落地指数计算　263

　　战略目标落地指数提升策略　266

第十章　关键原则　271

　　严肃的方向研讨　271

　　严谨的逻辑验证　272

　　清晰的视觉呈现　272

　　灵活、弹性、有创意的思维与行为准则　273

参考文献　275

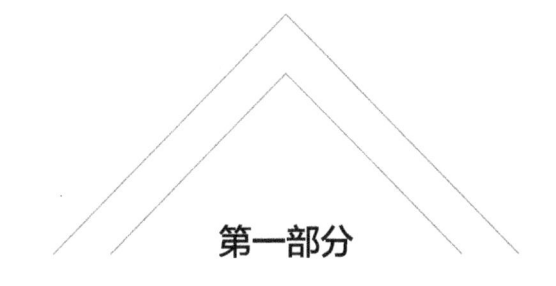

第一部分
战略目标落地面临的真正挑战

"我们懂得了很多道理,却依然过不好这一生。"

这句话包含三个假设:

第一,道理是真理;

第二,我们真懂了;

第三,懂了就能过好一生。

然而,这三个假设往往都不成立。

战略目标落地亦是如此。

因此,我们要透过现象看本质。

第一章

战略目标落地核心

战略目标落地目的：组织可持续发展

在现实中，组织正面临着看似无解的问题循环挑战。

有些人喜欢站在现在看过去，他们看到的是问题，是事物阴影的部分，在针对这些问题实施了相应的解决办法的同时，也为未来创造出了更多的问题。组织今天面临的问题往往来自昨天的解，而今天的解又造成了明天的问题。这是一个看似无解的问题循环。正如事物有两面，一面是阳光，一面是阴影，阴影总是伴随着阳光。然而，我们的视角决定了我们所看到的是阴影还是阳光。

组织面临的无解循环挑战体现在以下方面：

1. 老板、高层、中层和基层对组织方向未达成共识，组织战略目标无法有效落地；

2. 老板与高层在方向上存在偏差，高层与中层之间的理解与衔接存在落差，中层与基层之间的管理与指导存在误差；

3. 组织中基层人员与组织的愿景和使命之间没有关联；

4. 组织中的关系错综复杂，在组织内部彼此消耗能量；

……

这样的组织呈现出的状态如图 1-1 所示。

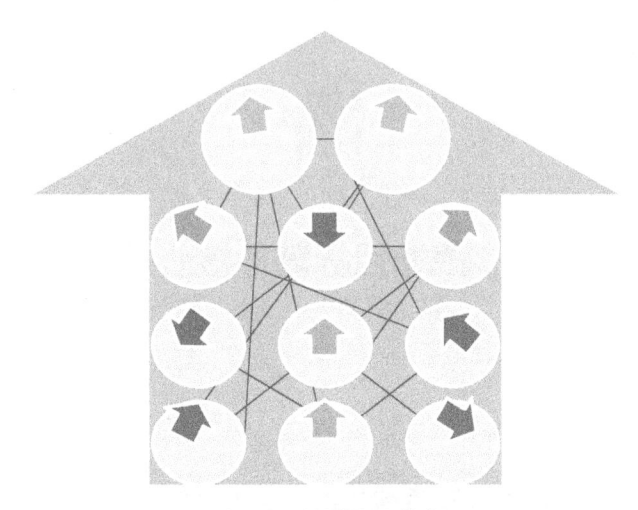

图 1-1　问题组织状态

在这样的组织氛围里，越是有才华、有内驱力的人越是感觉不舒服。我们很难想象组织成员会有多少信心和冲劲来追求共同的目标，更谈不上去追求共同的愿景。缺乏成就感使有能力的人选择离开组织，留下来的人当中有部分是离开这个组织就会失去生存能力的人。然而，企业要持续发展，就要不断地追求战略目标落地，此时，老板会发现人才越来越匮乏。为了解决人才供应问题，企业不断加码招聘力度和加薪幅度，邀请有才华的人加入。然而，有才华的人嗅觉往往很灵敏，他们从第一次接触企业开始就从各个细节中不断地验证自己对组织文化的判断，一旦发现苗头不对，要么选择改变自己以融入现有文化，要么选择快速离开。人才品牌资产没有增值，不好的口碑反而造成招聘越来越难。能量内耗使组织进入一个新的人才供应链的问题循环。

并且，组织要的不仅是短期目标实现，还是战略目标持续落地，使组织可持续发展。

那么，如何成就一个可持续发展的组织呢？

当马云宣布阿里巴巴要做102岁的企业时，有多少人能感受到他当年处理阿里巴巴小二贪贿事件时的心情；当华为确定了奋斗者文化的时候，有谁理解任正非看到自己花了三年时间才挖过来的跨国公司高级副总裁未配合做标准的入职训练时，他是怎样做出坚定决断的；当李宁公司业绩从近百亿元突然掉头直下的时候，有谁知道李宁是以一种怎样的意志力将李宁品牌从此前的定位重新拉升起来的。无论是阿里巴巴这样全球领先的互联网企业，还是像华为这样真正实现全球化运作的高科技企业，抑或是李宁这样具有代表性的品牌服装企业，他们所做出的每一个重大决策与行动，无不指向一个共同点：需要有一股强大的正能量流来成就一个可持续发展的组织。

当组织呈现出高度的"方向一致"，并且"上下齐心"，组织里的人际关系简单、氛围轻松开放、内部沟通顺畅，人们在工作中消耗能量的同时，也因为在做着"由内而外"驱动的事业而享受其中的乐趣，因此整个组织呈现出积极向上、高正能量、高绩效的整体状态。我们称这样的组织为"高效能组织"，如图1-2所示：

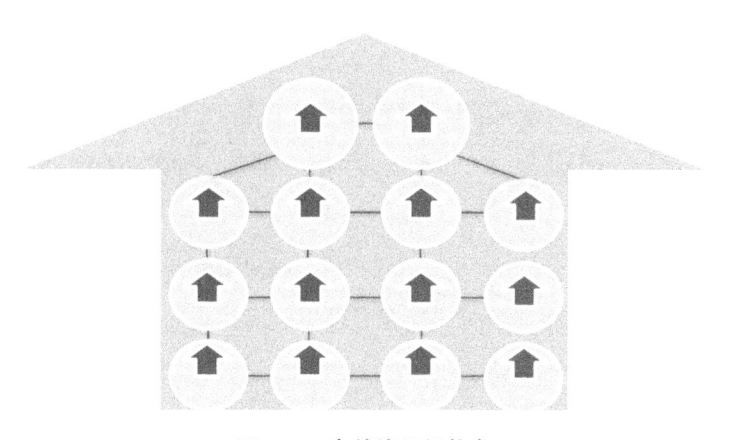

图1-2 高效能组织状态

1. 高效能组织的五大特征

高效能组织指的是一个呈现出高效率的工作过程，高效益的工作成果，以最适当的投入获得最大的产出，以及高正能量的精神面貌，实现可持续性发展的组织。这样的组织充满爱，爱能创造奇迹。它具有以下五大特征：

第一，高效益，指的是组织为客户创造价值的同时，获得高利润回报；

第二，高效率，指的是组织内部工作过程高效率地为客户创造价值；

第三，高投入产出，指的是组织以最适当的投入获得最大的产出；

第四，高正能量，指的是组织里充满爱，正能量流在组织里自然涌动；

第五，可持续发展，指的是组织作为一个整体实现生态平衡，具有可持续性。

2. 组织发展的"六桶金"理论

从改革开放到现在，中国经济快速发展的根本动力在于解放了生产力，特别是企业的活力得到释放。中国经济发展从"摸着石头过河"开始，经历了具有各自特点的不同发展阶段，原中山大学管理学院院长吴能全教授总结了"五桶金"理论：

第一桶金——胆识：20世纪80年代，第一个敢吃螃蟹的人挖到了第一桶金，许多知名民营企业正是在那个时期发展起来的。

第二桶金——关系：20世纪90年代，拥有各种关系的人挖到了第二桶金。

第三桶金——分配：21世纪00年代，解决了利益分配的组织挖到了第三桶金。华为正是在那个时候配置了虚拟股票并实现了利益分配，大大地激发了组织成员的奋斗精神。

第四桶金——知识：21世纪10年代，知识经济大力发展，拥有自主创新能力的企业获得了长足发展，华为同样是这方面的典型代表，其目前拥有的5G专利技术占全球5G专利技术的近1/3。

第五桶金——文化：21世纪20年代，文化将成为多数组织发展的核心推动力，阿里巴巴的"因为信任，所以简单"极大激发了组织成员的内在动力。

在吴能全教授"五桶金"理论的基础上，我增加了一个可能在未来若干年起决定性作用的因素，即：

第六桶金——智慧：21世纪30年代后，大数据、人工智能、量子力学理论将带给人类极大的发展，中国科技将在更多领域里领先全球，同时，中国以"仁、义、礼、智、信"为核心的儒家文化和以"整体"视角出发的中医文化将会被世界越来越多的组织所理解和接纳，基于知识和文化对人、事、物的本质和发展规律的深刻洞察与应用将以"整体"的形式呈现出巨大的生命力能量，驱动着组织可持续发展。

图 1-3 组织发展的"六桶金"理论

3. 组织不缺优秀战略，但缺战略目标落地

在依靠"知识"取胜的年代里，多数企业不缺优秀战略，缺的是战略目标落地。

成功的企业均有一个共同之处：拥有清晰的愿景和坚定的信念。让企业的愿景成为组织里所有成员都能够清晰地看到、听到和感受到的共同愿景，并由内而外地认同和追求，众志成城，披荆斩棘，实现突破性成果，这是组织要持续追求的方向。

然而，众多组织正处于与此相反的困境之中，深受困扰。企业确定了未来发展方向和战略，如果CEO（首席执行官）和VP（副总裁）在理解和接受程度上出现些微的差异，他们所带领的品牌、研发、供应链、销售和职能团队将以数倍的比例迅速放大这些差异，以致这些团队自身的发展方向与组织的发展方向出现更大偏差，甚至表面一致但实际背道而驰。他们不仅没有成为组织不断前进的动力，反而成为一股阻力，阻碍着组织健康成长。这样的偏差也导致各个业务模块、职能模块之间失去共同为客户创造价值的根本方向，相互之间为团队和个人利益而无视集体利益，最终导致组织战略目标落地受阻。由此，组织进入一种人为混沌的状态当中，然而这并不是大家的初衷。那么，是什么导致"集体创造了每个人都不想看到的结果"呢？

企业清晰的使命召唤着组织前进的力量，受到对方向理解的偏差、团队利益冲突、信念不坚定、思维固化的冲击和阻碍，使得战略目标落地受阻。老板越来越忙，凡事亲力亲为，越来越累，却又苦于没有合适的管理人员来帮助，因此不断地通过猎头招聘新的高层管理人员，深陷于一个新的无解的问题循环当中。

因此，企业不缺愿景和战略，缺的是战略目标落地。

战略目标落地核心："方向一致"与"上下齐心"

如果可以找到问题的根源，透过现象洞察本质，这样的企业可能获得又一次新生，实现真正意义上的"二次创业"。这也是企业老板在经历阵痛之后自我觉察的开始。那么，如何更好地使企业战略目标落地呢？

企业的业绩目标越高，最终看到的实际成果与目标之间的差距可能越大，导致老板的压力越来越大、心情越来越不好，从而对下属的工作实施越来越多的直接干预，下属的压力越来越大、心情越来越不好，也直接影响到上下级之间的信任关系；上司干预次数越多导致员工投入度降低，上司越来越忙，状态越来越不好，又进一步影响上司的心情，同时影响决策的准确率；员工心情不好，投入度降低进一步影响了员工士气，导致组织里抱怨四起，组织的执行效率越来越低，从而影响了业绩结果的实现，导致与目标之间的差距越来越大。

如果没有找到这些现象背后的根本解，这样的非良性循环最终将会导致企业目标无法达到股东期望，老板承受巨大压力，高管纷纷离职，各级人员怨声载道，组织处于分崩离析的边缘。如果我们能从中找到恶性循环的关键环节，洞察事物背后的本质和发展规律，我们就能够及时实施干预，从而将恶性循环转化为良性循环。

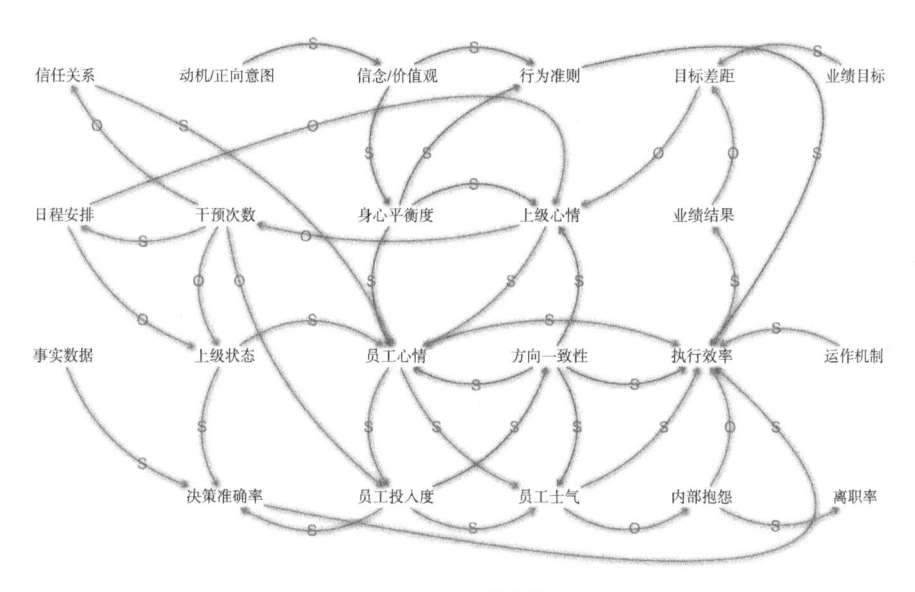

图 1-4　组织发展循环

企业发展包括两大要素，一是生意发展，二是组织发展。如果把企业发展当作一个大系统，那么，生意发展就是"事"的子系统，组织发展就是"人"的子系统，两者和谐统一，共同构成企业发展的整体系统。

"成事在人"和"以人成事"在本质上讲的就是一个共同点：组织是一个不可分割的整体，通过实现战略目标落地帮助组织实现可持续发展。

"事"的子系统，即生意发展系统，从企业的愿景、使命开始，树立起生意发展的基本方向。战略目标、战略规划、战略解码、落地计划、资源匹配、项目与运营体系、执行跟踪与评估等每一个环节都在为"共同方向"所服务。

"人"的子系统，即组织发展系统，包含个体、团队、组织三个层面。实现个体身心平衡、团队关系平衡、组织场域平衡就能帮助组织实现生态平衡。当企业照顾到组织成员的需要和动机，就有可能看到他们背后的正向意图，从而引导他们松动固化的信念，扩大价值观，创新思维模式，从而使行为准则变得灵活、弹性、有创意。在此基础上，当面临某一问题或压力时，坚信自己可以找到至少三个新的选择的信念，他们就能够最大限度地发挥自己的主观能动性，由内而外地追求突破性的成果、共同愿景和使命，从而在帮助企业实现组织价值增值的同时，实现自我价值的升华。

达成"方向一致"不仅可以使上司压力减小，还可以改善员工心情，提升执行效率，改善企业业绩结果，降低目标差距，从而让老板心情更好，员工心情更好，员工投入度更高，也会进一步促进方向的一致性，进而形成团队士气更高昂、工作效率越来越高、成果越来越好的良性循环。

实现各级人员个体的"身心平衡"，让个体处于平静和安稳的状态，将帮助一个人更加客观、全面、完整、动态、灵活地看待其他人、事、物。当一个人处于身心平衡状态，他就会感受到世界的美好，看到遭遇巨大挫折是上帝要给他一个生命启示，看到组织成员行为背后的动机和正向意图，个体的思维和行为准则变得灵活、弹性、有创意，突破一种固化模式，从而使得团队中人与人之间的关系得以平衡，进而实现组织场域平衡。灵活、弹性、有创意的思维与行为准则帮助个体有效应对外界的千变万化，从而持续提升执行效率，提升业绩结果，减小目标差距，让老板心情越来越好，也让自己的心情越来越好，工作投入度增加，执行率提升，从而形成一个良性循环系统。一个在系统中最灵活的部分往往也就是对系统影响最大的部分，个体对组织的影响力也因此获得增加。

"方向一致"和通过"生态平衡"而实现的"上下齐心"就形成了组织战略目标落地的核心。实现这两点使组织运作进入一个良性循环轨道当中。

从因果循环图中，我们可以清晰地看出，"方向一致"和"上下齐心"虽然是影响整个系统的两个独立因素，但两者共同构成了一个完整的系统，共同致力于创造高效能组织，帮助战略目标落地，实现组织可持续发展。

战略目标落地假设：无限的潜能

战略目标落地这个命题包含三个核心假设：
1. 战略是有效的。
2. 目标是可以实现的。
3. 存在这样的路径、机制和方法让战略目标有效落地。

基于这三个核心假设做进一步思考，我们能否在对现有组织做最小变动的前提下，实现战略目标落地？如果这个可能性是存在的，那么以下是重要的核心假设：

4. 现有的组织已经具备实现战略目标落地所需要的一切资源。
5. 对现有组织资源进行重新组合，就能实现"1+1>N（N远远大于2）"。

无论是多好的愿景、使命和战略目标，最终都要通过组织来实现，"成事在人"和"事在人为"正体现了这一点。两者都有一个共同的假设前提：只要"人"愿意，通过"为"一定能"成事"。因此，激发"人"的意愿、发现"人"的价值，从个人、团队和组织三个层级最大化地激发潜能，成为战略目标落地的核心任务之一。

实际上，组织本来的样子就很好。

理解层次：激发潜能过程

潜能，指的是潜在的能量，人的潜能是无限的。那么，人的潜能是如何被激发出来的呢？当我们遇到挑战的时候，往往也是激发潜能的时机。

爱因斯坦曾经说过，我们面对的重大问题永远不能在产生问题本身的层次上被解决。

那么，从什么层次可以有效地激发个人、团队、组织的巨大潜能？

在还未结婚的时候，男女双方只需要为自己负责。从走入婚姻殿堂的那一刻开始，双方的角色便发生了根本变化，由单身变成丈夫和妻子的角色。从那时开始，夫妻便知道要一起迎接生活中的快乐与挑战。无论多大的风浪，夫妻总要在一条船上，他们是一个命运共同体。

对生活有规划的夫妻会思考：

"这条船为什么而航行？

这条船要往哪个方向航行？

航行到目的地之后，将会看到什么、听到什么和感受到什么？

除了我们之外，还有谁？

他们在哪里？

他们在做什么？

他们看到什么、听到什么和感受到什么……"

有趣的是，从生理学的角度看，异性之间的相互吸引除了荷尔蒙作用外，还有弗洛蒙。荷尔蒙大多是借由血液来传送到细胞和组织，而弗洛蒙是一种交换信息的物质，释放到人体以外，在一定的范围内影响其他生物体。每一个弗洛蒙分子都承载着独一无二的个人信息和化学信号，包括我们的欲望与动机，当和别人的弗洛蒙相遇时，就会开始释放所要传递的信息给彼此，这些信息会影响着彼此。这也是心理学上所说的"异性相吸原理"。异性之间依靠本能般的相互吸引而最终走到一起，这几乎是一种潜意识行为。同时，多数人在触碰到对方肌肤时产生触电般的感觉之后，才开始用意识思考他们为什么要走到一起。

从备孕期戒烟、戒酒开始，我们知道了要坚守什么以及哪些事情是有价值和有意义的。当孩子出生之后，丈夫又扮演了父亲的角色，从不会换尿片到半个专家，从不会抱婴儿到全能奶爸；为了照顾孩子，我们减少了加班的次数和应酬的频率，增加了对孩子和家人的关爱；二人世界的家居布置，变得满是尿片、奶粉罐、婴儿衣服；很多事情在孩子健康成长面前变得不再重要。

这些环境和行为的变化仅仅是在我们认为"家庭更重要"的价值观指引下自然而然发生的。

这过程看起来很熟悉，而且每个人不都是这样过来的吗？然而在无论别人怎么说都不能让我们戒烟、戒酒的情况下，一个"生个小孩吧"的想法却能令我们发生根本改变，简单的事情背后的本质到底是什么：

"这一切是怎么发生的？

为什么会发生这么大的改变？

原来许多我不具备能力做的事情，现在怎么都做到了？"

这就是我们要透过现象来分析背后本质的关键所在。

这个例子也告诉我们：个人、团队和组织的潜能将会如何被有效激发出来。

角色的改变，带来自然而然的信念与价值观的改变；信念与价值观的改变，帮助我们清楚地认识到要发展哪些能力；能力的发展，让我们知道怎样的行为是有效的；我们的行为进而又帮助我们改变家庭的环境。

当步入婚姻殿堂的时候，我们的身份和角色发生了变化，由单身变成了"丈夫"和"妻子"，我们知道这意味着"责任"，意味着"不离不弃""风雨同舟""愿意为对方牺牲自己"，因此，所有与这些价值观产生冲突的事情将被隔离，这就是我们判断一件事到底"重要不重要"的标准。孩子的出生，在"夫妻"角色的基础上，又增加了"父母"的角色。作为父亲，我们知道要为孩子撑起一片蓝天；作为母亲，我们知道要为孩子营造一个幸福、温馨的港湾；作为父母，我们知道没有什么比孩子的未来更加重要。因此，我们开始省吃俭用，就是为了让孩子不要输在所谓的"起跑线"上，我们努力为孩子提供最好的营养基础，为孩子创造最好的学习条件，甚至我们已经做到了"父母好好学习，孩子天天成长"的榜样；我们学会了给孩子换尿片，学会了怎么抱孩子才能最好地保护孩子幼小脆弱的脊椎，学会了怎么逗孩子笑，学会了以前我们完全没想过的一切养育孩子的能力。然而这一切能力，我们以前从来没有学过，仅仅是因为我们作为"父母"的角色和认为"孩子的明天是最美好的未来"的价值观带来的改变。

当然，这还不够。一个幸福的家庭，起源于更高层次的共同追求，我们要清晰地知道家庭为什么而存在，当生活目标实现的时候，我们将看到什么、听到什么和感受到什么，这是一个家庭的共同愿景。有了共同的愿景，我们将更加清楚自己的未来以及要实现这样的愿景我们要有什么样的使命和扮演什么样的角色。"为了我们和孩子更美好的未来"这一信念使我们瞬间超越了自我，我们开始为这个家庭里的更多人承担起更多的责任。我们在"夫妻""儿子""女儿"的角色基础上，增加了"父亲"和"母亲"的角色。是共同愿景决定了我们要超越自我来追求我们和孩子更美好的未来；是这样的未来，决定了我们成为"父母"的角色；是"父母"的角色让我们坚定地认为"父母必须为孩子撑起一片蓝天，营造温馨的港湾"，让我们坚持"孩子的健康成长更重要""家庭比工作更重要"的价值观；是这种价值观让我们拥有了从未有过的巨大能量，让我们开始学习"换尿布""营养搭配""正确地抱婴儿"，让我们开始减少加班的行为，减少到外面参加聚会的时间和次数，增加陪伴家人的时间，让我们不再纠结于为什么阳台摆满了一堆又一堆的儿童车和各种玩具。

由此，我们知道了，能量和能力的改变来源于我们信念与价值观的改变；信念与价值观的改变来源于我们身份的变化，包含使命和角色；身份的变化，来源于愿景的明确。而能量和能力的变化，让我们的行为发生变化，行为的变化使得我们周围的环境发生了改变。

这就是NLP（神经语言程序学）的核心——"理解层次"模型。"能力""行为""环境"层次属于意识层，而真正影响人们思维、情感和行为的往往来源于潜意识的更高层次："信念与价值观""身份"和"系统"

层次。

潜意识，指的是不被人的意识所知道，却一直在影响着我们每个人行为的部分。潜意识一天24小时都在工作，并在保护着我们每个人的身心不受到伤害，但我们的意识不知道。

爱因斯坦说过，我们面对的重大问题永远不能在产生问题本身的层次上被解决。当我们的生活和工作在某个层次被卡住的时候，我们要向更高层次寻找解决办法。更高层次的改变，将会向下兼容，并直接引起其下各个层次的改变，如图1-5所示。

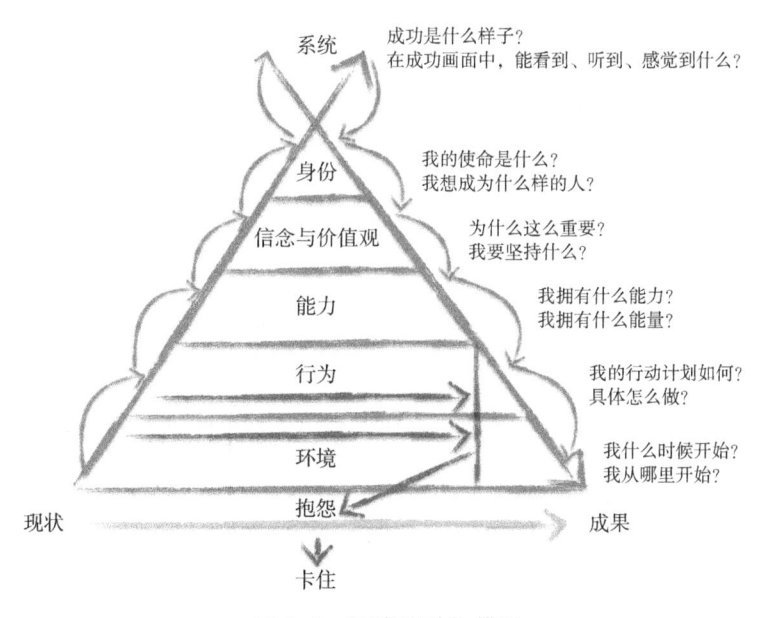

图1-5 "理解层次"模型

因此，潜能的激发要从更高的"信念与价值观层次""身份层次（使命与角色）""系统层次（愿景与雄心）"去寻找更深层次的解。对于个人来说，明确而清晰的愿景与雄心、使命与角色、信念与价值观将帮助个人清晰自己未来要发展的能力，明确要采取的有效行为，从而改变周遭环境，帮助自己从现状达到成果状态。

对于团队来说，明确而清晰的团队愿景与使命、共同的身份认知、共同坚守的信念与价值观，将帮助团队清晰共同努力的方向和目标以及要发展的能力，促使团队开始那些能够帮助其从现状达到成果状态的行为，制订具体行动计划，做出承诺推进目标实现。

对于组织来说，明确而清晰的组织愿景与使命、共同的身份认知、共同坚守的信念与价值观，将使组织拧成一股绳，劲往一块使，让组织成为一个整体，并让整体大于局部之和，即实现"1+1>N（N远大于2）"。

实现整体大于局部之和已属不易，要让N远大于2又谈何容易。正是因为它的不容易，才使得这条路走的人少，竞争也少，一路虽然不易，但风景这边独好。这正是我们要努力去追寻和持续探索的那一条道路：创造高效能组织。走的人少，自然因为多数人都看到这条路存在各种各样的风险，只是很少有人能洞察事物的本质和规律，看到背后蕴藏的巨大机会。因此，当面临着易变性、不确定性、复杂性、模糊性的时代到来时，对于走在这条路上的组织来说，早已经和风浪共舞多时，如冲浪一般，享受驾驭浪尖的自由与身心愉悦。

人类三脑：激发潜能原理

在共同的愿景、使命、身份、信念与价值观指引下，一个个体、团队和组织能够具有巨大的潜能，是因为还有更深层次的因素在发挥根本作用，这就是人类三脑结构：

第一，本能脑，是关于生存与安全的大脑；

第二，情绪脑，是关于尊重与信任的大脑；

第三，视觉脑，是关于愿景与创造力的大脑。

视觉脑（大脑皮层）
· 关于：愿景和创造力。

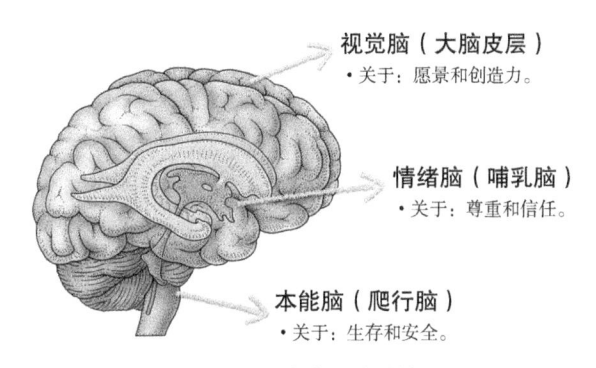

情绪脑（哺乳脑）
· 关于：尊重和信任。

本能脑（爬行脑）
· 关于：生存和安全。

图 1-6　人类三脑结构

人类出于生存和安全角度的自我保护本能，决定着对于一件事情的基本态度和情绪，从而影响人们是否能够打开心扉，是否能够具有创造力。简单地说，共同愿景的形成，需要有一个自由、轻松、开放而又安全的环境。当周围的物理环境和组织氛围是安全的时候，就为人们创造了一个安全的物理空间和心理空间。这是由人类的大脑结构决定的，这也是人类之所以还能在恶劣的环境下生存到今天的重要基础。当人们受到威胁的时候，人类的本能脑会自动起到保护作用，这不是由人类意识决定的，而是由人类潜意识决定的。对于外界威胁的自动反应有三个：战斗、逃跑和僵住，至于在什么情况下，潜意识会采取哪种反应，完全由人类1亿—2亿年的生存经验所积累在潜意识中的本能决定，目的只有一个，即保护个体生存。这也是所有动物的本能。

在组织里，当组织成员感受到来自其他人的威胁时，本能脑直接起保护作用，所有的注意力和认知资源集中到如何保护自己的安全。在极端的情况下，可能会产生激烈的冲突，这是一种本能的战斗反应。如果是上司用责令的语气向下属发号施令时，下属几乎没有其他选择，他们既不能与上司直接"战斗"，也不能马上"逃跑"，多数情况下，他们的选择是"僵"在那里，听着上司发号施令。然而，他们的内心是压抑的，只是敢怒不敢言，无法正常地表达自己的内在情绪，这时充满智慧的视觉脑就此关闭。在这样的情景下，上司无论输入多少信息，都完全无法进入下属的大脑里，更不用说，在这样的情况下，还期待着下属能打开视觉脑，产生有创意的想法。如果组织里各个部门的领导都采用这样对待下属的方式，那么组织里就会形成"非良性系统循环"，导致组织发展不可持续。

不同的是，阿里巴巴文化理念浓缩成一句简洁有力、沁人心脾的话："因为信任，所以简单。"这也是Google、Facebook、阿里巴巴和万科这样的组织要为员工创造充满着安全和信任的组织氛围的根本原因。只有在安全的前提下，本能脑才能被有效地照顾，情绪脑才能得到尊重和信任，这是打开一个人的视觉脑创造力的前提条件。

一个人的愿景是由视觉脑发展出来的，视觉脑是关于愿景和创造力的大脑。视觉脑对于色彩和画面特别敏感，喜欢提开放式的问题，只有在轻松的状态下才能有效地工作，才能真正地看到、听到和感受到愿景的清晰画面；愿景画面越清晰，就越具有吸引力，越能调动人们有限的认知资源去追求这样的愿景；愿景画面越清晰，就越有信心，就会越快实现愿景。

心理学上的皮格马利翁效应（Pygmalion Effect）告诉我们：人们基于对某种情境的知觉而形成的期望或预言，会使该情境产生适应这一期望或预言的效应。我们期望什么，就会得到什么。

从理解层次中，我们可以知道，当我们在"环境层次"被卡住时，要从"行为层次"寻找解决方案；当我们在"行为层次"被卡住时，要从"能力层次"寻找解决方案；当我们在"能力层次"被卡住时，要从"信念与价值观层次"寻找解决方案；当我们在"信念与价值观层次"被卡住时，要从"身份层次"寻找解决方案；当我们在"身份层次"被卡住时，要从"系统层次"寻找解决方案。"愿景和雄心"是系统层次的两个核心，愿景是由我们的视觉脑所构建的。要打开有创造力的视觉脑，就要使情绪脑得到尊重和信任，要为组织成员创造一个安全的物理空间和心理空间，也要为照顾好本能脑做准备。

本能脑是由潜意识所调动的。潜意识指的是"在过去已经发生，但并未达到意识状态的心理活动过程"。因此，照顾好一个人的过去，能让我们更好地活在当下，激发人们的潜能，迎接美好的未来。

战略目标落地的整体形态：高效能组织

1. 组织面临的严峻挑战

2017年年初A集团的一次季度会议上，在S事业部总经理提出一个培训需求后，经深入了解，我们发现组织目前正面临巨大挑战，具体现象如下：

第一，自我保护方面：

①各个部门独立核算，相互缺乏协作，不愿意共享资源；认为给其他部门帮忙了，就会占用自己的资源，影响自己团队的收益；

②平时相互之间很少沟通，担心别人知道自己太多的信息，特别是自己的技术，以防范的心态来对待其他同事；

③在遇到问题时，第一反应是寻找别人身上的问题或者是找客观原因，将矛头对外。

第二，自我认知方面：

①经理们相互认为对方无论是在技术上还是管理上都不如自己；

②认为自己在某个领域很厉害，甚至在行业内首屈一指，没必要请教别人；

③即使知道别人在某些技术方面比自己更厉害，也不愿意向对方请教；

④在销售旺季，无论个人在工艺、技术、管理方面做得怎么样，货都能卖，自以为管理理念与管理员工的方式很不错。

第三，自我管理方面：

①情绪控制不好，心情好坏直接影响个人工作效率，甚至影响整个团队；

②有些成员会起冲突，甚至吵架。

第四，团队管理方面：

①有技术，但缺乏管理经验；

②总体上，多数人缺乏经营意识；

③系统思考不足，头痛医头，脚痛医脚，现在的问题往往是过去的解决办法造成的；

④简单粗放的管理方式，形成一种思维和行为定式。

第五，组织绩效方面：

①整个组织的绩效虽有增长，但增长率未达到行业水平，而且越来越吃力，原有领先优势正在被逐步赶超；

②生产规模越来越大，但是净利润额增长速度没有跟上；

③组织成员意识到商品结构中普通类所占比重过大，想要提升精品占比，却感觉无能为力。

2. 组织领导力模型：由内而外的组织领导力

创造高效能组织，通过实现战略目标落地帮助组织实现可持续发展。在这个过程中，组织将会呈现出"共同愿景、共同使命、共同目标、共同身份、共同信念、共同价值观、共同语言、批判性思维、创新思维、弹性行为和突破性成果"的整体状态，这也正是 S 事业部真正想要达到的成果。

经过多次内部研讨，我们最终确定了"创造高效能组织"的项目名称，并在此后经过多次修订升级为全新的"Inside-out organization leadership model（由内而外的组织领导力模型）"。我们认为组织是一个富有生命力的能量整体，从全局视角系统思考组织可持续发展议题，提出了全新的"战略目标落地指数"与"组织健康指数"来衡量一个组织的高效能状态。

高效能组织指的是一个组织呈现出高效率的工作过程、高效益的工作成果，以最适当的投入获得最大的产出，以及高正能量的组织精神面貌，从而实现组织的可持续性发展。然而，在 VUCA（易变的、不确定的、复杂的、模糊的）时代组织面临诸多挑战的情境下，创造高效能组织的过程就是一个突破传统领导力发展范式的过程，我们要站在组织整体视角，链接并发挥个体优势，激发并整合团队和组织的集体智慧，实现"方向一致，上下齐心"，促进组织实现突破性业绩成果，从而实现组织可持续发展。这也是组织领导力的整体呈现。

"Inside-out organization leadership"是一个"由内而外"的过程，包括以下五个逻辑层次：

第一，打开自我防御（Open ego-defense）；

第二，正确自我认知（Correct self-cognition）；

第三，积极领导自我（Positively lead oneself）；

第四，高效领导团队（Effectively lead team）；

第五，领导业绩突破（Breakthrough organization performance）。

通过以上五个逻辑层次，从而实现"知行合一（Unity of knowing and doing）"的生态平衡状态。

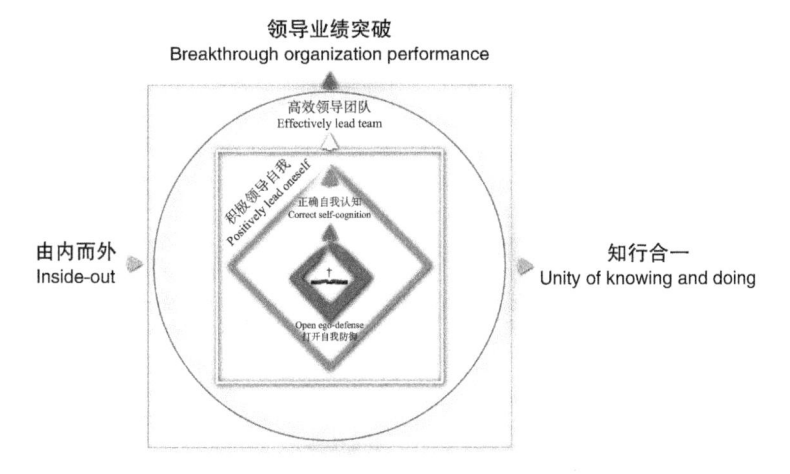

图 1-7 组织领导力模型逻辑层次

第一个逻辑层次——打开自我防御，意味着什么呢？

在弗洛伊德的精神分析理论中，一个人的完整人格包括：本我、自我、超我。本我遵循的是快乐原则，自我遵循的是现实原则，超我遵循的是道德原则。

自我防御（ego-defense），是以潜意识伪造或曲解现实，避免自我受到伤害，保持身心一致的过程。本我和超我产生矛盾使自我感到困惑、产生焦虑，从而激活防御机制，使自己在无意识中采取特定的行为方式，让内心冲突的关系变成适应的状态，以避免心理上产生更大的痛苦和不安，维持身心平衡状态。

人类的自我防御有多种方式，常见的有压抑、投射、反向、合理化、固着、退行、认同、升华等。

本我（id）是潜意识部分。本我代表着人类原始的、本能的欲望，如饥饿、性欲等。本我是人格结构的基础。本我具有非常强的原始冲动力量，弗洛伊德称为力比多。本我的特点是无意识、非理性、非社会化和混乱无序。本我遵循快乐原则（Pleasure principle），即追求快乐、逃避痛苦。

自我（ego）是人类的意识部分。自我位于人格结构的中间部分，也是心理组成部分，它是从本我中逐步分化出来的。自我的作用主要是调节本我与超我的各种矛盾。自我遵循的是现实原则（Reality principle），以合理的方式来满足本我的要求。弗洛伊德认为自我是人格的执行者。

超我（superego）是人格结构中的道德部分，处于人格结构最高层，是道德化的自我，由社会规范、伦理道德、价值观念内化而来，其形成是社会化的结果。超我遵循道德原则（Morality principle），具有抑制本我冲动、监控自我、追求完美境界的作用。

自我防御正是本我、自我与超我三者之间出现矛盾时产生的。如一位男生偶遇一位漂亮女孩，特别心动，但她身边有一位保镖，此时，超我会从道德等角度阻止本我的冲动；而自我则会选择其他办法，如等保镖不在的时候，创造一次偶遇并为漂亮女孩提供帮助的机会，以展示自己的个人魅力。如果这次偶遇没有成功，而且还被保镖打了一顿，这就会引发他的焦虑情绪，而化解这种焦虑的自我防御机制包括：

压抑：将对这位漂亮女孩的爱慕和对保镖的怨恨压抑到内心深处；

合理化：认为只有门当户对才是真正合适的，或者认为其实那位漂亮女孩也只是外表漂亮而已，可能并没有什么才华；

升华：从此发奋图强，立志做一个有理想、有目标、有追求的成功人士，并最终获得前所未有的成就。

自我防御是在无意识中形成的，也就是个体往往并不知道自己正在处于自我防御状态。也因此，要打开自我防御机制很难，这也是一个组织面临的最大挑战。同时，打开自我防御也是创造高效能组织的根本。在组织里，组织成员要相互表达尊重和信任，共同创造一个安全的、开放的、自由的、轻松的物理空间和心理空间。

我们知道一个人无法改变另一个人，除非他自己想改变。一个人最后发生改变有四个重要的前提：

第一，具有自我觉察能力；

第二，具有正确的自我觉察；

第三，具有改变的动力；

第四，具有改变的能力。

当一个人处于自我防御状态时，他的主要资源被用于保护自身的安全和生存，因此，难以拥有良好的自我觉察能力。当我们真正地在组织里创造了安全的物理空间和心理空间时，才有了帮助组织成员做更好的自我觉察的基础。

同时，要创造一个有温度的组织，需要融化在组织里一直存在的坚冰，包括：个人利益、小团体利益与集体利益的冲突、低信任关系，以及固化信念和限制性信念的束缚。在企业中往往表现为众多内耗行为，如相互不提供协作、支持与帮助，只照顾个体、小团体利益而忽略了大集体利益。心理学家斯坦纳把这种情况称为过程损失，包括动机损失和协作损失。

3. 基于目标、逻辑、策略，促进战略目标落地

表1-1　如何创造高效能组织

目的	目标	逻辑	策略	测试、调查、反馈
创造高效能组织	1. 个人开放指数	打开自我防御	创造安全的物理空间	组织健康度调查1 团队协作机能调查1 个人相互了解程度现场调查1 个人认知风格测评
			创造安全的心理空间	
		正确自我觉察	开始自我觉察	MBTI测评 贝尔宾团队角色测评 个人—360度调查与反馈 个人—讲师课后反馈
			正确自我觉察	
		积极领导自我	开始方向觉察	个人马斯洛需要投票调查 个人能量等级投票调查 个人—讲师课后反馈 个人—阶段反馈
			觉察自我能量	
			疏导自我情绪	
	2. 团队能量指数	高效领导团队	开始团队觉察	组织健康度调查2 团队协作机能调查2 团队能量等级现场投票调查 个人相互了解程度现场调查2 高效能组织要素提升空间调查
			开始方向觉察	
			觉察团队能量	
			引导系统思考	
	3. 组织效益指数	领导业绩突破	鼓励正向思考	组织健康度调查3 团队协作机能调查3 个人相互了解程度现场调查3 战略落地指数调查 业绩评估
			链接集体智慧	
			推进思维突破	
			实现绩效突破	

第一，目的（Objective）

"实现组织的可持续发展"是我们的终极目的，当我们实现这一终极目的时，组织将呈现一个高效能的状态，因此，我们用"创造高效能组织"来描述。其中，有三个关键词：

①创造

"创造"背后的假设是"以全新的视角开始一段全新的旅程",无论以往是成功还是失败,都是代表着过去,然而在VUCA(易变的、不确定的、复杂的、模糊的)时代,内外部情境在发生着巨大的变化,过去的经验并不一定能支持当下和未来的目标。我们首先要转换视角,将看待组织的视角从局部视角转换为整体视角,面向未来,采取实际行动向着目标前进。

②高效能

"高效能"是五种状态的整体呈现:一是高效率的协作过程;二是高效益的工作成果;三是高投资回报率;四是高能量的状态;五是可持续发展。只有不断地实现整体上的高投资回报率,组织才具有真正可持续发展基础,也就是说,仅仅是过程的高效率,并不一定可以实现高效益,仅仅是高效益也不能确保过程的高效率,即使同时实现高效率和高效益,也不一定能达到高投资回报率,一次实现高投资回报率也并不意味着组织的高能量状态,同样也不意味着整个组织可持续发展,因此,"高效能"是呈现出来的一种整体状态,而非局部状态。

③组织

我们的前提假设是:从能量的角度看,组织是一个富有生命力的能量整体。因此,在开展学习与发展项目时,我们以纵向角度来组建整个项目组成员,从总经理、副总经理,到总监、总监助理、经理、厂长、副厂长、厂长助理和主管,都是项目组的成员。组织里的核心管理层,从上到下一起参与以解决当下问题和抓住面向未来的机会为强关联的学习与研讨活动,共同找到解决方案。这样设计的目的是通过共同参与,让组织上下实现"七个共同"——"共同使命、共同愿景、共同目标、共同身份、共同信念、共同价值观、共同语言",共同促进"方向一致,上下齐心"的实现。

第二,目标(Goal)

从目标角度出发,通过实现"个体、团队、组织"三个层次目标,确保能够支持"创造高效能组织"的整体目的。其中，三个层次的综合指标具体如下。

①个体层次目标：个人开放指数

组织是由个体构成的一个有机生命整体，个体就像是一个组织的细胞，每个细胞的健康是有机体保持健康状态的基础。要保持一个有机生命整体的可持续发展，使每个个体在组织当中处于一种安全的状态则是一切的根基；当本能脑得到照顾的时候，个体就会处于一种安全的状态当中，以一种平静而中立的状态来看待组织和外界发生的情况，以更加积极和乐观的视角面向未来，以愿景作为内在驱动力，最大限度地激发个体的创造力，为组织创造突破性的成果。

弗洛伊德认为一个人是否对外界环境感到安全，最根本在于0—3岁时在原生家庭里是否获得了足够的照顾和需求响应。一个刚出生的婴儿如果感到不舒服，只有通过大声啼哭来告诉父母以寻求关心和照顾，如果父母在婴儿大声啼哭之后能及时响应，那么婴儿就会认为这个世界是安全的，只要当婴儿有需要的时候，都会得到父母的照顾，就能慢慢建立与世界之间的基础信任感；婴儿慢慢长大，开始主动地探索世界，如果父母能够给予积极保护和适时鼓励，孩子就会越来越放心地跟着自己的好奇心去探索新奇的未知世界；当孩子越来越大的时候，开始更加主动地探索更广阔的世界，因此必然要离开父母去探索，如果此时，父母能在后面看着孩子微笑地鼓励说："孩子，去探索上帝创造的这个美妙的世界吧，爸爸妈妈永远都在这里等你，无论在什么样的情况下，爸爸妈妈都爱你。"这会让孩子感受到"无条件的爱"的强大力量，孩子从内在拥有安全感，从而放心离开父母去探索未知的世界。

个体是否处于一种安全的状态当中，可以从"个人开放"维度反映出来。只有在安全的状态下，一个人才会打开自我防御机制，以更加开放的心态接收外界信息。个体开放状态是一个动态指标，当把多个关键时点的数值连起来的时候，我们就会看出个体"个人开放"的发展趋势。数据的持续积累，有助于进一步发现"个人开放"的变化规律，找到一段时间内的平均值作为基准，观测个体变化情况，就成为一个反映整体组织安全状态程度的"个人开放指数"。

个人开放指数也是一个动态的衡量指标，帮助我们分析个人开放的心态和思维的发展趋势，并提前做出适当干预。

②团队层次目标：团队能量指数

个体构成团队，团队构成一个有机生命整体：组织。团队就像是一个组织里的一个个重要的器官，每个器官的健康状态构成有机生命整体健康的基础。要保持一个有机生命整体的可持续发展，每个团队要保持一种高能量状态；个体因为共同目标而走到一起形成团队，完成个体所无法完成的任务，当个体处于安全状态时，就会逐步释放出更多的信任，越来越多的信任就会在产生不同意见的良性冲突时展现出开放性和包容性。与此同时，当团队处于高能量状态时，团队成员和团队整体的心理资本会同步得到提升。心理资本是一种状态类特征，是可以被培养和发展的。

在探索未知世界过程中，个体和团队逐步建立起心理资本（Psychological Capital Appreciation，PCA）。在国际著名管理学家路桑斯《心理资本——打造人的竞争优势》这本书中，对心理资本是这样定义的——个体在成长和发展过程中表现出来的一种积极心理状态，有如下特征：有信心（自我效能，Efficacy）以采取和诉诸必要的努力在挑战性任务中获得成功；对于现在和未来的成功采取积极的归因（乐观，Optimism）；坚定目标，必要时调整迈向目标的路径（希望，Hope）；当陷于困难和逆境时，坚持不懈，恢复甚至超越常态（韧性，Resilience）以获得成功。心理资本是超越人力资本和社会资本的一种核心心理要素，是促进个人成长和绩效提升的心理资源。同时，当个体的心理资本不断上升时，个体与个体之间的相互积极影响会让整个团队的心理资本提升，以共同迎接更大的挑战。目前已经被心理学家实验验证的心理资本包括以下四个方面。

自我效能：成功的信念。个体对自己在特定情境里能够激发动机、调动认知资源和采取某项必要行动来成功完成某项特定工作的信念。

希望：意志和途径。希望是一种积极的动机状态，并以自主性（目标导向的能量）和路径（计划达成）交互驱动的成功体验为基础。希望中的自主性与自我效能存在协同性。

乐观：现实且灵活。心理资本的乐观不只是预期好事会发生的一种性格倾向，还包括整体的积极预期。这些预期也取决于个体用来解释过去、现在和将来为何会发生积极或消极事情的理由和归因。

韧性：复原与超越。从逆境、矛盾、失败甚至积极事件、进步和更多的责任中恢复的能力。心理资本的韧性不仅包括恢复正常，还包括将逆境作为成长和发展的跳板。

团队能量指数是一个动态的衡量指标，帮助我们分析团队的整体能量发展趋势，并提前做出适当干预。

③组织层次目标：组织效益指数

在组织能量得到持续发展过程中，组织成员不断探索如何让组织进一步提升高效能的路径与方法，组织以高效益和高投资回报率为指引，在实现"七个共同"和批判思维、突破性创新思维、弹性行为的过程后，成功实现突破性成果。这样的过程和结果，我们用"组织效益指数"来呈现。

同样，组织效益指数也是一个动态的衡量指标，帮助我们分析组织效益的发展趋势，并提前做出适当干预。

第三，策略（Strategy）

①为了实现个人开放指数提升的目标，我们匹配了相应的策略。

i. 创造安全的物理空间和心理空间的目的是打开组织成员的自我防御，这对应了发展项目逻辑第一步："打开自我防御。"

创造安全的空间是一个持续的过程，特别是心理空间的营造。实际上，组织里的每个人每时每刻都在营造相互影响的心理空间，我们可以抓住关键场合来共同营造。当组织成员在一起的时候，就是一个营造心理空间的时机，如上下级面谈、学习活动、主题研讨、日常会议、重要事项的决策会议、新员工入职、团队协作等场景。一个安全的、开放的、轻松的、自由的物理空间和心理空间逐步养成的过程，也就是一个组织文化形成的过程，特别是当大家共同参与其中，共同经历一段又一段并肩作战的过程，这会超越利益本身，而使组织成员之间的相互理解、相互尊重、相互信任、相互支持成为一种习惯，并逐步由有意识的行为转化为无意识的行为习惯。

因此，在逻辑上，创造安全的物理空间和心理空间对应的是"打开自我防御"。

匹配相应的过程衡量指标包括：个人安全感指数（%）和职场友谊感（%）。

依据马斯洛的安全感问卷，我们通过调查可以得到组织成员的安全感状态，并持续跟踪；通过组织健康指数，我们可以了解职场友谊感的量化结果，并持续跟踪。

ii. 开始自我认知及获得他人给予的反馈，这对应了发展项目逻辑的第二步："正确自我觉察。"

"认识你自己！"这是写在希腊圣城德尔斐神殿上的著名箴言，也是人类始终在追求的过程，认识自己就是一个自我觉察的过程。通过两种途径可以有效地帮助我们做到自我觉察：一是自我反思，二是他人给予反馈。

在 NLP 中，觉察是一个人做出自我改变的第一步，结合和抽离是有效帮助自我觉察的两个关键技术。当我们让自己完全地回到经验的情境当中，完全地看到、听到和感受到整个情境中的人、事、物时，我们就是在应用"结合"的技术。

当我们转换位置，完全地站在他人的角度来看待经验中的情境时，或者我们完全从第三方的角度来看待经验情境中两个人的互动过程，我们就是应用了"抽离"的技术；其中的关键就在于要让自己完全地看到、听到和感受到自己所处的人称状态，包括：我、你、他。

智烨 NLP 教练学院院长、美国 NLP 大学 Master Trainer 张旭男老师认为：在 NLP 技术中，感知位置平衡法是一个非常有效的"结合"和"抽离"技术的应用，基本步骤如下：

A. 让个体描绘经验的大致背景，并且确定经验事件中涉及几个人，确定在现场中他们将会如何站位；

B. 引导个体进入中正状态，即毫无评判的、平静而安稳的状态，在这样的状态中，你与周围的场域保持较深链接，让自己完全地专注于当下，保持敞开；

C. 邀请个体向前一步进入"我"的角色中，让自己完全地看到当时场景中的人、事、物，让自己完全地听到当时场景里来自自己内在或外界的声音，让自己完全地感受当时的身体感受和心理情绪，并探索"我是如何看待经验中的其他人？我的感受如何？我是如何评价他们的？我期待着从他们那里得到什么？在生命当中，这样的经验和感受要带给我什么样的提醒或启示？"

D. 动一动身体，打破状态，退出"我"的角色，让自己再次回到中正状态，接着向前一步进入到"你"的角色的位置，完全地看到、听到和感受到当时的场景，并探索"我是如何看待经验中的其他人？我的感受如何？我是如何评价他们的？我期待着从他们那里得到什么？在生命当中，这样的经验和感受要带给我什么样的提醒或启示？"

E. 动一动身体，打破状态，让自己再次回到中正状态，接着向前一步进入"他"的角色位置，让自己完全地变成"第三方"客观中立的角色，让自己完全地看到、听到和感受到当时的场景，并探索"我是如何看待经验中的当事人的？我的感受如何？我是如何评价他们的？生命中让这样的事件发生，要给当事人什么样的提醒和启发？我会给经验事件中的当事人什么样的建议？"

F. 动一动身体，打破状态，退出"他"的角色，让自己再次回到中正状态，接着回到"我"的位置，感受这样的位置变换之后，给自己带来哪些新的启发和帮助，确定将要采取哪些具体行动。

在实际工作中，我们还常用360度反馈的办法来获得他人的反馈，在应用360度反馈时，为保持结果的有效性，要注意以下两个方面：

A. 全面。在选人环节时，要充分注意到所选人员的代表性，以使得反馈有助于更加全面和完整地了解自己。这可以从工作紧密程度（上、中、下、左、右）、反馈人数（至少选择3个人，一般不超过7个人）、熟悉与陌生（一般不要全选择熟悉的人或陌生的人）三个维度进行反馈。

B. 客观。每一个定性或定量的反馈，请一定要匹配一个事实或数据，以确保反馈的真实性、客观性。

同时，通过复盘的方式可以获得他人的反馈。在实施复盘时，要注意两点：

A. 中正。所有人在复盘时要完全进入当时的角色，可以分享自己所看到、听到的事实细节，也可以表达自己的感受，以一种平静的状态表达出来。

B. 客观。复盘时要注重回顾目的、目标、策略及方法实施的整个过程，注重复盘本身的流程，以获得更多人的反馈。

iii. 开始方向认知、觉察自我能量和疏导自我情绪，这对应了发展项目逻辑第三步："积极领导自我。"

A. 开始方向认知是领导自我的首要任务。

从理解层次理论出发，我们发现在日常生活和工作中之所以会出现被卡住的状态，是因为我们在更高层次上没有足够清晰的认知。人们一旦被卡在某种层次时，往往以抱怨的方式呈现出来。

当我们被"人、事、时、地"等外界因素束缚的时候，如抱怨"缺乏人、财、物的资源支持""没有时间""时间、地点安排不合理"时，通常说明我们在"环境层次"被卡住了。我们需要往行为层次寻找突破："我们应该做什么可以改变'人、事、时、地'的束缚？"

如果我们抱怨"这是他做得不对""他没有实施计划，导致结果没达成""要是我们提前做好准备就好了"，通常说明我们在"行为层次"被卡住了。我们需要往"能力层次"寻找突破:"我们应该发展什么能力来实施相应的行动?"

如果我们抱怨"我没做过这件事""我不会做""我没有经验",通常说明我们在"能力层次"被卡住了。我们需要往"信念与价值观层次"寻找突破:"我们应该坚持什么?我们应该避免什么?什么对我们来说是重要的?"

如果我们抱怨"我不应该这样做而应该那样做""这一点都不重要""这样做没价值""这个计划没用",通常说明我们在"信念与价值观层次"被卡住了。我们需要往"身份层次"寻找突破:"我们要成为一个什么样的人?我们要有什么样的人生使命?我们要扮演什么样的角色?"

如果我们抱怨"我怎么这么笨啊""他怎么是这样的人""他不像一个真正的领导",通常说明我们在"身份层次"被卡住了。我们需要往"系统层次"寻找突破:"我们要为自己的人生创造什么?我们要为家庭、为他人、为国家、为社会、为人类带来什么价值?"

当我们知道自己人生的愿景、使命,知道自己要成为一个什么样的人,要坚持什么和避免什么,要秉持什么样的价值观时,我们就知道自己要发展什么能力,要采取什么样的具体行动,实施什么样的具体计划,从而让自己从被卡住的状态达到人生想要的状态。

B.觉察自我能量,这是领导自我的第二个关键。

每个人都是一个能量体,根据能量守恒定律,在一个封闭系统里,能量是守恒的。但人类是天生的社会性动物,与外界保持着紧密的互动,共同处于一个更大的系统里,因此,对于人类而言,我们是在一个开放的系统里,能量是可以通过输入和输出而改变的。我们有处于高能量状态的时候,也有处于低落状态的时候;当我们的能量处于低谷时,往往不容易觉察到,甚至我们会沉迷在这种低能量状态而不愿意出来。

美国著名的心理学教授大卫·霍金斯将人类的意识能量分成17个等级,包括:

羞耻（能量值 20，对应情绪：耻辱）；

内疚（能量值 30，对应情绪：责备）；

冷漠（能量值 50，对应情绪：绝望）；

忧伤（能量值 75，对应情绪：悔恨）；

恐惧（能量值 100，对应情绪：焦虑）；

欲望（能量值 125，对应情绪：渴望）；

愤怒（能量值 150，对应情绪：憎恨）；

骄傲（能量值 175，对应情绪：轻蔑）；

勇气（能量值 200，对应情绪：肯定）；

中性（能量值 250，对应情绪：信任）；

乐意（能量值 310，对应情绪：乐观）；

接纳（能量值 350，对应情绪：宽恕）；

理性（能量值 400，对应情绪：理解）；

仁爱（能量值 500，对应情绪：崇敬）；

喜悦（能量值 540，对应情绪：宁静）；

平和（能量值 600，对应情绪：幸福）；

开悟（能量值 700—1000，对应情绪：不可言喻）。

只有在"勇气（能量值 200，对应情绪：肯定）"等级时，才是正能量的状态，能量值为 200 以下的均为负能量状态。人们不能长期处于一种负能量状态。

当我们处于低能量状态时，只有强大的自我觉察能力才能帮助我们，因此，我们需要思考：

"是什么样的原因让我沉迷在这样的低能量状态当中？"

"当沉迷于这种低能量状态而不愿意出来时，它会带给我什么样的好处？"

"这样的低能量状态，能满足我生命当中什么样的正向意图？"

"这种低能量状态，要带给我什么样的启示？要给我什么样的提醒？"

"我现在处于理解层次中的哪个层次？我如何向更高层级去寻找突破？"

C. 疏导自我情绪，这是积极领导自我的第三个关键。

情绪本身并没有好与不好。当人类的情绪脑感受到外界的威胁和不尊重时，会做出近乎本能的反应，这是本能脑对视觉脑的一种提醒，它只是在告诉我们：我需要被照顾。处理情绪最好的方法之一是共情，即接纳负面情绪，感谢情绪给我们的提醒，并且去照顾到情绪所带来的四个方面的反应：

心理：古罗马著名的斯多葛派哲学家爱比克泰德在《沉思录》中写道："伤害我们的不是事情本身，而是我们对事情的看法。"个体的认知心理过程是构成情绪的一个重要方面。

生理：在一个人愤怒的时候会出现肌肉收缩、紧握拳头、瞳孔放大等反应，这也是本能脑起作用时，无意识所引起的生理反应的表现，其根本目的是保护自身的生存与安全。

情感：愤怒、忧伤、生气等，这些是情绪脑起作用时，所引起的情感反应的表现，是在提醒我们需要照顾自己的情绪脑和本能脑。

行为：攻击性的行为、自我防御的行为都是对于情绪而做出的具体行为反应。

总体上，匹配以上策略的主要过程衡量指标包括：个人安全感指数（%）、职场友谊感（%）、个人自我觉察度（%）、个人方向清晰度（%）、个人正能量指数（%）。

②为了实现团队能量指数提升的目标，我们匹配了相应的策略。

开始团队认知、开始方向认知、觉察团队能量、引导系统思考，这四个策略对应了发展逻辑中的第四步："高效领导团队。"

i. 开始团队自我认知。

丹尼斯·舍伍德（Dannis Sherwood）在《系统思考》一书中写道：高绩效团队是指一组心智模式（特别是基础价值观）自然和谐的人，这样的团队具有涌现（Emergence）、自组织（self-organization）、反馈和能量流的特征。团队是一个整体的系统，通过内部自组织实现更加适合可持续发展的结构，并且互相协调以获得更高绩效水平,它所呈现出来的特征不是由单个部分特征相加,而是以一个整体出现。

一个高效能组织是由一个个高效能团队在共同愿景、使命、目标、身份、信念与价值观的指引下共同追求突破性成果的组织。高效能团队是一个高效能组织的前提。从总体上看,高效能团队具有五个特点:高效率的协作过程、高效益的产出、高投资回报率、高能量状态、可持续发展。

一个高效能团队的形成过程,是以整体视角出发,形成一个富有生命力的能量体的过程。根据《群体动力》(孙晓敏著)所述,塔克曼(Tuckman)认为群体发展包括人际关系和任务要求两个部分,其发展包括五个阶段:形成、震荡、规范、执行、解体,具体如下:

表1-2 群体发展的五个阶段

发展阶段	人际关系	任务要求
定位:形成(Forming)	检查与依赖关系:对群体及成员越来越熟悉;依赖和卷入;接受领导和群体一致性	任务定位:试探性礼貌交流;群体目标、中心不明确;领导积极主动,成员顺从
冲突:震荡(Storming)	群体内冲突:过程存在分歧;表达不满;成员之间关系紧张;与领导对抗	对任务要求的情感反应:批判的思想;敌对状态;极化与联盟形成
结构:规范(Norming)	群体凝聚力形成:凝聚力和团结的增长;角色、标准、关系的建立;信任和交流的增加	公开交流对任务的相关解读:过程达到一致;角色的模糊性减少;群体性质的概念增加
工作:执行(Performing)	功能性角色关系建立:目标达成;高任务相关性;强调绩效和生产	产生解决方案:决策讨论;问题解决;合作方式成熟
解散:解体(Adjourning)	角色终止:任务完成;依赖性减少	分解与退出:独立性和情绪性增加;感到遗憾

而哈佛大学心理学教授理查德·哈克曼在此基础上,进一步提出了团队发展的一般模型,具体如下:

表 1-3 团队发展的一般模型

发展阶段	个体	人际	团队任务	群际关系	涌现结构
卷入（Involve）	成员身份，包括在团队中的位置及对团队的承诺	依赖，尤其是相对于外部权威	定位：了解工作任务的细节和期待	明确与其他团队差别：我们是什么、自己人	团队边界结构，沟通结构开始逐渐建立
控制（Control）	个体影响力的大小以及方向	群体内部权力和影响力的冲突	组织：决定谁在什么时候做什么事，即人事组织问题	其他团队往往被忽视，或给自己设定成功团队作为楷模	影响和服从的结构
情感（Affect）	是否被接受为团队内有价值的个体	凝聚力：团队成员间的亲密程度不太强也不太弱	执行：在已经确立的结构内执行任务	与其他群体竞争	情感或社会人际结构
成长（Develop）	在团队内探索和尝试新的观念、态度和行为	团队成员之间相互支持和真正地相互依赖	适应性问题解决（对环境敏感）	与其他团队合作	团队内部僵化的、终身制的结构消亡

高效能团队同样要遵循这样的团队发展阶段，团队发展过程正是个体之间在相互冲突中逐步达成共识和形成共同信念价值观的过程，最终形成一支高效能团队。

从团队角色结构的角度看，英国管理学家梅雷迪斯·贝尔宾（R.M.Belbin）博士认为：没有完美的个人，但有完美的团队。通过大量的实证研究，贝尔宾博士认为一个有效的团队包含九个角色，分别是：

人力线：协调者（Co-ordinator）、团队工作者（Team worker）、创新者（Plants）；

任务线：资源发现者（Resource-investigator）、实干者（Implementer）、技术专家（Specialist）、完成者（Completer-finisher）；

进展线：推进者（Shaper）、监督者（Monitor-evaluator）。

一支高效能团队同时也是一个相对完美的团队。

ii. 开始团队方向认知。

一个高效能团队必须在方向上达成高度的一致性。团队方向与组织方向保持高度一致，个体方向与团队和组织方向保持高度一致。作为一个高效能团队，首先要让团队成员保持在共同方向上。从理解层次理论看，我们需要让整个团队在"系统层次"保持高度一致性。当团队里的每个成员都保持方向高度一致时，每个团队成员都可能成为一个自带马达的发动机，共同愿景和使命成为每个团队成员的内驱力，促使团队成员往同一个目标前进。正如高铁的运转一样，每节车厢都是一个动力源，使得整列高铁的速度可以更快。

共同参与愿景、使命、目标、身份、信念与价值观的研讨是最好的达成一致性的方法之一，包括个人、团队、组织三个层面。

当团队成员的愿景、使命、目标达成一致时，就能确定他们将具有什么样的共同身份特征，扮演什么样的角色，秉持什么样的信念和价值观。当团队在"系统层次""身份层次"和"信念与价值观层次"形成高度一致时，团队将处于高能量状态。

从人类意识能量等级当中，我们知道正能量才能带领我们持续不断地实现突破和成长，因此，"肯定、信任、乐观、宽恕、理解、崇敬、宁静、幸福和不可言喻"的情绪就会成为我们的正能量来源。当团队成员具有清晰、明确的愿景时，我们就会更加明确自己的身份：我是一个什么样的人，在生命当中要完成什么样的人生使命，要扮演什么样的角色。在清晰自己的身份、信念和价值观基础上，当我们遇到困难和挑战时，我们就知道哪些应该坚持、哪些应该避免、什么事情是有价值的、什么事情是有意义的。心理资本的四大要素"自信、希望、乐观和韧性"会在我们的工作和生活当中，赋予我们征服困难的巨大内在能量，带领我们迎风破浪，促进整个团队"方向一致，上下齐心"！

遗憾的是，这只是一种理想的状态，几乎所有的团队都不会一直处于高度"方向一致，上下齐心"的状态中。由于每个人的心智模式不一样，对同一个客观事实，所接收到的信息不一样，对信息的加工过程也不一样，形成不同见解，也导致态度、行为差异，甚至是完全对立的情况。现实中，我们需要以动态视角来观察和跟踪团队能量变动状态，并在适当的时候施加干预措施。

iii. 觉察团队能量。

通过贝尔斯创立的价值观测评系统来分析团队的信念与价值观状态及变化趋势，并且以此为指导，实施干预措施来引导团队之间的价值观逐步达成一致。同时，我们通过团队健康指数来跟踪和评估团队能量，定期调查团队成员在多个方面的综合能量现状及变化趋势。

iv. 引导系统思考。

今天的问题来自昨天的解，今天的解创造了明天的问题。一个缺乏系统思考的举措，特别是重要举措，如果没有充分考虑到由此可能带来的多方面连锁反应，那么很可能在解决了当下问题的同时，为未来埋下苦果，需要未来用更大成本和努力来解决。因此，我们需要站在全局的高度，以整体视角来思考当下所面临的情境，分析每个因素之间的内在因果关系，透过现象看到本质，找到事物发展的基本规律，以创新性思维提出一针见血的一揽子解决方案。

那么，如何引导团队成员具备"系统思考"思维习惯？

最佳的学习时机之一是在团队经历了某一次挫折的时候。我们知道个体重要的学习过程是在一定的情境中产生冲突，由冲突导致认知不和谐，引发内在焦虑，进而引发更深层次的思考，然后改变信念与价值观、改变态度、改变行为，从而产生所想要成果的变化。从认知心理学和NLP的应用角度看，这是一个人真正发生改变的重要过程。

在不同情境中，我们可能会侧重于"生存、安全、社交、尊重、自我实现"五个层次需求中的一个或几个重点需求，由于内在需求的不平衡状态促使我们产生要做某事的动机；在动机的驱使下，人们开始产生许多想法，其中有些想法形成信念，并在信念指引下，形成自己对某事物的态度；信念是人们认知、情感和意志的综合，态度是人们的认知、情感和行为倾向，当某个特定的情境出现时，诱发人们产生某种具体行为；每次行为的产生都会带来体验，并通过结果给予强化或弱化；不断重复的行为，使得经验不断累积，进而形成人们的习惯；持续的习惯形成了人们的特定思维、情感和行为的特征模式，形成一个人的人格，体现了一个相对稳定的个性特征；稳定的个性特征最终通过各个阶段的成果体现，构成了一个人的命运框架。从过程看，命运是可以改变的，我们需要站在更大的格局、更高的视野来审视自己的命运改变过程。从理解层次理论看，当我们站在"系统层次"开始思考自己的愿景与雄心、使命与角色、信念与价值观，我们就有可能对自己的能力有更清楚的认知，以灵活、弹性、有创意的行为准则，形成"你好、我好、大家好"的多赢思维、情感和行为习惯，形成自己良好的个性特征，追求所想要的人生成果。

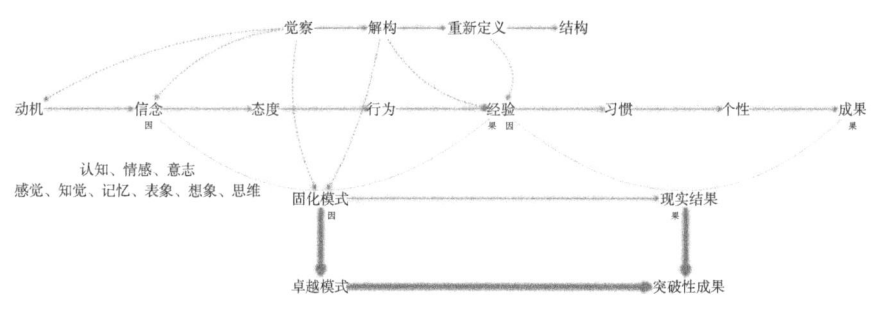

图 1-8 人如何发生改变

这样的过程经历了四个阶段：觉察、解构、重新定义和结构。当团队成员经历某种失败的挫折时，就是最好的自我觉察时机。团队领导者将团队成员召集在一起，创造一个安全的、开放的、自由的、轻松的物理空间和心理空间，引导大家反思，并通过其他成员的反馈，获得更加全面、客观、真实、完整的信息，在团队领导和组织成员的相互帮助下，形成新的认知结构。

在系统思考的具体方法与习惯养成方面，可以参考《系统思考》一书。

匹配以上策略的相应过程衡量指标包括：团队需求感（%）、团队方向感（%）、团队归属感（%）、团队潜能感（%）、职场友谊感（%）、团队荣誉感（%）。

③为了实现组织效益指数目标，匹配以下四个策略。

鼓励正向思考、链接集体智慧、推进思维突破、实现绩效突破，这四个策略对应了发展逻辑中的第五步："领导业绩突破。"

i. 鼓励正向思考。

事情本身是中性的，之所以对我们造成伤害，是因为不同的认知地图让我们形成不同的观点，正是这些观点引发了情绪。情绪是在提醒我们要关注自己的内在需要。情绪所引发的行为往往会在伤害到别人的同时，也反过来伤害到自己。如果这样的伤害是由组织里的其他成员造成的，就可能使整个组织氛围受到影响。那么，我们又该如何面对呢？

张旭男老师提到NLP重要基本假设之一是：动机和情绪总不会错，只是行为没有效果而已。

没有人会伤害自己，每个人都选择对自己最有利的行为。当组织成员的行为无效时，我们需要更深入地分析对方的动机和正向意图。维吉尼亚·萨提亚女士（Virginia Satir，1916—1988年）在冰山模型隐喻中指出人类共有的渴望，也就是NLP中所说的正向意图，包括六个方面：

A. 爱；

B. 尊重；

C. 接纳；

D. 自由；

E. 有价值；

F. 有意义。

组织中所造成的冲突从根本上看是利益的冲突，属于理解层次中的"环境层次"。当我们在环境层级的利益上被卡住时，我们要上升到"行为层次"考虑解决思路：

"我们要采取什么样的行为才能更好地获得正当利益？"

"我们要发展什么样的能力才能更有效地采取相应的行为，以获得更好的正当利益？"

如果人们认为"个人利益最重要"，则属于理解层次中的"信念与价值观层次"。当我们在信念与价值观层级的利益被卡住时，我们要寻求"身份层次"的突破：

"在组织里，我们的共同身份是什么？"

"要实现共同使命，我们要扮演什么样的角色？"

在此基础上，再进一步询问：

"什么是我们一定要坚持的？什么是我们一定要规避的？"

"什么样的行为才是有价值、有意义的？"

当我们处于"系统层次"这一最高层次进行思考，将会带给我们强大的能量：

"我们的共同愿景是什么？"

"我们要共同为家人、为他人、为国家、为社会、为人类创造什么？"

从个人的角度看：

"我要为自己创造一种什么样的生活？"

"在生活和工作中，我的使命是什么？"

"我要扮演什么样的角色？"

为此：

"我要坚持什么？要避免什么？"

"什么样的事情是有价值的和有意义的？"

从组织的角度看，当我们站在更高层次来看待当下组织成员的行为时，我们能够更好地理解对方，并且有机会更加主动地引导对方看到双方的共同愿景、使命、身份、信念与价值观，以此来指导自己和组织成员要发展什么样的能力，采取什么样的行为，实施什么样的计划以追求所要达成的成果。从个人的角度看，当我们站在更高层次来看待当下组织成员的行为时，我们能够更好地理解对方的正向意图：希望被爱、被尊重、被接纳、实现自由、体现自己的价值和存在的意义。

ii. 链接集体智慧。

集体智慧所能创造的价值远远超出我们的想象。那么，如何有效链接集体智慧？

共同参与机制、引导技术、教练技术应用是常见的有效链接集体智慧的机制和方式。

一般情况下，让相关干系人共同参与讨论当中，就体现了对组织成员的尊重。通过引导技术的应用，在专题研讨、日常会议中为组织成员营造一个安全的、开放的、自由的、轻松的物理空间和心理空间，照顾好每个组织成员的本能脑和情绪脑，提出开放性的问题，让组织成员的视觉脑被最大限度地调动起来。

当一个个组织成员被调动起来并开始基于自己的认知地图将观点与其他成员进行分享时，链接便发生了，通过自我觉察将使得自己的认知地图获得全面的视角，逐步接近真实。

我们知道组织里的信息往往是不对称的，当有更多的信息通过一种非常安全、轻松、自由、开放的方式呈现出来的时候，组织成员将可能根据更加完整的、客观的、真实的信息做出当下最合适的决策。

知识的价值在于不断地分享，在分享过程中产生更多维度的链接，从而激发视觉脑的潜能，产生更多的思维创新和想象空间。

当我们与另一个人交换一个苹果时，我们各自得到的仍然只是一个苹果；当我们交换一个想法时，我们各自得到 2 个想法；如果一个组织里有 10 个成员，每个人分享一个想法，则意味着组织里，每个人都会收获 10 个想法，也就是总共得到 100 个想法。

然而，真正让我们感到惊喜的还不仅如此，当一个成员与其他 9 个成员分享一个想法时，另外 9 个成员各自获得了 2 个想法，而这个想法很可能与各自原有的想法产生更深层次的链接、碰撞、启发，从而产出更多的想法，甚至有更深层次的探索，从而透过现象看到本质，抓住事物发展的规律。这也正是集体智慧所要创造的真正价值所在。

在研讨与分享过程中,每个人都在重新建构自己的观点,重新建构自己的知识网络。对于个体而言,将新信息或知识关联到自己经验或观点当中,并进行重新定义,产生新观点,这就是一个人知识建构的过程,也是一个人持续成长的过程。在脑神经科学中,神经突触之间的链接越多,大脑潜能被挖掘的可能性就越大。

因此,让更多的人通过多种方式共同参与研讨,使信息对称的同时,让知识与知识产生更多的碰撞和链接,以更加多元的视角,产出富有创造性的观点和做法。

iii. 推进思维突破。

人类所有的理论都是基于假设,人们的思维模式本身是许多观点的前提假设,同样也有构成思维本身的更深层次的前提假设。正是这些前提假设在影响着我们的信念、价值观、观点、应对模式和具体的行为。有些前提假设是意识层面的,有些前提假设是潜意识层面的。当情境发生变化,我们还在用应对过去情境的方式来应对,我们就容易被卡住。当我们用一套固化的信念和模式来应对外界所有的模式时,松动信念便是必不可少的过程。创新思维的过程也是如此,质疑所有可能的假设是创造新成果的基础。

iv. 实现绩效突破。

如孙晓敏在《群体动力》书中所描述,我们可以将帮助一个组织实现绩效提升的条件提炼为 SPARK 模型,具体如下:

A. Supporting organization environment(支持性组织环境):PIES Model

- payment system(奖酬系统);
- Information system(信息系统);
- Education system(教育系统);
- Stimulation system(激励系统)。

B. Professional guidance and help(专业指导和帮助):TIG Model

- Timing of intervention(干预时机);
- Interaction of team(团队互动三方面);

- Gain from cooperation（推动合作过程增益）。

C. Attractive goal（引人入胜的目标）: SECC Model

- Stimulated（重要潜能激发的）；
- Empathic（能引起共鸣的）；
- Challenging（富有挑战性的）；
- Clear（清晰的）。

D. Real team（一个真正的团队）: STAB Model

- Stability（保持相对稳定性）；
- Task（真正的团队任务）；
- Authority（明确界定的权力）；
- Boundary（清晰的团队边界）。

E. Keen team structure（具有促成性结构）: WNS Model

- Work design（工作设计）；
- Norm design（规范设计）；
- Structure design（团队构成设计）。

OGSM-PRE 和 BTLA 是其中两个有效的绩效改进思维、方法与工具，在帮助我们厘清生意发展逻辑的同时，给予我们一个明确的方法与工具指引。（详情参阅后文）

匹配以上策略对应的过程衡量指标包括：职场友谊感（%）、组织能量感（%）、组织力量感（%）、组织成就感、关键业绩过程指标达成率（%）、绩效目标完成率（%）。

第二章

战略目标落地逻辑

战略目标落地公式:"方向一致"ד上下齐心"

既然我们认为"事在人为""以人成事","人"与"事"本为一体,那么,代表"事"的"方向一致"与代表"人"的"上下齐心"就是密不可分的整体,少了其中任何一个,都会影响战略目标落地,进而影响组织可持续发展。那么,两者之间的关系是乘积关系,还是相加关系,或者是其他关系?

假设战略目标落地值=4,方向一致的值=2,上下齐心的值=2,就会出现两种路径:

第一种路径,2×2=4,即:战略目标落地=方向一致×上下齐心。

第二种路径,2+2=4,即:战略目标落地=方向一致+上下齐心。

在实际运作过程中,哪种关系才能更真实地反映组织的可持续发展?

我们不妨再假设:方向一致=2,上下齐心=0。

按照第一个路径,结果为:2×0=0,也就是表明组织发展不可持续。

按照第二个路径,结果为:2+0=2,表明组织具有一定的可持续发展基础。

美国国家经济研究局的一项调查表明:近20年来,欧美国家的大多数头奖得主在中奖后不到5年内,因挥霍无度等变得穷困潦倒;美国彩票中奖者的破产率每年高达75%,每年12名中奖者当中就有9名破产。英国研究人员也发现，44%的彩票大奖获得者会在短短 5 年内花完所有奖金。部分借着风口发展起来的企业，就像中奖获得了一笔巨额收入，但组织里缺乏发展方向与动力，人心涣散，形同虚设，最终走向困局。这种现象与"马太效应"所描述的情况类似，即强者越强，弱者越弱。

　　一个懂得经营的领导者，用获得的这笔巨额收入，重新梳理企业的发展方向、经营人心，那么，很有可能开始一个全新的发展旅程。遗憾的是，多数中彩票得大奖的人不具有这样的经营理念。我们不能指望通过偶然的机会获得巨额财富来实现成功，我们需要的是具备可持续发展意识的人来平衡生意发展与组织发展，推进"方向一致"和"上下齐心"，以实现"人"与"事"的整体生态平衡，使战略目标落地，推动组织可持续发展。

　　如果只有方向一致，而上下不齐心，企业可能在短期内实现生意目标，但这样的生意不可持续。如果我们实现上下齐心，即使当下方向偏了，我们也有信心重新调整到"方向一致"。当"方向一致"和"上下齐心"两者同时兼备的时候，这样的组织就很有可能高效地达成生意发展目标，又能使整个组织充满着正能量，只有这样的组织才具备实现真正可持续发展的可能性。

　　因此，我们认为战略目标落地（Goal）的两个关键要素："方向一致（Direction）"与"上下齐心（Heart）"是乘积的关系（G=D×H）：

图 2-1　战略目标落地两个关键要素的关系

　　那么，是不是只要方向一致、上下齐心，就可以高枕无忧了呢？在生意发展过程中，我们发现组织有共同愿景、使命，也有激情追求共同愿景，然而在实施过程中，依然会遇到许多现实的问题：

1.在追求愿景的过程中遇到一点困难，有些成员就开始质疑，松动了一开始的坚定信念；

2.具有重大战略意义的项目落地质量不高，导致未达成预期的整体目标，由此开始怀疑方向和团队的努力程度；

3.可以同苦没能共甘的《中国合伙人》电影折射出利益分配的重要性，然而除了利益分配均衡之外，更重要的是激发组织成员的内在驱动力；

4.企业过去的成功并不能代表未来可以持续成功，创新的窘境告诉我们创新者进入一种思维固化的模式反而成为他们持续发展的最大阻碍。

因此，仅仅做到方向一致和上下齐心还是不够的。那么，还需要什么？

四大机制：参与、项目、激励、创新

为解决以上四个现实问题，帮助组织实现可持续发展，在方向一致和上下齐心的基础上，我们需要加上四大机制：参与机制、项目机制、激励机制、创新机制，以确保战略目标落地顺利实现。

1.参与机制：这是首要的机制，通过参与机制使组织成员在方向上达成一致，并在此过程中逐步形成上下齐心；

2.项目机制：在达成方向一致的前提下，形成公司战略级的项目，通过项目管理机制来确保项目的有效落地，一般由PMO（项目管理办公室）来统筹管理；

3.激励机制：为确保项目有效落地，需要激发组织成员的内在动机和外在动机，激励机制作用正在于此；

4.创新机制：建立相应的创新机制，激发组织成员松动限制性信念、突破传统思维模式，以源源不断的创造力支持战略级项目目标的实现。

因此，一个完整的战略目标落地逻辑关系便呈现出来，如图2-2所示：

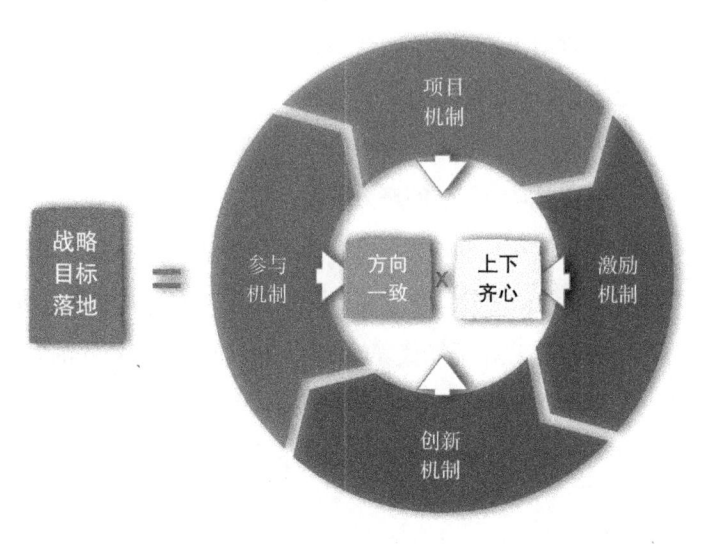

图 2-2　完整的战略目标落地逻辑关系

四大机制的关系是：参与机制让组织成员感知到这是为组织做事，同时也是为自己做事；项目机制让重大的项目得以在严谨的流程和方法下实现；激励机制由外而内和由内而外地激励组织成员产生持续突破的动力；在此基础上，创新机制带领组织成员不断地松动固化的信念，以批判性思维和创新思维、方法追求突破性成果。通过四大机制分别实现以下关键的保障作用。

1.参与机制：真正地实现方向一致，让所有干系人参与到对公司发展方向的研讨中，让大家获得对组织方向的共同认知，并且从内心知道这是所有成员共同创造出来的，通过共同参与机制实现最大化的方向一致性。让下属成员参与到上一个层级的决策，这是参与机制中一个非常重要的原则。当组织成员参与到上一层级的会议议题时，通过参与式研讨，他们会得到更多信息的输入，并开始思考、提供自己的建议，甚至参与到最终的决策过程。这样的过程会让组织成员感受到充分的尊重，让他们有机会获得原本可能不对称的信息，可以有机会表达自己的想法，参与决策，他们甚至会感受到这是在为自己工作，从而激发组织成员的内在动力。这样的过程，正是实现了马斯洛需要层次中的高层次需求：社交需要、尊重需要与自我实现需要。

2. 激励机制：激励机制的设置以满足五个层次的需求为导向。由外而内的物质和精神激励，加上由内而外的动机满足，使得组织成员的生存、安全、社交、尊重和自我实现的需求得以被照顾，从而让人们愿意为共同愿景持续努力。参与本身就是一种重要的精神激励。生存需要偏向于物质上的激励；安全需要包括两方面，一是外在物理环境安全，二是内在心理环境安全，我们把它们称为物理空间和心理空间。在组织成员解决了生存需要之后，我们要创造更多安全的物理空间和心理空间，让他们能与内外部产生更多的链接，充分尊重成员的想法，并提供资源为共同愿景、使命和目标而付出努力，在帮助组织实现愿景的同时，实现个人的抱负。

3. 项目机制：以终为始，站在客户或用户的角度来考虑最终要达成的项目目标，项目进度、质量和预算，以及干系人可持续发展关系的整体目标，帮助企业在满足客户需求的基本前提下，将重大战略项目逐一落地。组织可以将项目分为三类：战略类项目、改善类项目、常规类项目。其中，战略类项目定位于组织长远发展，是一种战略投资行为，它的结果对组织可持续发展起到决定性作用，因此，要投入战略性资源，以保障战略类项目有更大的成功概率。成立PMO（Project Management Office，项目管理办公室）就是其中的重要举措。PMO的主要职责包括：统筹规划整个组织的项目、协调组织内外部资源、培养和发展项目管理专业人士、培育项目管理土壤、监控重要项目发展进度。

4. 创新机制：松动固化的信念，突破限制性信念，扩大价值观，以批判性思维和创新思维模式，让组织成员的行为准则变得灵活、弹性、有创意，形成组织里鼓励试错的文化氛围，支持、鼓励创新，并以机制的方式传承下来。

四个子系统：事、人、为、果

实施了"方向一致"和"上下齐心"，并且拥有四大保障机制之后，战略目标落地将会呈现出什么样的具体过程形态?

在四大机制保驾护航的基础上,战略目标落地过程呈现出清晰的形态:组织成员拥有共同愿景、共同使命、共同目标、共同身份、共同信念、共同价值观、共同语言,从而将组织成员的力量凝聚成一股更强大的力量,并且通过批判性思维和创新性思维、创新方法的应用,实现1+1>N(N远大于2)的突破性成果。如图2-3所示:

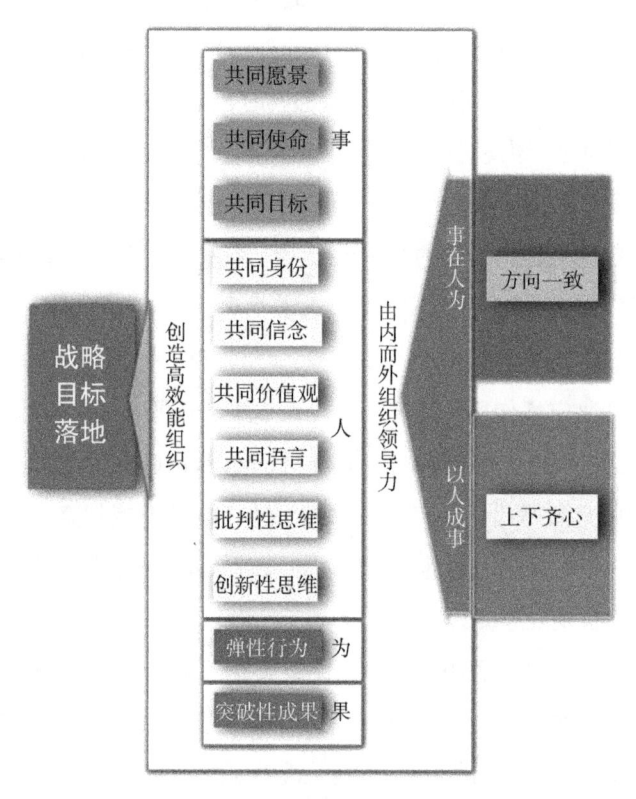

图 2-3 战略目标落地的具体过程形态

我们将这11种形态分成四大类:

第一大类——"事",包括共同愿景、共同使命、共同目标;

第二大类——"人",包括共同身份、共同信念、共同价值观、共同语言、批判性思维、创新性思维；

第三大类——"为"，即弹性行为；

第四大类——"果"，即突破性成果。

当组织成员有了共同愿景、共同使命和共同目标的时候，"事"的子方向和路径就清晰了，具备达到"方向一致"的基本状态；当组织成员有了共同身份、共同信念、共同价值观、共同语言、批判性思维和创新性思维的时候，"人"就通畅了；当组织成员有了灵活、弹性、有创意的行为准则能够应对变化的外界的时候，"为"的方式就明确了；当"事"清晰了、"人"通畅了、"为"明确了，"果"就有了更大的胜算。

目前，大多数组织对这四个方面的排序是：事、人、为、果。同时，也有一些组织开始出现新的组织方式：人、事、为、果。先有"人"，后有"事"。人对了，事就对了。这样的组织会更加灵活地应对外界的变化。但无论采用哪种方式，在运行一段时间之后，这样的组合方式都会回到基础的模式：人、事、为、果。即当合适的人在一起发展出共同愿景之后，我们需要有更多的人加入到新的组织当中，需要达成共同身份、共同信念、共同价值观、共同语言，以批判性思维和创新性思维，采用创新方法共同为"果"设计实现路径。

实现方向一致的逻辑：两个维度和七个环节

那么，如何实现"事"这一子系统中的三个共同，以达成"方向一致"的目的？

方向一致要实现共同愿景、共同使命和共同目标，具体而言，包括了横向和纵向两大维度和七大环节：

第一，目的（Objective）：包含组织要实现的终极目的，即愿景、使命。目的采用定性描述。

第二，目标（Goal）：包含组织要实现的战略目标与阶段性目标。目标采用定量描述。

第三，策略（Strategy）：包含组织在实现目标过程中，对路径做出的选择，通常情况下通过抓住并解决主要矛盾来实施，包含识别业务驱动要素、关键成功要素，突破关键挑战与发展瓶颈，实现以最小的投入获得最大化产出。策略采用定性描述。

第四，衡量（Measure）：包含组织对所实施策略具体过程成果的衡量指标，其中有一部分由于具有先导性和关键指示作用，我们称为里程碑。衡量采用定量描述。

第五，计划（Plan）：包含项目规划与日常运营计划，可以结合5W1H来制订，即Why，What，Who，When，Where，How。

第六，资源（Resource）：包含根据项目规划与日常运营计划所匹配的人、财、物、时间资源。

第七，执行（Execution）：包含以上六大方面的实际落地实施过程行为及结果。

那么这七大环节之间的关系是什么呢？

如果目的不清晰，将意味着目标缺乏指向性，是模糊的，跑得越快，可能偏离得越远；

如果目的清晰了，但目标不清晰，将意味着策略缺乏针对性，这将大大影响目标的驱动作用；

如果目的及目标都清晰了，但策略针对性不强，将意味着过程的衡量指标会产生偏差、衡量标准不精确；

如果目的及目标清晰、策略指向明确，但过程衡量标准不精确，将意味着计划缺乏明确的产出衡量标准；

如果目的及目标清晰、策略指向明确、过程衡量精准，但计划不够具体、有效，将导致资源的匹配性失准；

如果目的及目标清晰、策略指向明确、过程衡量精准、计划有效，但资源匹配失准、不及时，将意味着执行过程会遇到重大的资源挑战；

如果目的及目标清晰、策略指向明确、过程衡量精准、计划有效、资源匹配准确及时，但执行不力，将意味着结果与预期存在较大差距。

只有当目的及目标清晰、策略指向明确、过程衡量精准、计划有效、资源匹配准确及时、执行有力，才能达成"方向一致"，最终才有达成所预期成果的基本条件；也就是只要过程中有任何一个环节做不到100%，都会对后面的几个要素产生巨大的影响，甚至是指数级的影响。因此，要实现"方向一致"，达成共同愿景、共同使命、共同目标，七大环节一个都不能少，而且要尽最大努力追求100%实现。

因此，实现"方向一致"的七个环节之间的关系是乘积的关系，当我们做到每个环节的100%实现，即意味着"方向一致"也是100%实现，其逻辑关系如下：

方向一致	=	目的	×	目标	×	策略	×	衡量	×	计划	×	资源	×	执行
One Direction		Objective		Goal		Strategy		Measure		Plan		Resource		Execution

图 2-4 "方向一致"七个环节的关系

两个维度指的是横向和纵向维度。从个体的角度看，每个人都有属于自己的 OGSM-PRE，这是横向维度；同时，从组织的角度看，每个层级都有属于自己的 OGSM-PRE，这是纵向维度。

实现上下齐心的逻辑：三个层次和四大环节

那么，如何实现"人"这一子系统的"上下齐心"目的？

实现"上下齐心"的逻辑包含三个层次和四个环节。

三个层次指的是：

第一，个体层次：身心平衡；

第二，团队层次：关系平衡；

第三，组织层次：场域平衡。

四大环节指的是：

第一，动机，指的是推动人们采取某种行为的动力。人们存在生理上和心理上需求的不平衡而产生了动机，因此，需求是动机的基础。在职场中，组织成员的动机主要包含三大类：成就动机、权力动机和亲和动机；从动机来源看，包含内在动机和外在动机。

第二，信念，指的是人们认为有些事情是必须、一定、不得不做的理念，信念包含认知、情感和意志三个核心成分。

第三，价值观，指的是人们认为哪些事情是重要的、有价值的，是人们判断的标准。

第四，行为准则，指的是人们在采取某种行为时所遵循的规则。

如果只有某些个体实现了身心平衡，多数组织成员没有实现身心平衡，就无法实现团队层次的关系平衡。

如果实现了个体身心平衡、团队关系平衡，但组织作为一个整体被忽略，同样无法实现整体的平衡。

只有当个体身心平衡、团队关系平衡、组织场域平衡的时候，才能实现整体生态平衡，也只有在此前提下，才能实现"上下齐心"。

生态平衡 = 个体身心平衡 × 团队关系平衡 × 组织场域平衡

生态平衡是一个动态的过程，可能会出现阶段性的波动。只要在经历波动之后能迅速地回到生态平衡线上，就能维持组织的可持续性发展。影响整体动态平衡的核心因素包含动机、信念、价值观和准则，具体如下：

第一，个体身心平衡：个人动机 × 个人信念 × 个人价值观 × 个人思维和行为准则；

第二，团队关系平衡：团队动机 × 团队信念 × 团队价值观 × 团队思维和行为准则；

第三，组织场域平衡：组织动机 × 组织信念 × 组织价值观 × 组织思维和行为准则。

图 2-5 "上下齐心"的三个层次和四大环节

因此，当我们实现"方向一致"和"上下齐心"时，就具备了战略目标落地的核心，再匹配四大机制保障，就能够通过"事""人""为""果"，从而有效地达成"七个共同"、两类思维、一个弹性、一个突破，呈现出富有生命力的能量整体状态，最终使战略目标落地，实现组织可持续发展。如图 2-6 所示：

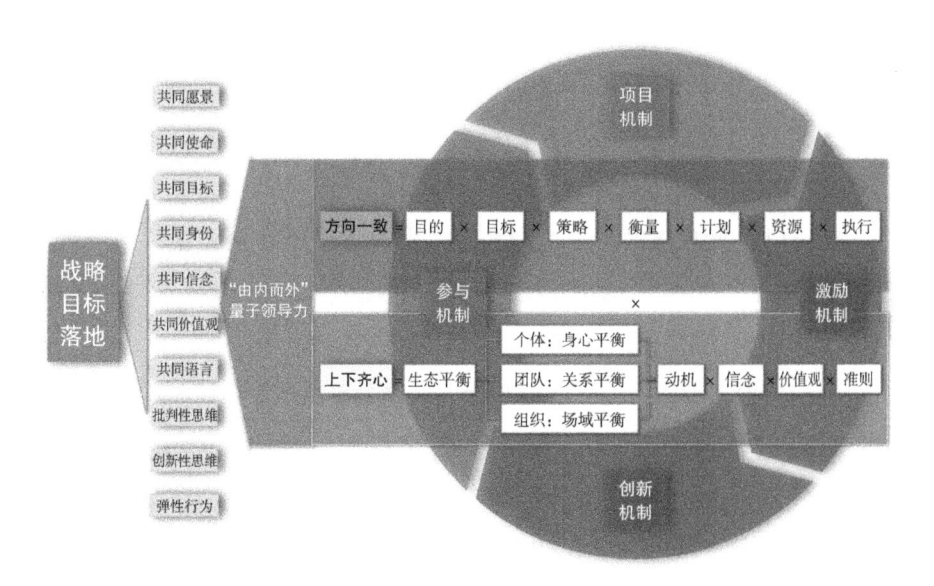

图 2-6 战略目标落地的完整逻辑

动态平衡：减少过程损失

1. 团队生产力模型与过程损失

"有人的地方就有江湖"，组织中的内耗现象由来已久。然而，很少有人去分析到底是什么造成了这样严重的内耗现象。内耗是一种个人能量的纯消耗过程，并没有产生真正的价值。要使组织真正实现动态的生态平衡，我们还要考虑更多不确定因素。著名心理学家斯坦纳在《群体过程和生产力》中提出过程损失概念。斯坦纳认为团队拥有巨大的潜力，无论是专业知识、能力，还是所拥有的资源，均大大地超过单个个体；不过很少有一个团队或组织可以将其潜能发挥到极致程度，其中最主要的原因就是大量的人际交互过程削弱了团队的整体效能。为此斯坦纳提出了著名的团队生产力模型：

实际生产力（Actual productivity）＝潜在生产力（Potential productivity）－过程损失（Process loss）

即使一个组织中的个体能力均非常出色，并且具备实现目标所需的资源，但由于过程中的人际互动造成大量的能量内耗，阻碍了团队的成功。如果过程损失非常严重，整体就小于局部之和，也就是"1+1<2"。

法国工程师林格尔曼认为过程损失是由两方面原因造成的：一是动机损失，指成员在团队工作时可能没有成员一个人工作时努力；另一个是协作损失，指成员之间缺乏协作而导致团队绩效受到影响。

斯坦纳将团队工作中的协作问题与团队的任务类型进行关联分析，他认为：有些工作任务并不要求团队里每个成员的共同协作，这类任务是可以分割成更小的子任务的，通过个体的努力仍然可以出色地完成；而另一些任务则要求团队里的每个成员同时努力并协同工作，只有这样才能将工作任务出色地完成。有些任务要求数量，一般以规模来衡量；而有些任务则要求质量，一般以达到标准来衡量。很显然，有些生产线上的工作属于第一种情况，而交响乐队则属于第二种情况。

2. 萨提亚冰山模型

由于过程损失因素的存在，个体、团队和组织三个层次均会受到不同程度的影响，再加上外部环境的影响，导致战略目标落地难以时刻处于生态平衡状态。生态平衡状态波动往往是由个体的不平衡状态引起的，因此，我们要努力减少过程损失，首先帮助个体回到身心平衡状态，使团队关系实现平衡，从而快速恢复组织场域平衡。

由于个体需求、动机、认知、情感和行为模式的差异，使得不同的人对同一件事会产生不同的观点和期待，因此，当组织成员出现身心不平衡时，我们首先要帮助个体恢复身心平衡。

萨提亚冰山模型是帮助个体快速达到身心平衡的有效方案之一。

冰山模型是美国家庭治疗师萨提亚提出的一个隐喻，人们能看到的只是冰山显露在水面上的部分，即行为，真正影响一个人行为的是冰山下面的七个部分：

第一，应对模式，影响着人们的行为，包括五种应对模式：一致模式、指责模式、讨好模式、超理智模式、打岔模式；

第二，感受，影响着人们的应对模式，包括喜、怒、哀、乐、悲、恐、惊；

第三，感受的感受，指的是由感受所引出的感受，如愤怒之后的懊悔；

第四，观点，影响着人们的感受，包括信念、价值观、假设、主观现实、想法等；

第五，期待，影响着人们的观点，包括对自己的期待、对他人的期待以及他人对自己的期待；

第六，渴望，影响着人们的期待，人们共有的渴望包括爱、尊重、接纳、自由、有价值、有意义；

第七，我是（Being），影响着人们的期待，包括生命力、精神、灵性、核心、本质。

当一个人清晰地知道最深层次的"自我",即知道"自己是谁"时,人们能很好地表达自己的渴望、期待、观点,以一种和平的心态来表达自己的感受,并以一致的应对模式来应对他人和环境,展示对自己、他人和环境的平和与友好,实现个体身心平衡。

当一个个体身心平衡,他的冰山就是稳定的,无论他人和环境怎么变化,他总是处于"我是(Being)"的状态中,以和平心态应对,因为他不仅知道人类共同的渴望,更清楚深层次的"自己是谁"。

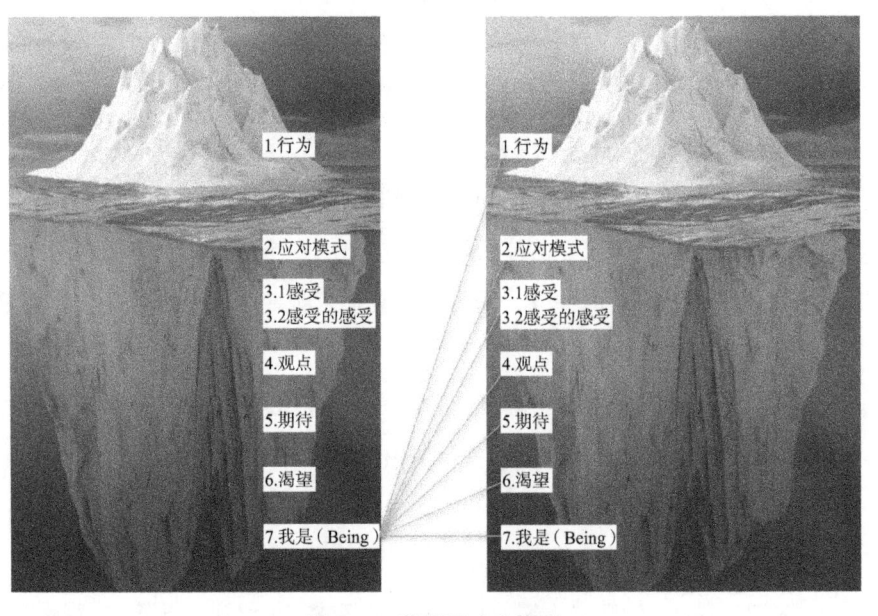

图 2-7 萨提亚冰山模型

3. NLP"改造个人历史"技术

NLP 中的感知位置平衡法、改造个人历史、理解层次、VK 分离法、六步骤重新架构法等,也可以有效地帮助组织成员快速恢复到个体身心平衡状态。根据弗洛伊德的精神分析理论,我们知道,0—3 岁对一个人的影响是巨大的。过去的经历进入到潜意识中，正在影响着我们当下的每一个思想、情感和行为，但我们往往意识不到。以下以张旭男老师所分享的NLP"改造个人历史"技术为例进行说明，如何帮助人们找到过去某种重复的行为和情绪，并帮助人们找到内在的丰盛资源，从而达到所欲的人生目标，达到个体身心平衡。

NLP 改造个人历史的完整操作步骤如下（以 K 为例，此资料分享已经征得 K 的同意）：

（1）进入中正状态

中正状态特点：

张旭男老师认为，中正状态是一种处于当下、完全不带任何评判的状态，身心处于非常舒适、放松的状态，同时又保持着觉察和觉醒的状态。

进入中正状态的引导语：

"（平缓的语气）好，现在邀请 K 以自己舒服的姿势坐好或站好，将你的注意力放在你的呼吸上，感受到空气经过鼻腔、胸腔，来到腹腔，感受到腹部的起伏和温度。然后，邀请你的注意力来到你的脚下，感受你的双脚与大地连接的感觉，邀请你的注意力来到你的脚跟、足弓、脚掌、脚指头、脚背，然后准备好，开始觉察你身体的轮廓。"

"现在，邀请你的注意力来到你的脚踝、小腿、膝盖、大腿、髋部、骶骨，来到腹部的中心（体会 3 秒钟），然后告诉自己：'我在这里，我立在当下，我回归身体的中心'；继续觉察你的身体，从腹部到脚底（体会 3 秒钟）。"

"现在，邀请你的注意力从腹部来到你的脊椎、胃部、肺部，来到你的胸腔，就是上胸口的中心点（体会 3 秒钟），然后告诉自己：'我是敞开的，我保持持续的敞开'……"

"继续邀请你的注意力来到你的肩膀，来到上臂、手肘、小臂、手腕、手掌、手心、手指、手背；继续邀请你的注意力来到你的脖子，经过你的喉咙，感受你的脸颊被抚触的感觉。"

"继续邀请你的注意力来到你的眼睛、耳朵、鼻子、嘴唇、舌头、下巴，邀请你的注意力来到你的脑部中心点，就在你的两耳中间和眉心的后方；然后，深吸一口气，好像把氧气和能量吸进大脑的中心（体会3秒钟），然后告诉自己：'我是觉知的，我是清醒的，我保持觉察和觉醒的状态'。"

"继续觉察此刻正在发生的身体感受，然后邀请你的意识连接大脑中心点、上胸口中心点和腹部中心点，连接你的双脚，感受到能量在你身体里自然地流动。（体会7秒钟）。"

"现在，邀请你的注意力来到你的脚底，感受你的双脚与大地深深连接的感觉，直达地球的中心；觉察你头顶上的空间，感受到身体上方的空间，直达天际，直到宇宙的中心点；觉察你身体左侧的空间，敞开；身体右侧的空间，敞开；身体后方所有的空间，敞开；身体前方所有的空间，敞开。感受身体与周围的场域保持深深的连接，感受身体完全地敞开……（体会7秒钟）"

"感受到一股能量在身体里自然地流动，感受到内在灵活、弹性、有创意的丰盛资源状态，感受生命的无限力量。然后告诉自己：'我的连接准备好了'。"

"然后，以你自己的方式，慢慢地回到现在。"

进入中正状态的时长：

完整的进入中正状态过程需要大约10分钟的时间，在熟练之后，可以快速地让自己进入中正状态。

（2）探索引发身体反应的部位

"K，我很好奇的是，今天我们将一起探索的是一个什么样的经验，它过去重复地在行为和情绪方面出现在你的生命当中。如果你想好了，点点头示意我。"（点头）

"跟别人有不同意见或起冲突时，会出现条件反射，想保护自己，会用不温和的语言对待别人。"

"这样的经验和状态，带给你什么样的感受呢？"

"心情不舒服，内心不舒服。"

"是什么样的不舒服状态呢？"

"情绪会比较紧张，身体会比较压抑。"

"那么这个压抑和紧张是从身体的哪个部位发出来的呢？"

"腰部。"

（3）探索身体感受

"当你经历这样与别人意见不同而产生的压抑和紧张时，你的腰部是什么样的感觉？"

"腰部会肌肉紧缩。"

"我很好奇的是，最近一次这样的经历是发生在什么时候？"

"最近一次经历是跟我的家人，在一些理念上不一样时。"

"能大致介绍一下这样的经验吗？"

"比如我爱人认为从小要培养孩子的兴趣爱好，如钢琴、画画、开发思维等。一开始我觉得很好，后来觉得还是有点问题。一方面是费用方面的问题，一节课要几十上百块钱，如果持续的话，压力会很大。另一方面是外面的机构鱼龙混杂，如右脑开发，在网上一搜，还有很多负面的新闻。所以我想右脑开发这样的课，先不用报了。小孩子还是以开心快乐为主吧。这样压力也不会太大。可是，我爱人认为从小要培养孩子的兴趣爱好非常有必要，所以我们意见不一样。"

（4）觉察情绪状态

"当你们产生不一样的意见时，你的情绪状态怎样呢？"

"当我提出我的观点，她还是坚持她自己的观点时，我就会比较紧张，想说服她，越想说服就越说服不了，就会变得激动，语速加快，会出现紧张、激动、不友好、不是很温和的态度。"

"这样的情绪带给你的身体什么样的感受呢？"

"肌肉紧缩，胸会有点闷的感觉，会有点紧张。"

（5）探索象征物

"K，现在邀请你伸出手来，放在自己胸口上，再次感受一下你和太太意见不一致时，产生的紧张、激动、肌肉紧缩、胸口有点闷的状态。当你再次感受这样的感觉时，你觉得这样的感受像一个什么样的东西？"

"一个秤砣吧。"

"有多大呢？"

"10厘米高，6—7厘米宽吧。吊在我的心脏那里，很有压力。"

"好，现在邀请K，让自己完全地记住自己与太太沟通时产生的激动和不友好状态，就像一个10厘米长、6厘米宽的秤砣一样压在胸口，记住那种压抑、紧张的感觉。"（安装心锚：伸出两根手指稍微用力按在K的左肩膀上）

（6）投射时间线

"K，现在在我们的前方，要投射一条时间线，左边代表着过去，右边代表着未来，你的正前方代表着现在。"

"现在邀请你，把你内在的时间线，投射在前方。当你准备好时，点点头告诉我。"（点头）

"现在邀请你往前一步，进入时间线，转身面向未来。"

（7）启动心锚，开始探索

"现在，K，（启动心锚：伸出两根手指稍微用力按在K的左肩膀同一位置上）当我压下你的肩膀时，你的感受是什么？"

"感受到压力、紧张、胸闷。"

"好，现在邀请K完全地记住有一个秤砣压在胸口的压抑、紧张、胸闷的感觉。然后邀请你慢慢地一步步地往后退，当你往后退，找到有同样身体感受的经验时，请点点头，停下来。"（点头）

描述第一次相似经验：

"我很好奇的是，那是什么时候的一个什么样的经验呢？"

"小学的时候吧，那时从农村到城镇里面来，我爸去做生意。老家来人了，我妈想让我去买一些保养品给老家亲人。我不记得妈妈给我多少钱了，我就拿着钱去买了好几个品牌的奶粉拿回家。我妈就说：我让你去买，你怎么把钱全部花掉了呢！我当时想，把这些奶粉都买回来，不是可以更好地表达我们的心意吗？亲戚走了之后，我妈说我们家也不是很有钱，给你100块，你怎么全部都花了呢。我当时对金钱没有概念，当时我妈说了我，我感到很委屈。我的出发点是好的，想买东西给亲人，对方又是长辈，所以多买一些东西。但没考虑那么多，连亲戚都快拿不动了。所以自己也感觉很委屈。"

启动心锚，继续探索：

"好，现在邀请K，（启动心锚）完全记住这样一个紧张、压抑，就像一个秤砣压在胸口的感觉。然后，邀请K再次往后走，当你找到同样的身体感觉和情绪感受时，请点点头，停下来。"（点头）

描述第二次相似经验：

"我想起来了，那时有一个隔壁的小伙伴，我们两个人去幼儿园上学。不知道为什么引起争吵了，两个人就在墙角打起来了。"

"当时你是什么样的情绪反应呢？"

"他打我了，我就必须打赢他啊。"

"情绪是什么样的呢？"

"情绪有点紧张和愤怒吧。对方打我，我就必须打赢，打回去。"（点头）

启动心锚，继续探索：

"好，邀请K，（启动心锚）完全记住这样一个紧张、压抑，就像一个秤砣压在胸口的感觉。然后，邀请K再次往后走，当你找到同样身体感觉和情绪感受时，请点点头，停下来。"（点头）

"我很好奇，那会是一次什么样的经验？"

"我的邻居有一个小孩，比我大一岁，我们常在一起玩，他爸爸在深圳打工，很少回来。有一次我去他家玩，他妈妈好像会做衣服，我就拿了一个粉笔，在他家墙上画起来。我不知道这样对他们不好。当我画画的时候，我突然感觉有一个人在看着我，又不说话，但是看起来充满着怒火，用非常凶猛的眼神看着我，又不骂我。我感到非常害怕、恐惧，马上就跑了。害怕他去找我妈妈告状。所以以后我不敢去他家玩。我很害怕和恐惧那种眼神。"

描述第三次相似经验：

"好，邀请 K，（启动心锚）完全记住这样一个紧张、压抑，就像一个秤砣压在胸口的感觉。然后，邀请 K 再次往后走，当你找到同样的身体感觉和情绪感受时，请点点头，停下来。"（点头）

"我很好奇那是什么时候的经验？"

"大概一年级吧，有一次当着亲戚和朋友的面，父亲让我做一道数学题，但是我又没做对。父亲就非常不开心，甚至发火了，当着这么多人的面，就说我怎么这么笨。"

"带给你什么样的感受呢？"

"压抑、痛苦，内心很难受，后来就很害怕，一提到做作业就很害怕我父亲在身边。有一段时间我会感到恐惧，害怕他会批评和指责我。"

启动心锚，继续探索：

"好，邀请 K，（启动心锚）完全记住这样一个紧张、压抑，就像一个秤砣压在胸口的感觉。然后，邀请 K 再次往后走，当你找到同样的身体感觉和情绪感受时，请点点头，停下来。"（点头）

"差不多了。"

（8）启动心锚，用颜色代替

"好，现在邀请 K，完全记住这种紧张、压抑的感觉，像是一个秤砣压在胸口的感觉。如果说把这样像秤砣一样的压在胸口的感觉，用一种颜色把过去所有类似经验串起来，我很好奇那会是一个什么样的颜色呢？"

"灰色。"

"我很好奇的是，如果 1—10 分代表灰色，那会是几分呢？"

"8—9 分吧。"

"现在邀请你去感受一下，把你过去的经验，用这条灰色完全替代掉。当你准备好时，点点头告诉我。"（点头）

（9）打破状态

"好，现在邀请K往右一步，抖一抖身体。"

以成人视角回看，然后回到"现在"。

"K，我很想知道的是，当你只有6岁，上小学一年级的时候，你爸爸让你完成一道数学题，但你答错了，在你那么小还没有能力和资源去面对的时候，你当时是如何去处理的？怎么面对那个艰难过程的呢？"

"是的，当时不知道如何去处理。"

"在那种场面，旁边还有很多人，你那时是什么样的紧张和压抑的感受？"

"头一直低着吧，如果有一个洞，想钻进去。"

"带给你什么样的影响呢？"

"有一段时间特别害怕父亲。"

"当时你怎么来看待这件事情的呢？"

"会怀疑自己，难道这么简单，自己真的不会吗，真的很笨吗！会怀疑自己，影响自己的自信心。"

探索内在好处：

"那你内心想要的是什么呢？"

"想要的是更多的支持，而不是指责。"

"那么，K，这样的一种压抑、压力，并像一个很大的秤砣压在胸口让你身体紧张的感觉，这样的状态，已经持续了二三十年的时间了。我很好奇的是，你让这样的状态持续那么长时间，你想获得什么好处呢？"

"好处？没有好处啊……或者想让自己增强信心，证明自己吧。"

"你让这样的状态压抑了那么多年，在你经历的30多年的生命旅程当中，这样一系列的经验，它想提醒你什么？"

"提醒我什么？"

"我们知道生命当中的每一件事情，都有它的意义所在，你让这样压在胸口很闷的感觉存在二三十年，生命要给你什么样的提醒或什么样的启示呢？"

"要自己不断地努力，让自己更有自信！"

（10）再次进入中正状态

"好，K，现在再次邀请你快速地进入到中正状态，把你的注意力放在呼吸上……"

（11）探索内在丰盛资源

"好，K，我很好奇的是，现在的你已经成年了，当你回头再看自己6岁时，面对着那样的场景，你会给他什么样的建议呢？"

"可能那时真的一紧张就想不出来，真的很简单，2+7=9，但那时真的没有理解。大人可以给我更多的支持。"

"好，K，我很好奇的是，你内在富有智慧的潜意识，它会带给你什么样的资源，让你更加灵活、弹性、有资源地面对过去造成的所有压力、压抑和紧张的状态？我很好奇的是，一种什么样的内在资源，可以让你把过去的经验完全地完结掉？"

"自信、荣耀。"

（12）安装丰盛资源的心锚

"K，我很好奇的是，这样的自信和荣耀，在你的生命当中，是发生什么样事情时带给你这样的感受？"

"一年级的时候，第一年考得不好。但是留级之后，我学得特别好，什么考试都是第一名，99分、100分，班主任表扬我，我感觉自己非常自信，拿很多奖状，非常开心。"（笑）

"好，现在邀请K完全进入那种自信和荣耀的感觉，那种站在领奖台上，自信和荣耀的感觉，让自己完全地看到、听到和感受到那种自信和荣耀的感觉。"（安装心锚：伸出食指和中指稍微用力按压在K的右肩膀）。

（13）探索身体感觉

"K，我很好奇的是，那种自信和荣耀的感觉，它是从身体的哪个部位散发出来的呢？"

"肩膀。"

(14)创建自己的卓越圈

"好,现在邀请 K 完全地看到、听到和感受到这样自信和荣耀的感觉,然后伸出双手,把这种自信和荣耀的感觉,从你的内在,从你的肩膀上带出来,放在你的手上。我很好奇的是,放在你的手上时,那是一种什么样的状态?"

"闪闪发光的,像金子。"

"那具体会是什么样子呢?"

"一大盒黄金,金灿灿的。"

"有多大呢?"

"那么大吧。"(比画)

"我很好奇的是,如果我们把这样的金光闪闪的黄金投放在前方形成一个圈,那么这个圈会有多大呢?"

"有 2—3 米吧。"

"你看到什么呢?"

"我看到满地金光闪闪的黄金和钻石。"

"满地都是,有多亮呢?"

"金光闪闪。"

"1—10 分,有几分呢?"

"10 分。"

进入卓越圈:

"好,现在邀请 K,往前一步,进入到卓越圈当中,让自己完全地记住,并看到、听到和感受到这样金光闪闪的卓越圈,记住这样的自信和荣耀,让自己完全地记住这样灵活、弹性和有创意的丰盛资源状态。"(堆叠心锚:伸出食指和中指稍微用力按压在 K 的右肩膀同一个位置)

打破状态:

"好,现在邀请 K 退后一步,离开卓越圈,抖一抖身体。"

检测心锚:

"(启动心锚:伸出食指和中指稍微用力按压在 K 的右肩膀同一位置上)

当我再次按下你的肩膀时，你看到什么？"

"看到满地金光闪闪的黄金和钻石。"

"现在邀请K回到时间线中'过去'的旁边。"

（15）进入时间线

"好，现在邀请K带着金光闪闪的卓越圈的丰盛资源，进入到时间线的'过去'，然后慢慢地往前走，当你经历过去的每一个事件时，让自己完全地看到、听到和感受到来自金光闪闪卓越圈的自信和荣耀的丰盛资源状态；然后，再慢慢地往前走，让小时候的自己完全地记住这样的自信、荣耀的丰盛资源，并让这样的丰盛资源进入到自己身体里的每一个细胞；然后慢慢地往前走，慢慢地走到'现在'，面向'未来'。"

再次进入时间线：

"好，现在邀请K往右跨一步，跨出时间线，然后回到'过去'，再次邀请你站在时间线上。（启动心锚：右肩膀），这次我们走的速度要快一点点，让自己完全地带着这样的自信和荣耀的卓越圈，完全地经历其中，然后将这条灰色的线完全地覆盖，然后慢慢地回到'现在'，面向'未来'。"

重复，加快：

再次重复2—3次，速度越来越快。

让K自己探索：

"（启动心锚）邀请K自己走，带着自信和荣耀的丰盛的资源，完全地覆盖那条灰色的线。越来越快，越来越快（重复6—7次）。"

回到现在：

"好，现在邀请K向右跨一步，回到'现在'。"

（16）K的现场回馈

检验状态：

"现在感觉怎么样？"

"很好。很轻松、很自由，很自信。"

"现在当我再次按你的肩膀时，什么感觉？"

第二章 战略目标落地逻辑

"感受到快乐、自由、轻松和自信。"

"1—10 分,几分?"

"9 分。"

"我按左肩膀呢?"

"感觉到压力、压抑。"

"如果 1—10 分,几分?"

"原来 8 分,现在 2 分。"

"现在这样的一种 9 分的状态,是你想要的吗?"

"是的。"

"这样 9 分的状态,可以把左肩膀那 2 分的状态化解掉吗?让它完全地完结。"

"可以。"

再看时间线:

"现在邀请 K 再看这条时间线,你看到什么?"

"一路铺满了金光闪闪的黄金和钻石。"

"过去的每一件事都有正向的意图和价值,让我们可以更好地探索未来。好,现在再次邀请你抖一抖身体,打破状态。"

K 笑着说:

"以前的二三十年压在胸口的感觉,因为没人会问,感受不到它还存在。这种感觉会一直隐藏在自己的内心当中,对自己的生活会造成很多的影响。这个 NLP 真的很好!"

(17)觉察反思与应用

- "改造个人历史"是个案感受最深刻的技术,前后的对比很明显,负面情绪很容易得到照顾和释放。
- K 在往后退去寻找同样的身体感受经验时,一开始可能会比较慢,需要耐心引导。

第二部分

方向一致：
编织战略目标落地的生意逻辑网

第三章

三个共同（VMG）：咬文嚼字

　　对于整个组织而言，共同的方向首先体现在共同愿景、使命、目标、信念、核心价值观的一致性，我们习惯称之为组织的"顶层设计"。在这一顶层设计的指导下，企业制定相应的战略发展目标，并将战略发展目标逐一分解到各个事业部。因此，在宏观上的方向一致最终通过三个共同（VMG）呈现出来：共同愿景（Shared Vision）、共同使命（Shared Mission）、共同目标（Shared Goal）。共同愿景就像一幅独特画作，由组织成员共同呈现出未来美好的样子；共同使命就像是构成美丽画作所贯穿的故事主线；共同使命与共同愿景两者之间融为一体，共同构成了这幅美丽而独特的画作；共同目标就像是指向共同愿景道路上的一盏盏明灯，当我们走到一盏明灯的时候，我们知道我们离这幅画作更近了。同时，共同愿景、共同使命和共同目标就像是整个组织层面的一盏大明灯，发光、发热，照亮着整个组织前进的道路。OGSM-PRE（目的、目标、策略、衡量、计划、资源、执行）就像是走向每一盏明灯的路线图，每一个要素就是每一个前进的步伐；组织就像是在路线图上迈向目标的一支训练有素的职业化队伍，团队就像是队伍里的一支支小分队，个体就像是小分队里每一个分子，方向一致，上下齐心，井然有序，昂首阔步，迈向前方。

共同愿景——Shared Vision

1. 愿景的定义

《新编现代汉语大词典》对愿景的定义是：一种由组织领导者与组织成员共同形成，具有引导与激励组织成员未来情景的意象描绘，在不确定和不稳定的环境中，提出方向性的长程导向，把组织活动聚焦在一个核心焦点的目标状态上，使组织及其成员在面对混沌状态或结构惯性抗力过程中能有所坚持，持续依循明确方向、步骤与路径前进；并且借由愿景，有效培育与鼓舞组织内部所有成员提升能力，激发个人潜能，促使成员竭尽全力，增加组织生产力，达到顾客满意的组织目标。因此，愿景受到领导者及组织成员的信念和价值观、组织的宗旨等影响，是一种对组织及个人未来发展预期达成未来意向的想法，它会引导或影响组织及其成员的行为。

2. 愿景实现过程

美国 NLP 大学的罗伯特·迪尔茨认为 NLP 就是帮助人们从现状当中找到内在丰盛资源以达到所欲人生的过程，即：

现状（Present State）+ 资源（Resource）= 所欲人生（Desired State）

即，P.S.+R=D.S.

在这个基础上，我们认为现状和资源少了任何一个，都无法成就所欲人生的状态，两者缺一不可，因此，用乘积可以更精准地表达罗伯特·迪尔茨想要表达的所欲人生的过程，即：

现状（Present State）× 资源（Resource）= 所欲人生（Desired State）

即，P.S.×R=D.S.

其中，资源包含内在资源和外在资源。内在资源包括：成功经验、失败经验和目前被卡住的状态；外在资源包括：人、财、物、时间。

对于个体而言，愿景实现过程就是：从现状出发，找到并带着内在丰盛资源去追求个体愿景的过程。

对于团队而言，愿景实现过程就是：从现状出发，找到并带着团队的丰盛资源去追求团队共同愿景的过程。

对于组织而言，愿景实现过程就是：从现状出发，找到并带着组织的丰盛资源去追求组织共同愿景的过程。例如，阿里巴巴的三大愿景之一是要持续发展102年。

从理解层次的角度看，愿景属于"系统层次"，是理解层次中的最高层次。当我们在下面的几个层次被卡住的时候，最终我们可以向最高层次寻求支持。系统层次体现的是与"他人"之间的关系，人们超越了"自我"，为家庭、国家、社会创造价值。系统层次的能量无穷无尽，连接着宇宙的智慧，当我们处于这个层次时，我们可以向宇宙寻求无限的智慧支持。因此，组织首先要寻求的是系统层次的一致性，即共同愿景。

从人类三脑之间的关系看，愿景来自于视觉脑。视觉脑是关于愿景、创造力的。当人们处于一种安全、自由、轻松、开放的环境当中时，人们的本能脑和情绪脑得到很好的照顾，从而帮助人们打开富有创意的视觉脑，促使视觉脑里几十亿个神经元之间的链接，从而产生越来越多富有创造力的想法。

为了更好地让人们体验到愿景所带来的巨大能量，我们需要让组织成员更好地体验愿景，充分地结合到愿景当中，让组织成员看到、听到和感受到愿景实现时的整体状态和过程。华特·迪士尼本人就是一位非常富有创作力的人物，每一部他所创作的动画片都首先在他的脑海里清晰地呈现出来，他完全让自己沉浸在这样的愿景当中，甚至花费几个小时、几天的时间，以至于当他从愿景中走出来的时候，完全地感受到这些愿景已经实现了，并将在这样的愿景中所看到、听到和感受到的一切都分享给他的团队，再加入团队成员富有智慧的创意。经典动画片《米老鼠和唐老鸭》就是在这样的背景下创造出来的。

3. 愿景的研讨过程

为了让组织成员可以更好地结合到愿景当中，我们可以在研讨中设置"创造愿景"环节，过程如下。

第一，假设愿景：

假设现在是10年之后，由于你带领的组织获得的伟大成就，全球著名的电视台派著名记者、主持人崔先生带队来采访你，崔先生准备了几个主题。

第二，追求愿景：

"在带领组织一起追求愿景的过程中，您看到什么？听到什么？感受到什么？"

"您是怎么知道自己的梦想已经实现了呢？"

第三，体验愿景：

"在实现梦想的时候，您看到什么？听到什么？感受到什么？"

"在您看到的画面里面，有哪些人？他们正在做什么？他们看到什么？听到什么？感受到什么？"

"在您看到的画面里面，您在哪里？您正在做什么？您看到什么？听到什么？感受到什么？"

"如果用一句话来描述您的梦想，您会怎么描述呢？"

4. 愿景研讨关键点：咬文嚼字

在带领T营销中心研讨中心级的愿景、使命和核心价值观过程中，包含T营销中心总经理、各个部门经理、业务主管、展厅柜长在内总共25个管理人员参与其中，分两次，共花了近2天的时间，经过多次研讨，最后在愿景、使命上达成高度一致。T营销中心的愿景是：

成为中国最具营销价值的××运营平台。

然而在第一次研讨得出愿景之后，25个管理人员对愿景中的关键词，如"中国"还是"T省"以及"营销价值"的定位不同,导致同一个词有多种不同的理解,无法形成共同语言和方向一致性。因此,我们再次针对愿景进行深入研讨,咬文嚼字,并在以上各个关键词方面,达成理解的高度一致性。具体如下:

表 3-1　T营销中心愿景研讨

内容	小组人格类型	第一轮研讨	票数	第二轮研讨	诠释
愿景	IN	成为全国优质全品类××批发供应平台	15	成为中国最具营销价值的××平台	1. 范围:中国 2. 营销价值:更大、更简单、定制化品牌系列模式 3. 行业:三个核心品类产品(A,B,C) 4. 服务:物料、包装、助销、促销、陈列、物流配送
	ES(1)	成为中国规模最大的××营销事业部	14		
	ES(2)	成为东南地区最具价值的××运营平台	14		
	EN	成为××行业标杆	13		
	IS	成为全球事业发展最高效的营销事业部	2		

3个月之后,我们随机抽查了十几位成员,他们对愿景字面描述的一致性程度达到100%,对具体每个关键词的理解一致性程度达到97.7%左右。这正说明了经过多次深入的研讨之后,组织的愿景真正地在每个成员之间达成高度一致。

共同使命——Shared Mission

1. 使命的定义

《新编现代汉语大词典》对使命的定义是:出使的人所领受的任务和应负的责任。《左传·昭公十六年》:"会朝之不敬,使命之不听,取陵于大国,罢民而无功，罪及而弗知，侨之耻也。"

使命感指的是在一定社会和时代中，人们对社会和国家所赋予使命的一种感知和认同。组织需要持续不断地寻找具有共同使命感的成员加入。

组织使命是在组织愿景的指引下确定的重大任务和责任。"让天下没有难做的生意"，这是阿里巴巴的使命，也正是这一伟大使命在持续地指引着阿里巴巴不断创新突破。

一个组织的使命对整个组织的发展具有强大的牵引力作用。在松下电器的人才选拔标准中，首先强调的是对企业宗旨的认同。松下持续向员工强调：我们是"为了更崇高的人类理想而工作"。松下力图使生产线上的工人们相信他们每一天的工作都与人类的幸福有强大关联。同时，松下特别强调"热情"，包括工作热情、生活热情，对他人和事业热情；松下认为"工作热情是最重要的，至于技能，我们可以教给他"。

2. 确定使命的过程

从理解层次的角度看，当我们从"系统层次"确定了愿景和雄心之后，就可以指导我们确定"身份层次"的内涵，包括"使命和角色"。在这里使命即实现愿景所要完成的重要任务和承担的重要责任，在这个过程中，我们要扮演各种社会角色。

通常情况下，由于愿景与使命的紧密关系，对愿景和使命的研讨是同时进行的，在进行研讨过程中，我们会带领组织成员思考如下主题：

"您带领组织一起做了一件什么样的事情让您的组织实现了这样的梦想？"

"组织成员对这件事情有什么样的反馈？"

"在这个过程中，您扮演了什么样的角色？其他人扮演了什么样的角色？"

"如何很好地平衡各种社会角色之间的关系？"

3. 使命研讨关键点：咬文嚼字

同样地，在带领T营销中心研讨中心级的愿景、使命和核心价值观过程中，经过多次研讨，最后在使命上达成高度一致，即：

让客户生意更大、更简单。

然而在第一次研讨得出使命之后，大家对使命中的关键词，如"客户""生意""更大""更简单"的理解却产生很大的差异。因此，我们再次针对使命进行深入研讨，并在以上各个关键词方面，达成理解的高度一致性。具体如下：

表3-2 T营销中心使命研讨

内容	分组人格类型	第一轮研讨	票数	第二轮研讨	诠释
使命	ES（2）	让客户的生意更大更简单	20	让客户的生意更大、更简单	1.客户：零售商（品牌商、非品牌商）、二级批发商 2.生意：三个核心品类产品销售（A,B,C） 3.更大：投资回报率（ROI）高 4.更简单：线上线下服务更方便快捷
	IN	传播××文化，为客户提供专业优质服务	19		
	EN	创造产品最高价值	11		
	IS	传承公司文化精髓，缔造公司营销新时代	5		
	ES（1）	满足客户需求	4		

3个月之后，我们随机抽查了十几位成员，他们对使命和愿景描述的一致性程度达到100%，对具体每个关键词的理解一致性程度达到94.8%。这正说明了经过多次深入的研讨之后，组织的使命真正地在每个成员之间逐步达成高度一致。

共同目标——Shared Goal

1. 目标的定义

《新编现代汉语大词典》对目标的定义是：射击、攻击或寻求的对象，也指想要达到的境地或标准。

目标是对活动预期结果的主观设想，是在头脑中形成的一种主观意识形态，也是活动的预期目的，为活动指明方向。

目标具有以下重要作用：

第一，指向作用，明确的目标可以帮助组织成员确定具体要努力的方向；

第二，激励作用，明确的目标可以让组织成员清晰地知道经过努力之后可以获得满足的内在动机程度；

第三，凝聚作用，当团队在追求目标过程中遇到困难与挑战，目标可以将团队的力量凝聚到同一个方向；

第四，衡量作用，目标可以衡量组织在追求过程中的阶段性和最终的成果。

组织战略目标的制定需要符合 SMART 原则，即：

第一，Specific，目标应是具体的、明确的；

第二，Mesurable，目标应是量化的、可衡量的；

第三，Achievable，目标应是可达成的，中等难度的目标最能够激发组织成员的动机水平；

第四，Related，组织战略目标应与愿景和使命高度关联，各个事业部的目标应与战略目标紧密关联；

第五，Time-bound，目标应具有时限性。

越是符合 SMART 原则的目标，人们就会越清晰；人们越清晰，就越容易将注意力聚焦；注意力越是聚焦，就越容易找到最佳路径帮助实现目标。因此，越是符合 SMART 的目标，实现的速度越快。

同时，为了更好地让战略目标起到激励和指向作用，在根据 SMART 原则制定目标时，还需要进一步考虑两个核心原则，组合形成 SC-SMART 原则，具体如下：

第一，Self-motivated，自我驱动原则，即所有目标要能够激发拥有共同愿景和使命的组织成员的内在动机，这也是从根本上确保组织的目标具有可持续性的基本要求。当你设置这些目标的时候，我们可以询问自己："如果不给我钱，我还愿意为这些目标而努力工作吗？"

第二，Customer-oriented，客户导向原则，即所有目标是为客户创造价值的，所有与该原则产生对立的目标，都要重新更新调整。当你设置这些目标的时候，我们可以询问自己："这些目标是怎样为客户创造价值的呢？"

具体如图 3-1 所示：

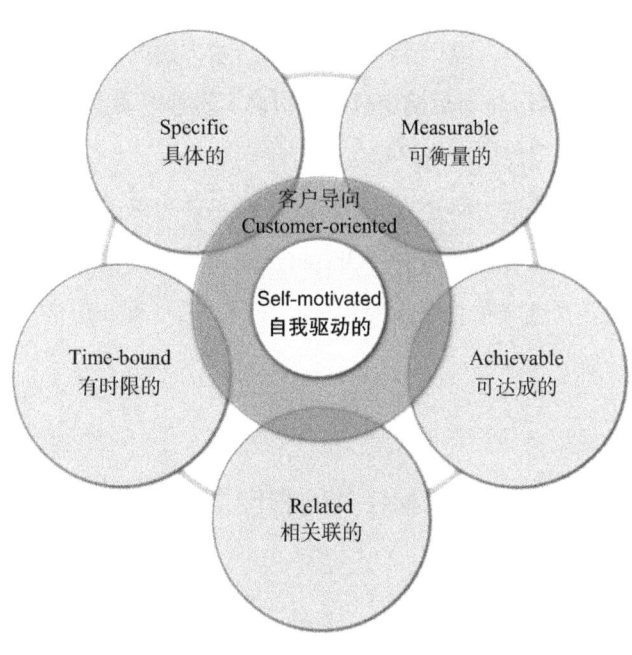

图 3-1 "SC-SMART"原则

2. 目标实现过程

根据美国 NLP 大学罗伯特·迪尔茨的定义，目标是指所欲人生与现状之间的差距。

现状（Present State）× 资源（Resource）= 所欲人生（Desired State）

NLP 帮助人们从现状当中通过觉察、解构、重新定义、结构四个环节，获得灵性、弹性、有创意的内在丰盛资源以追求所欲人生。

埃里克森教练用登山模型将这一过程形象地展示出来。从现状到想要的成果之间有一段距离，这段距离就构成了目标。通过建立亲和关系、明确约定、探索价值观、创造体验、采取行动、确定价值和嘉许，从而帮助人们实现从现状达到所想要成果的过程。

在组织中确定战略目标，通常需要考虑宏观环境［PEST，即 Politic（政治），Economy（经济），Society（社会），Technology（技术）］、中观环境（产业及上下游、国内外行业的发展变化）、微观环境（企业愿景、使命及所拥有的内部资源）之后，应用 SWOT 等战略分析方法确定组织未来 3—5 年或更长远的战略性目标；而后确定战略类项目、改善类项目和常规类项目，匹配相应的资源，以促使战略目标落地。

有些组织会将这个部分的目标制定与 OGSM-PRE 进行关联，公司愿景、使命是整个组织最核心的目的（Objective），根据这个核心目的拆解成子目的，然后由各个业务模块承接对应的子目的，再匹配相应的目标来满足这些子目的。

VMG 共同程度指数

愿景、使命、目标（Vision，Mission，Goal）三者内在是高度关联的，那么如何衡量一个组织达到 VMG 共同的程度呢？

从显性层面看，我们让组织成员有机会平等参与会议、有机会发表自己的想法、有机会参与到会议决策当中，这是相对容易实现的，也是更加直观地体现愿景、使命和目标的一致性，我们把这样的过程称为显性共同程度。显性共同程度涉及个人、团队和组织三个层次。

从隐性层面看，当个人愿景与团队愿景有 90% 的重叠程度时，我们就把它定义为个人愿景与团队愿景重叠程度为 90%。以此类推，我们可以陆续得出个人使命与组织使命的重叠程度、个人目标与组织目标的重叠程度。我们把这个称为隐性共同程度。在个人层次上,愿景、使命、目标是一种先后的逻辑关系。而从个体、团队和组织三个层次上看,三者是一种交叉关系。因此,一个可持续发展的组织需要不断寻找具有共同愿景、使命和目标的成员加入到组织当中。

当个体、团队有机会平等参与、自由发表意见、共同做出决策的时候,就有机会更大程度地激发组织成员的创造力,最终提升组织的绩效表现,这是一种共享领导方式。共享领导的概念提出者认为,共享领导与参与式管理的团队主张权力共享,组织成员之间相互影响,并且组织领导与成员之间没有等级差异。众多心理学家研究之后发现,可以将共享领导的特征概括如下:

第一,组织成员之间的权力是平等和共享的;

第二,组织成员之间相互影响、相互作用;

第三,组织所有成员拥有共同的愿景、使命、目标,并愿意共同承担责任,相互协作,共同为组织结果负责任。

共享领导不但可以提升组织成员个体学习效率,还可以激发组织成员的工作动机。从组织层次看,共享领导与组织有效性呈现出正相关关系,能有效地预测团队绩效,并对组织层次的创新行为有积极作用,能够提升团队的学习效率。同时,共享领导还会影响周边的绩效;有学者在研究中发现,共享领导会减少团队的工作压力,从而提升团队的整体工作满意度;还有学者在研究中发现,共享领导使组织减少冲突,获得更高的一致性,团队内部信任度、满意度和凝聚力不断提升。

为了更好地把显性共同程度和隐性共同程度呈现出来,结合参与、发表和决策三个环节,我们设计了相应的跟踪,三者是乘积关系。我们将显性共同程度的权重设置为30%,隐性共同程度权重设置为70%。当组织成员有机会共同参与某一个重要的会议时,我们将参与值设置为100%;在参与过程中,有机会完整表达自己的想法,根据不同发表意见程度设置不同值，如 95%；最后，还有机会参与共同决策，根据不同决策参与程度设置不同值，如 95%。同时，从个体、团队和组织三个层次进行跟踪。此外，我们从愿景、使命、目标三个方面，及个体、团队和组织三个层次来衡量隐性共同程度，三者也是乘积关系。如表 3-3 所示：

表 3-3 示例：关键决策点呈现出来的 VMG 共同程度指数

	显性共同程度值	权重	层级	参与	发表	决策	值
关键决策点 1	73.51%	30%	个体	100%	95%	95%	90.25%
			团队	100%	95%	95%	90.25%
			组织	100%	95%	95%	90.25%
	＋						
	隐性共同程度值	权重	层级	愿景	使命	目标	值
	63.02%	70%	个体与团队	95%	95%	95%	85.74%
			团队与组织	95%	95%	95%	85.74%
			个体与组织	95%	95%	95%	85.74%
整体共同程度指数				66.17%			

从表 3-3 中，我们可以看出，当组织成员有 95% 的机会发表意见，并且有 95% 的参与决策机会时，显性共同程度值为 73.51%；当个体与团队、团队与组织、个体与组织在愿景、使命与目标的重叠程度达到 95% 时，隐性的共同程度值为 63.02%，两者加权之后的整体共同程度指数值为 66.17%。

我们坚信一点，事在人为，以人成事。因此，总体上，我们认为隐性共同程度的权重要高于显性共同程度。也就是说："人"对了，"事"就对了；就算现在"事"不对，只要"人"对了，迟早"事"也会对。同时，根据不同组织、不同行业及不同发展阶段，可以对隐性共同程度和显性共同程度的权重做适应性调整。

第三章 三个共同（VMG）：咬文嚼字

一般情况下，如果隐性共同程度很高，那么显性共同程度不可能等于 0；反过来，显性共同程度很高，对应隐性共同程度也不会等于 0。

通过对组织发展和生意发展过程中各个关键决策点的跟踪记录，我们可以大致判断整个组织在共同愿景、共同使命、共同目标三方面的重叠程度的变化趋势。如图 3-2 所示：

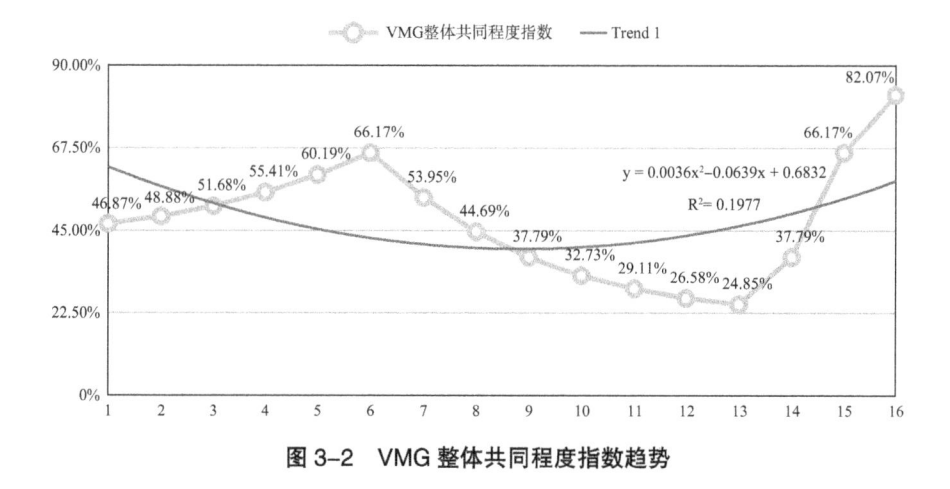

图 3-2　VMG 整体共同程度指数趋势

从图中我们可以看出，VMG 整体共同程度指数开始时呈现上升趋势，从第六个时间节点开始出现下降，并在第 13 个时间节点达到最低值之后开始迅速反转，组织重整之后获得 VMG 整体共同程度指数大幅度提升。

那么，在实际业务中，如何得出更全面、客观、完整的反映真实情况的一致性数据呢？

在显性共同程度方面，我们可以通过行为记录加以统计得出相应数据。记录 VMG 显性共同程度的行为包括：参与、发表和决策。在 VMG 隐性共同程度方面，我们可以通过测试加以统计后得出相应数据。测试内容包括：使命、愿景和目标。具体如下：

您认为组织的使命是：_____。

您对使命中的"____"理解是：_____。

您对使命中的"＿＿＿"理解是：＿＿＿＿＿＿＿＿＿＿＿＿＿＿＿＿＿＿＿。

您对使命中的"＿＿＿"理解是：＿＿＿＿＿＿＿＿＿＿＿＿＿＿＿＿＿＿＿。

您认为实现使命的时间是：＿＿＿＿＿＿＿＿＿＿＿＿＿＿＿＿＿＿＿＿＿＿。

您认为组织的愿景是：＿＿＿＿＿＿＿＿＿＿＿＿＿＿＿＿＿＿＿＿＿＿＿＿。

您对愿景中的"＿＿＿"理解是：＿＿＿＿＿＿＿＿＿＿＿＿＿＿＿＿＿＿＿。

您对愿景中的"＿＿＿"理解是：＿＿＿＿＿＿＿＿＿＿＿＿＿＿＿＿＿＿＿。

您对愿景中的"＿＿＿"理解是：＿＿＿＿＿＿＿＿＿＿＿＿＿＿＿＿＿＿＿。

您认为实现组织愿景的时间是：＿＿＿＿＿＿＿＿＿＿＿＿＿＿＿＿＿＿。

您认为组织的战略目标是：＿＿＿＿＿＿＿＿＿＿＿＿＿＿＿＿＿＿＿＿＿。

您对战略目标中的"＿＿＿"理解是：＿＿＿＿＿＿＿＿＿＿＿＿＿＿＿＿＿。

您对战略目标中的"＿＿＿"理解是：＿＿＿＿＿＿＿＿＿＿＿＿＿＿＿＿＿。

您对战略目标中的"＿＿＿"理解是：＿＿＿＿＿＿＿＿＿＿＿＿＿＿＿＿＿。

您认为实现战略目标的时间是：＿＿＿＿＿＿＿＿＿＿＿＿＿＿＿＿＿＿。

第四章

生意逻辑（OGSM-PRE）：字斟句酌

OGSM：横向环环相扣

根据战略目标落地公式及方向一致的公式，我们知道，要实施组织"方向一致"涉及两个维度和七个环节，即横向和纵向两个维度；目的、目标、策略、衡量、计划、资源及执行七个环节。

方向一致 = 目的 × 目标 × 策略 × 衡量 × 计划 × 资源 × 执行
One Direction　Objective　Goal　Strategy　Measure　Plan　Resource　Execution

图 4-1 "方向一致"的七个环节

那么，
- 在实际的运作过程中，如何实现组织的"方向一致"？
- 在具体运作中，"方向一致"的七个环节之间是什么关系？
- 如何才能使"方向一致"值达到最大化？

1. 七大环节定义

我们先逐一分析七大环节：目的、目标、策略、衡量、计划、资源与执行。

第一，目的，Objective，缩写为O。

古人以眼睛为目，箭靶的中心目标为的。射箭是为了射中目标，这就有了明确的目的性。古人把具体的动作转化为抽象的概念，即目的。目的通常是指行为主体根据自身的需要，借助意识的作用，设想出来的目标和结果。人的实践活动以目的为依据，目的贯穿实践过程的始终。

①使用定性方式描述。

有些组织在O这一环节没有达成一致，对同一名词概念和动词描述的差异造成组织成员的方向理解差异，并因此产生后续一系列的冲突。然而，他们并不知道冲突的根源在于：O没有达成真正的一致。因此在O这一层级上，需要让组织成员共同参与，咬文嚼字，使每一个字的理解都非常精确，并做出详细的诠释，形成组织所有成员的共同语言。同时，要确保每个人的理解高度一致。快速有效地验证O的一致性办法是让每位参与研讨的人员现场复述一遍对O的精确理解，直至每个人都认为大家完全理解一致为止。就像划龙舟一样，方向对了，所有的力量往同一个方向使，就可以使龙舟平稳，节奏一致，龙舟前进的速度很可能就快。方向不一致会导致龙舟失衡。

最高层领导对O的理解一致性及信心程度直接影响着O的实现速度。然而，最高层领导真的足够清晰组织的O并能精确地表达出来吗？我们的管理层真的非常清楚并高度一致认可吗？一致程度达到多少？

决策层的一致性和信心程度，直接影响着管理层的一致性和信心程度，管理层直接决定着执行层的一致性和信心程度，在O上存在一丝丝的理解偏差都可能导致巨大的方向性错误。理解一致性决定着行为偏差程度，因此，方向永远是最关键的，O就是组织的方向。

②O的主要内容。

从组织层面看，O指的是一个组织所要前进的方向，一般包括愿景、使命、战略目标和年度经营成果。从团队层面看，指实现目的时所看到、听到和感受到的愿景，以及一个团队所要达成愿景而由组织所赋予的使命。从个体层面看，指一个个体一生所追求的生命意义和存在的理由。

③通常以动宾结构来描述，即动词＋名词，或者副词＋动词＋名词。

如"成为运动鞋服行业领导品牌""实现股东利益回报最大化""构建良性人才供应链"。

④每个目的要匹配详细的解释。

如"构建良性人才供应链"指的是：根据企业发展战略需要，制定人才发展战略，规划组织人才供应链，组织专业人才梯队和领导人才梯队供给顺畅，在组织需要人才的时候，可以第一时间实现供应。

⑤O的核心在于提出一个"好问题"。

从实践中，我们总结出来"好问题"有三个参照标准：

i. 一旦这个问题被解决，能带来巨大的收益；

ii. 这个问题一定可以被解决；

iii. 当人们看到这个问题的描述时，充满激情和动力，能激发他们内在巨大的潜能。

那么，如何提出一个"好问题"？

我们知道在理解层次上，"带来巨大收益"属于"动机"，"一定可以被解决"属于"信念"，"使人充满激情和动力"属于"能量"，它们分别属于理解层次中的"信念与价值观层次"及"能力层次"。那么，我们要如何才能使一个问题同时满足这3个标准呢？

在理解层次中，上一层次决定了下一层次，当我们在某一个层次被卡住时，要向更高层次去寻找解决思路。我们要寻找一个符合3个标准的"好问题"，就要在更高的层次去寻找答案。更高层次包括"身份层次"与"系统层次"，其中"身份层次"包含"使命"与"角色"，"系统层次"包含"愿景与雄心"。

愿景，要回答的问题如："个体/团队/组织要为他人、为家庭、为国家、为社会做什么？当这样的愿景实现的时候，个体/团队/组织看到什么？听到什么？感受到什么？"

雄心，要回答的问题如："个体/团队/组织要为自己实现什么样的状态？要实现什么样的生活？"

使命，要回答的问题如："要实现这样的愿景，个体/团队/组织要做什么？生命存在的意义是为了什么？"

角色，要回答的问题如："要实现这样的愿景，个体/团队/组织要成为什么样的人？扮演什么样的角色？"

因此，一个真正"好问题"的结构应该包含"系统层次""身份层次""信念与价值观层次"在内，如：

"假如，（个体/团队/组织）

要为（他人、家庭、国家、社会　　　　）

而（做什么）　　　　，

当我们实现这样的愿景时，我们看到（什么）　　　　，

听到（什么）　　　　，

感受到（什么）　　　　；

为了实现这样的愿景，个体/团队/组织要做（什么）　　　　；

我要在其中扮演（什么）　　　　的角色；

我们认为（什么）　　　　是有价值的、有意义的；

基于此，我们要（做什么或实现什么）　　　　？"

第二，目标，Goal，缩写为 G。

《新编现代汉语大词典》对目标的定义是：射击、攻击或寻求的对象，也指想要达到的境地或标准。

目标是对活动预期结果的主观设想，是在头脑中形成的一种主观意识形态，也是活动的预期目的，为活动指明方向，具有维系组织各个方面关系、构成系统组织方向核心的作用。

①使用定量方式描述。

一切定性描述都可以转化为定量化的描述。为了支撑打造精品的策略，

第四章　生意逻辑（OGSM-PRE）：字斟句酌　　91

我们将工费的目标从 2 元 / 克调整到 20 元 / 克；如果评估之后，认为研发产品的时尚度是关键的衡量指标，那么，就可以通过量表的方式把时尚度评估设置为 1—10 分，组建内部研发评估小组、内部客户评估小组，以及寻找外部客户共同评估，从而将整个时尚度评估子体系搭建起来。

知名的 Q 品牌服装公司建立了一支市场买手团队，在产品选货会时，让公司顶尖的 16 名金牌买手一起为一件服装的时尚度打分（1—10 分），超过一半的金牌买手打分超过 6 分，该服装可以进入下一轮；若最终平均分超过 8 分，可以最终进入订货会。如果对某些款式有争议，则可以在现场交流之后重新打分，达到标准即可进入下一轮。

②描述结构为：名词或名词词组结构，或主谓宾结构。

如"销售额""净利润额""品牌知名度""市场占有率""人才及时供给率"。

③对重点的目标要给予详细的解释。

详细解释的目的在于保持信息传递的真实性和完整性，描述时按 SC-SMART 原则进行。如"人才及时供给率"，指的是在原有岗位人才提出离职开始的 15 个工作日内选定岗位接班人，并确保在 2 个月内到岗。

④ Goal 需要符合 SC-SMART 原则。

即：Self-motivated，自我驱动原则；Customer-oriented，客户导向原则；Specific，具体化的；Measurable，可衡量的；Achievable，可达成的；Related，与目的紧密关联的；Time-bound，有时间限制的。

例如，"品牌知名度"的目标是：在 20×× 年 12 月 31 日实现 A 在 36 个一、二线城市目标消费群体中的品牌知名度由现在的 70% 提升到 90%。

⑤用"中正状态"协助目标制定。

其中，目标的可达成原则，是基于全局视角的系统思考而做出的客观判断；然而在实际运作中，我们往往面临着各种信息的不对称性，在经过努力之后，我们可以尝试调用潜意识，用我们的直觉来帮助判断，例如："根据你的直觉，在未来一段时间内，通过大家共同的努力，能够达成这个目标的可能性是多少，如果用1—10分来表示，你认为是几分？为什么？怎么才能让这个可能性上升到集体可接受的更高分？"

我们知道潜意识具有非常强大的智慧，然而，调用潜意识是一种看似非常主观的做法。那么如何让自己调用的潜意识可以真正地起到帮助作用呢？调用潜意识最重要的一点是让自己处于"中正状态"，我们可以依据如下步骤让自己进入中正状态（以K为例）。

i. 引导K进入中正状态。

ii. 引导潜意识对目标回应：

"K，我很好奇的是，今天我们将探索什么样的目标？"

"目标的可达成性如何呢？"（邀请K简单描述一下目标的情况）

"好，现在邀请K向前进一步，进入到'未来'的位置，然后邀请K询问你富有智慧的潜意识告诉自己目标设置在什么样的量化水平是你和你的团队经过努力之后可以实现的？"（根据每个人的情况不同，一般体会时间为3—7秒钟，也可以更长）

"设置在……"

"在这样一个量化目标水平时，你的心情怎么样？"

"愉悦、富有成就感。"

"你的身体有什么样的感受？"

"轻松的、自然的、浑身充满能量的。"

"好，现在邀请K回退一步进入'当下'位置，再次询问一下你智慧的潜意识，针对这样的量化目标，你的内在是否会有一点点抗拒？"

"没有。我依然感受到浑身充满能量。"（如果有抗拒，邀请K重新调整量化目标值，再次探索）

⑥ "一对三原则。"

一般情况下，一个目的需要有3个目标来支持，也有特殊情况下大于或小于3个的情况。如Q品牌服装企业的"目的"是"成为中国运动鞋服行业领导品牌"，该目的所对应的目标包括：

i. 市场占有率（%）；

ii. 品牌美誉度（%）；

iii. 品牌重复购买率（%）。

⑦目标实现必须确保目的可以实现。

简单而有效的验证办法是调动潜意识，让直觉告诉我们："是不是达成这些目标，一定或100%能实现目的？"如果回答是"不一定"，很可能意味着遗漏了某些关键要素。因此，需要继续带领组织成员进一步思考：需要增加什么样的目标可以100%确保目的可以实现？例如，我们在引导F事业部的研讨时，确定最终的目的是"实现F事业部可持续发展"，第一轮研讨后确定的目标包括：

i. 净利润额（万元）

ii. 净利润率（%）

iii. 新技术突破数量（项）

iv. 人才引进培养数量（人）

在询问在座一起研讨的8位中高管"是不是达成这些目标，一定或100%能实现目的"时，多数人认为是"不一定"，经过再次研讨之后，补充了两个关键目标：

v. 建立或完善管理体系不足的数量（项）

vi. 企业文化落地要素数量（项）

再次询问8位中高管"是不是达成这些目标，一定或100%能实现目的"时，所有人都认为"可以"。

这里强调的"一定"或"100%"的目的是引导大家进行极致的思考，以避免可能漏掉关键要素。在实际运作过程中，我们并不需要做到100%的可能性，如果能实现90%的可能性，就已经把握住大局，其他10%的可能性是人为不可控的外界因素，需要根据实际情况灵活应变。

当一个组织的所有成员认同组织的愿景、使命和战略目标（VMG——Vision，Mission，Goal）时，我们说这样的组织拥有共同的VMG。如前文中 VMG 共同程度所述，我们需要经过"咬文嚼字"，对 VMG 里所有关键词进行详细定义，并清晰地表达出来。

对 VMG 的制定、理解和传递达到最高程度的一致性，需要经过以下过程：

i. 核心人员参与 VMG 全程研讨；

ii. 对 VMG 里的每一个关键字、词、词组要咬文嚼字，直到每个人的理解完全一致为止；

iii. 对战略目标的确定，需要每个人完全明确每一个目标实现的可行性，相信这样的目标是完全可以实现的。

第三，策略，Strategy，缩写为 S。

①使用定性方式描述。

②描述结构为：动宾结构，即动词＋名词，或者副词＋动词＋名词。

如"突破新技术瓶颈""集中精力开发精品""强化实战训练""加速三大人才池发展"。

③每个策略要匹配详细的解释。

如"开发精品"指的是：根据品牌定位及产品研究报告，成立精品开发部门，调集研发骨干力量成立专题研发项目小组，利用集体智慧，攻破技术难关，研发出差异化、高品质的新品。

如"加速三大人才池发展"指的是：强化商业领袖人才、高潜力人才、终端零售管理人才培养，采用以战为主、训战结合的方式，加快人才成长速度。

④策略即实现目标的路径。

在各种可能的路径当中，选择一种路径而放弃另一种路径的过程就是决策的过程。策略选择时，一般要考虑抓住主要矛盾、关键成功要素等。

⑤一般情况下，一个目标需要有 3 个策略来支持，也有特殊情况下大于或小于 3 个的情况。

⑥策略的有效实施，必须确保目标可以达成。

简单而有效的验证办法是调动潜意识，让直觉告诉我们："是不是这些策略的有效落地，一定或 100% 能确保目标达成？"如果回答是"不一定"，很可能意味着遗漏了某些关键策略。因此，需要继续带领组织成员进一步思考：需要增加什么样的策略才可以 100% 确保目标实现？

⑦策略的灵活性。

策略是整个战略目标落地过程中最为灵活的部分，也是最有含金量的部分。从不同的维度可以找到完全不同的实施策略，如时间维度、空间维度、难易维度等。如《孙子兵法》所说"兵无常形，水无常势"，策略的制定可以灵活地根据现实情况来确定。

⑧策略制定需要有章法、有耐心。

尽可能让各级组织成员参与进来，同时制订后备策略和计划，通过沙盘推演，确保当某一策略不合适时，仍然有其他后备计划确保整体目标可实现。

⑨案例分析。

通过品牌评估模型的七组数据，分析品牌指数存在的问题与机会，从而制定出具体对应的策略。

i. 品牌评估模型包括七个方面：
- A1：不知道品牌的顾客；
- A2：知道品牌，但没有把品牌作为选择对象，并且没有试用过产品的顾客；
- A3：知道品牌，作为选择对象之一，但是没作为首选品牌，且没有试用过产品的顾客；
- A4：知道品牌，作为选择对象之一，作为首选品牌，但还没有试用过产品的顾客；
- A5：试用过产品，但不作为选择对象的顾客；
- A6：试用过产品，作为选择对象之一，但不是作为首选品牌的顾客；
- A7：试用过产品，作为选择对象之一，且作为首选品牌的顾客。

ii. 根据 A1—A7 的不同数据，做出相应的策略选择：
- A1 值比较低时，可以考虑更新媒体组合策略；
- A2 值比较低时，可以考虑修正产品概念策略；

- A3 值比较低时，可以考虑提升产品性价比策略；
- A4 值比较低时，可以考虑改善渠道供货策略；
- A5 值比较低时，可以考虑提升质量、服务和研发产品策略；
- A6 值比较低时，可以考虑改善性价比和提升满意度策略；
- A7 值比较低时，可以考虑提升忠诚度策略。

第四，衡量，Measure，缩写为 M。

①使用定量方式描述。

②描述结构为：名词词组结构，或主谓宾结构。

如"客户满意度""新品试用率""成交率""客单价"。

③对重点的衡量指标要给予详细的解释，目的在于保持信息传递的真实性和完整性。

如"高潜人才准备率"指的是：经过为期 1 年的训练后，Ready now（准备好了）的人才比率达到 80%。

④衡量即实施策略过程中，为确保策略有效地落实而对过程进行有效监控的关键指标。

⑤衡量需要符合 SC-SMART 原则。

拆解衡量指标时，只要根据实际需要拆解并列出来，不用担心以前是否用过这个指标，然后再根据难易程度和成果大小两个维度分成 4 个象限评估优先级。如"组织成员信心指数"这个指标不是常见指标，甚至是根据实际需要而创造出来的新指标。先保留这类不常见的指标，因为我们很可能正在突破传统的限制性信念，从而找到一个全新的路径。

⑥一般情况下，一个策略需要有 3 个过程衡量指标来支持，也有特殊情况下大于或小于 3 个的情况。

⑦衡量指标的实现，必须确保策略的有效落实。

第五，计划，Plan，缩写为 P。

①计划的定义。

计划是匹配策略和衡量的项目或运营工作而产生的具体实施任务。

同时，在实际工作中，P 同时会代表 Project（项目）。美国项目管理权威机构——项目管理协会（Project Management Institute，PMI）认为，项目是为完成某一独特的产品或服务所做的一次性努力。

②计划要符合 5W2H 要求。

即：Why，What，Who，When，Where，How，How much。

③项目的五大模块、十大过程。

项目类要根据项目管理对项目目标、项目范围、项目进度、项目质量、项目预算的整体要求进行。如"战略性产品研发项目""新品上市项目""高潜人才发展项目""商业领袖人才发展项目""全国精英店长人才发展项目"。

④运营类要根据日常运营的标准和要求进行。

⑤计划的设计要确保衡量指标和策略得以有效实现。

表 4-1　示例：Q 品牌服装企业的买手项目逻辑

目的 Objective	目标 Goal	策略 Strategy	衡量 Measure	计划 Plan
• 建立运动鞋服行业领先的买手模式，提高订货效果，降低库存水平，提升业绩	• 3 年打造一支 80 人买手团队 • 其中 7 名钻石级买手，16 名金牌买手	• 选： 选准高潜力成员	• 建立 1 套买手性向测评体系 • 搭建 1 套企业买手胜任力模型 • 合理人员构成：内部买手 + 外部买手	• 2 月底前搭建企业买手胜任力模型 • 3 月建立完整买手档案 • 5 月底前对 80 人进行测评 • 6 月完成阶梯式培养方案
		• 育： 系统化培养（即学即用）	• 五大任务模块：选、组、订、上、卖 • 三大方式综合培养（721）	• 2 月建立买手 3 年培养规划 • 3 月至 12 月实施培养计划
		• 用： 明确职责与流程	• 完善 1 本职责手册 • 完善 1 本流程手册	6 月完成职责与流程培训和学习
		• 留： 优胜劣汰	• 建立 1 套 KPI 评估及跟踪体系 • 3 年内，每年淘汰 15%，补充 15%	3 月完成买手淘汰机制与激励机制

第六，资源，主要指预算 Resource，缩写为 R。

①资源的范围。

这里所指的资源包括人、财、物、时间、知识的资源。

i. 从时间维度看，包括过去、现在和未来三个方面的资源；

ii. 从来源看，包括内部资源和外部资源。

②资源的价值在于整合。

以系统思考出发，从时间维度、来源维度整合所有资源为计划的实施提供保障。

③资源的配置要确保计划得以顺利进行。

④资源投放重点。

资源永远都是稀缺的，要达成过程衡量指标、支持策略落实、达成目标，需要将有限的资源投入到最能产出效益的点上，因此，对资源的调度和有效配置成为最考验领导者的方面。

⑤资源配置的作用。

有效地配置和调动资源能够实现最小的投入获得最大的产出，能够激发组织成员的内在动机，能够有效地整合外部资源为组织所用。如"云人才计划"的目的是"让天下人才为企业所用"。

第七，执行，Execution，缩写为 E。

①执行的过程。

这里的执行指的是确保目的、目标、策略、衡量、计划、资源方面有效地从想法层面落实到行为的整个过程及最终结果呈现。

②项目管理十大模块。

以项目管理十大模块要求实施项目计划的落地工作，确保项目进度、项目质量、项目预算、干系人关系建设等项目目标的实现。

2. OGSM 横向维度关系

从横向维度来看是环环相扣，包含从左往右和从右往左两个过程。

第一，从左往右是拆解过程。

①一般情况下，从左往右拆解成3个。

即1个目的拆解成3个对应的目标来支持，1个目标拆解成对应的3个策略来支持，1个策略拆解成3个过程衡量来支持。

1个目的将由3个目标支持，3个目标将由9个策略支持，9个策略将由27个衡量指标支持。

②在实际应用过程中，也会出现不是3个的情况。

可能多于3个，但一般不会多于5个，如果多于5个则可以进一步分析是否存在重叠之处，或者可以进一步归类；可能少于3个，但一般不会只有1个，如果只有1个则可以进一步分析是否存在遗漏之处。

③通过逐个拆解之后，可能会发现衡量指标已经非常细节了。

在与横向的其他衡量指标进行对比的时候，发现可能不属于同一个层级，这种情况是正常的。首先，每个事情之间的背景与实施难易程度不同，拆解到细节的衡量指标的程度自然可能出现不同层级。其次，横向之间实际上不可比，或者说没有对比的必要性。

④在分解目标、制定策略和衡量指标时，要充分考虑内外部因素，特别是资源、能力准备度。

⑤同步从全局着手，整体思考。

从系统思考的全局角度切入，考虑衡量层级的横向之间如何相互影响。当两者之间存在明显的因果关系时，可以在两者之间连矢量线，并标注两者之间的关系是正相关还是负相关（正相关用"+"表示，负相关用"-"表示），同时对"+""-"的关系进行详细解释和说明。

第二，从右往左是验证过程。

①从右往左验证的目的在于确保上一个层级的事项得以实现，同时避免出现重大事项的遗漏。

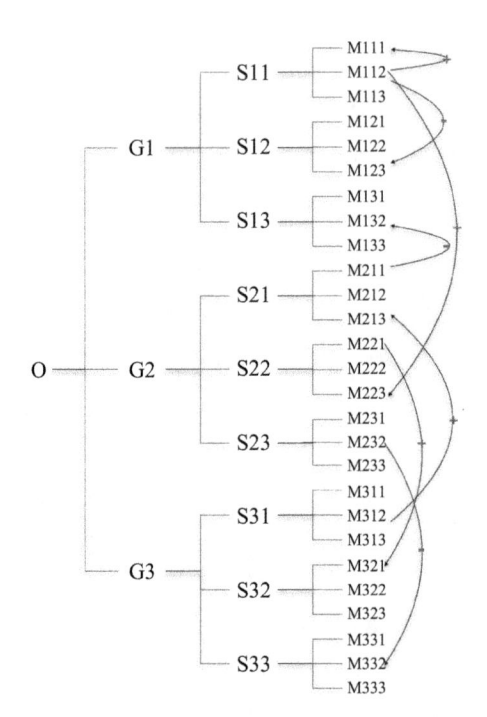

图 4-2　OGSM 的横向维度关系示例

②3 个过程衡量指标的达成务必要确保 1 个策略的有效落实；3 个策略的有效落实务必要确保 1 个目标的达成；3 个目标的达成务必要确保 1 个目的的实现。在进行拆解之后，要多问一个问题：如果这 3 个目标达成了，是不是一定可以实现目的？如果答案是"不一定"，那么一定存在某些遗漏。

③通过头脑风暴、团队共创等方式再次分析补充，直到确定"一定可以实现目的"为止。

④无论是从左往右的拆解过程，还是从右往左的验证过程，都是共同为提升"方向一致性程度"的目的服务。

第三，拆解和验证过程要符合 MECE 原则。

即 Mutually Exclusive，Collectively Exhaustive（相互独立，完全穷尽）。

①相互独立指的是拆解出的多个要素之间不存在重叠关系。

目的在于避免重复工作，并确保任务边界相对清晰。如：

- 性别分为"男性"和"女性";
- 服装行业零售终端管理分为"人、货、场"三大方面;
- 快消品的零售店面管理分为"分销、位置、陈列、库存、价格、助销、促销、促销员"八大要素;
- 生产现场管理分为"人、机、料、法、环"五大方面;
- 平衡计分卡分为"客户、财务、流程、学习与成长"四大方面;
- 没有相互独立的例子,如"男性"与"年轻人"之间存在交叉部分,即年轻的男性。

②完全穷尽指的是拆解过程中要考虑到所有可能的因素。

目的在于避免出现重要因素的遗漏,导致对结果的巨大影响。如服装行业零售终端管理包括"人、货、场"三大方面,随着经营的不断深入,组织在不断地实践当中,发现除了这三大方面以外,还有一个非常重要的方面被长期忽视了,即"客"。而随着竞争的加剧,经营者进一步发现了新的机会,在"人、货、场、客"基础上,进一步增加了"时间",因此,我们会看到24小时便利店、24小时药店、24小时超市、24小时火锅店等新的形式。

③在实际拆解过程中,我们发现有些时候无法将所有可能的下一层级都列出来,此时,验证将起到极其重要的作用。

问一问组织成员:

i. "当我们实现了这些目标,能不能100%确保我们的目的可以实现?"

ii. "当我们落实了这些策略,我们的目标是不是100%可以实现?"

iii. "当我们达成了所有的过程衡量指标,能否100%确保策略可以被有效地落实?"

如果以上问题的答案是"不一定",则意味着我们需要重新思考可能被遗漏的重要因素。例如,F事业部在制定年度OGSM-PRE时,从O到G拆解出来的结果是:净利润额、净利润率、新技术突破数量、人才引进培养数量。

在从G到O的验证过程中,要求所有参与人员(副总裁、总经理、副总经理、总监、厂长）回答：

i."这 4 个目标是否一定（100%）能够支持'实现事业部可持续发展'的目的？"

ii."如果用 1—10 分来代表，你认为目前有多大的把握？"

所有人陷入了沉思，但很快，一位总监先打破沉默做出回答："不一定，8 分"，其他成员陆续发出类似的声音，最后副总裁说："如果仅仅是这 4 个目标，一定无法实现事业部可持续发展的目的，因为在组织和管理体系方面缺少支撑。如果打分的话，我认为只能打 6 分。"

此后，经过多次的讨论，所有成员共同决定增加"完善管理体系数量"和"文化要素数量"作为目标。

表 4-2　示例：F 事业部 OGSM 中的 OG

目的（O）	目标（G）	目标值
实现事业部可持续发展	净利润额	18,000 万元
	净利润率	10%
	新技术突破数量	6 种新设备
		两大新工艺
	人才引进培养数量	12 个后备人才（厂长和主管）
		45 个关键技术人才
	完善管理体系数量	4 项：薪酬、绩效、安全、质量
	文化要素数量	2 项核心价值观：创新、共赢

④集体智慧所能创造的价值远远超出我们的想象。

运用头脑风暴、团队共创、ORID（焦点呈现法）等引导技术，可以最大化地让组织成员把智慧贡献出来，在此过程中与其他成员进行智慧碰撞产生出更高价值的智慧。采用以上方法能够有效地防止出现个人意见独大的情况出现，从而确保所有成员的真正"参与度"。

第四，避免上司把下属的活干了。

①在拆解的过程中，很可能会出现一下子拆解得过细的现象，即跳级的现象。

如零售终端管理中的"人、货、场、客、时间"，如果变成"导购员、商品管理、现场管理、会员管理、时间管理"，就会出现跳级的现象；

在终端管理中的"人"可以分为：零售经理、市场经理、运营经理、渠道经理、市场督导、多店主管、单店店长、店长助理、导购员、陈列师等。如果把"导购员"直接放在与"货、场、客"同一个层级，就会出现上司把下属的活抢了的情况，同时也很有可能会出现遗漏。

②跳级干预导致责任混乱。

在实际工作中，这样的情况经常出现，上司总喜欢直接干预下属的工作，甚至有一些总裁跳过副总裁而直接插手细节的事情。这样的干预会导致其直接下属无所适从，下属的下属也将面临尴尬的情况。

长此以往，将导致直接下属不再思考，或者因缺乏成就感而选择离开。因此，从长期看，在拆解过程中，保持所拆解出来的事项属于同一个层级就显得非常重要。

第五，拆解与验证过程始终要有系统思考，即从整体角度进行全局思考。

拆解与验证过程产生的要素之间存在一定的逻辑关系：平行关系、时间顺序关系、归纳关系、演绎关系。同时，在制定策略时要注意相互之间的影响。

比如，零售终端管理五大要素——"人、货、场、客、时间"属于平行关系，然而任何一个因素的改变都可能对其他因素产生影响，如增加"人"的数量，提升"人"的能力，激发"人"的动机，对于提升"货"的周转率、动销率会产生直接的影响，同时也直接影响到"场"的氛围及管理要求，以及影响到"客"在整个购物过程中的身心体验。

第六，拆解过程中始终要有开放性思维，思考如何突破固有的思维定式。

①爱因斯坦说过："人们解决世界的问题，靠的是大脑的思维和智慧。你不要渴望用相同的想法、相同的做法来得到不同的结果。"

②通过从右往左的验证，可以让我们的思维进行逆向思考，当我们的答案是"不一定"时，可以帮助我们进一步用发散性思维开展创新性的思考。

第七，反向验证，抓住机会。

OGSM-PRE 是从左往右的思考过程，也是从右往左抓住机会的过程。如果基层组织成员发现了市场的某个机会，经过评估之后认为可以成为组织发展的一个新机会，则重新回到 Objective，即目的上，然后按照 OGSM-PRE 开展新一轮落地工作。

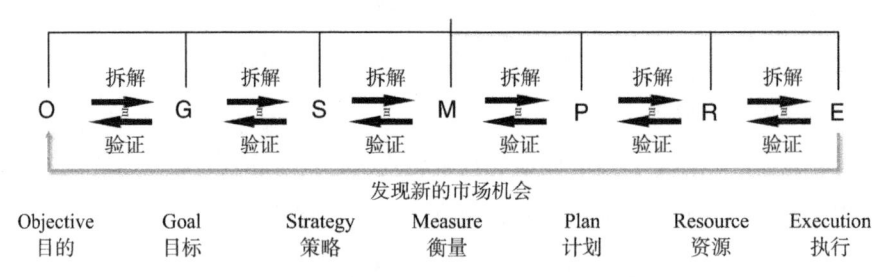

O	G	S	M	P	R	E
Objective 目的	Goal 目标	Strategy 策略	Measure 衡量	Plan 计划	Resource 资源	Execution 执行

图 4-3　OGSM-PRE 的正向拆解与反向验证

以某运动鞋服企业销售副总裁的 OGSM 为例。

①通过 3 个目标：年零售额增长率、年净利润额增长率、年减少库存量 3 个目标来确保"成为全国运动鞋服市场领导者"的目的；

②通过 4 个策略："优化订货模式""优化渠道结构""强化直营管理""培养储备人才"来确保 2 个目标："年零售额增长率"和"年净利润额增长率"得以达成；

③通过 3 个衡量指标："订货额增长率""买手选货命中率""商品售罄率"来确保"优化订货模式"的策略得以有效落实，其他衡量指标以此类推；

④在从右往左验证的过程中，我们发现通过 1 个衡量指标"老品减量"不一定能确保"加快出清库存"的策略得以有效落实，通过 1 个策略"加快出清库存"不一定能确保 1 个目标"年减少库存量"得以达成；

⑤因此，我们要进一步结合企业的实际情况，重新调整其策略及支持策略的对应衡量指标。

表 4-3 示例：某运动鞋服企业销售副总裁 OGSM 调整

目的 O	目标 G	策略 S	衡量指标 M
成为全国运动鞋服市场领导者	• 年零售额增长率 • 年净利润额增长率	• 优化订货模式	• 订货额增长率 • 买手选货命中率 • 商品售罄率
		• 优化渠道结构	• 直营店铺比例 • 亏损店铺数量 • 坪效增长率
		• 强化直营管理	• VIP 增长量 • VIP 购买金额增长量 • 导购客单件数 • 店铺形象达标比例 • 零售额增长率 • 净利润额增长率
		• 培养储备人才	• 合格买手人才数量 • 储备分总人才数量 • 商品管理人才数量 • 零售运营管理人才数量 • 精英店长及储备店长数量
	• 年减少库存量	• 加快出清库存	• 老品减量 • 新品库存周转率

第八，OGSM 所拆解的内容并不是企业所有的工作内容，但一定包含着企业里所有工作中最重要的内容。

①日常运营类工作依然是不可或缺的重要组成部分，它就像是润滑油一样，帮助滋润整个有机体的正常运作。

②通常日常运营类工作不会在重大策略里体现，除非这个日常运营类工作已经影响到重大策略的实施。因此，日常运营类工作应该体现在日常工作计划当中。

第九，从左往右拆解和从右往左验证的过程，就是方向一致性的环环相扣的制定过程。

3. 迪士尼策略体现七大环节关系

OGSM-PRE之间的逻辑关系及相互影响，可以从三个角色的视角进行分析，即迪士尼策略。

这是NLP大学的罗伯特·迪尔茨教授与迪士尼乐园的创始人进行沟通时发现的迪士尼本人成功的方法。

第一，迪士尼策略包括三个角色：梦想家、实干家和批评家。

第二，进入梦想家角色。

让自己完全自由地畅想着自己的梦想，完全地看到目标实现时的那种场景，看到自己与他人在梦想实现时的场景里，正在经历的每一个过程和细节的清晰画面；让自己完全地听到自己与他人在梦想实现时的场景里，所有的外在声音以及内在声音；让自己完全地感受到自己内在情感细腻的变化，让自己完全地融入那样的感受当中，并让自己完全地体会到这样的感受是从身体里的某个部位发展出来的；让自己完全地沉浸在那种实现梦想之后的内心愉悦当中。当迪士尼本人进入梦想家的角色时，他经常进入完全忘我的状态，完全地沉浸在梦想实现的过程中，完全看到每一个梦想实现时的细节画面，栩栩如生，就好像已经实现了一样。现在的迪士尼乐园许多经典设计正是迪士尼在那时梦想出来的。

第三，进入实干家角色。

让自己完全地相信梦想100%会实现，并制定具体的行动策略，让自己的潜意识带着自己开始思考各种各样的实现路径和具体的实施计划。实干家的每一个策略都需要进一步分析与论证，在这个环节，分析和论证得越透彻，越有利于后续实际行动计划的落地。

第四，进入批评家角色。

让自己完全地站在第三方的视角来客观地审视梦想家和实干家。

首先，审视梦想家的梦想或目的是实现什么样的正向意图？实现这样的梦想会带给自己和他人什么样的好处？实现这样的梦想会产生什么样的价值，创造出什么样的生命意义？这样的梦想有多少实现的可能性？

其次，审视实干家的策略和计划的可行性如何？是否具备这样的能力实现梦想？这样的路径设计是否有效？如果不是最高效的，那么什么样的新策略将是最高效的？有什么样的具体行动计划？是否具备足够的资源来支持这样的策略和计划？准备在什么时候实施？在哪里实施？需要哪些人的支持？

第五，再次回到梦想家的位置。

询问现在的自己：

① "对梦想有什么新的认识？"

② "有没有新的补充或调整？"

③ "内心是否有一丝丝的抗拒？"

④ "这是否能实现生态平衡？"

第六，再次回到实干家的位置。

询问现在的自己对具体的实现路径、策略与实施计划有哪些新的认识？有什么新的提醒和启发？内心是否有一丝丝的不确定性？如果是的话，那么，什么样的新策略和计划才能更好地实现梦想？

直到内心对于梦想和具体策略完全地接纳和认可，完全相信自己的梦想，以及实现梦想的可能性。

第七，设定心锚，记住丰盛资源。

最后让自己再次完全地看到当自己的梦想实现时的场景画面，听到在这样的画面里的外在声音和内在声音，感受到自己实现梦想时的愉悦、舒适、自由、轻松的内在感受，让自己完全地记住这样的美好感受。

通过迪士尼策略的三个角色，让个体对于要实现的目的、目标或者愿景更加清晰，让自己更加明确实现梦想的路径与实施计划。当要实现的愿景的每一个细节画面已经十分清晰地呈现在眼前的时候，这样的愿景就会越快实现。

从这个意义上看，如果我们100%地相信梦想能实现，梦想实现的速度就会越快！这也是吸引力法则给我们的重要启示。

OGSM：纵向层层深入

1. 自上而下的深入

OGSM-PRE 是从上往下的逐级分解过程，也是一个从下往上的验证过程。

总裁、副总裁、总监、经理、主管和员工都有属于自己层级的 OGSM。每个层级的 OGSM 制定，都要符合横向环环相扣的原则。

在实际工作中，我们经常会遇到这类情形，上司干预下属工作，甚至直接把下属应该负责的工作给完成了，因此，下属只好去做本属于他的下属的工作，以此类推，直到经理或主管在做着员工层级的基础工作。上司会认为是下属工作没做好，下属感到很委屈，认为是上司干预太多，没有发挥空间，也没有成就感。出于对上司的不满和寻找更大的发挥平台，下属选择了离开，另谋高就。这也印证了盖洛普多年来对大量员工离职原因调查分析的结果：员工加入的是公司，让其离开的却是直接上司；75% 的员工离职，是离开他们的直接上司，而不是想离开公司；一个典型的员工离职原因当中，有多达 85% 的因素是直接由他的直接上司决定的。

要保持方向一致性，需要考虑三个层次：个体层次、团队层次及组织层次。

在方向一致性方面，我们遇到最多的问题是上司想要做的重要工作，并没有在下属的工作计划当中，或者没有达到上司的要求；下属发现的工作问题和机会，没有得到更高层级的理解和支持。但无论是从上而下的原因，还是从下而上的因素，都说明这样的团队和组织在方向一致性方面存在很大的问题。改变这样的现状，我们需要解决一个根本问题，就是上下属之间的 OGSM 衔接紧密度。

上司与下属之间的 OGSM 衔接出现问题的根本原因在于，没有共同的连结点，如果我们能将上司工作的输出作为下属工作的输入，就能很好地解决这个问题。

如果我们将上司的 S 等于下属的 O，上司的 M 等于下属的 G，那么事情就会变得非常简单，整体 OGSM-PRE 就能够保持最高程度的一致性。

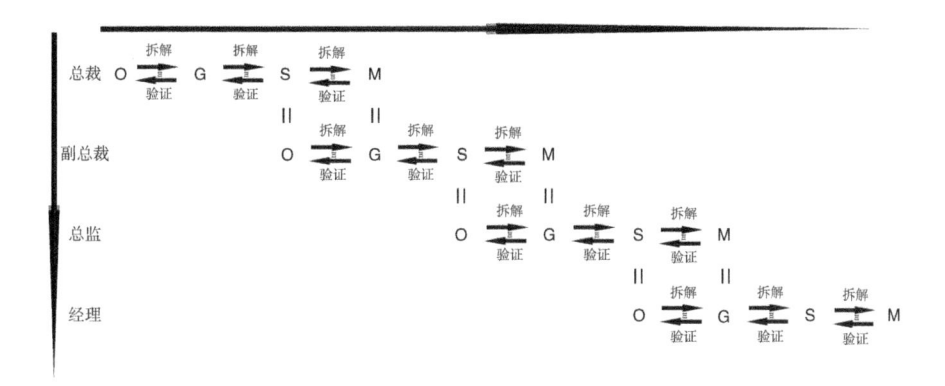

图 4-4 上司与下属之间 OGSM 衔接

这样就从逻辑上解决了方向一致性的根本问题，让上司与下属之间保持内在的一致性。同时，让每个层级专注于完成自己所在层级的工作职责，让每个层级都能根据自己的想法推动业务向前发展，每个层级的领导者都有属于自己的成就感。

2. 自下而上的对接

当上级的 OGSM 制定完成之后，需要与不同部门的下属做工作关联，以便承接和分解。以某品牌公司 S 事业部下半年的工作规划为例进行说明。该事业部总经理的 S 和 M 由各个部门总监和经理承接，如：增加新品研发产出策略及对应的衡量指标分别由相关部门来承接；强化信息共享策略及对应的衡量指标由相关部门来承接，如表 4-4 所示：

表 4-4 S 事业部 20×× 年工作规划

目的(O)	目标·单位	策略(S)	衡量指标(M)	值	部门1	部门2	部门3	部门4	部门5	部门6	部门7	部门8	部门9	部门10	部门11	部门12	部门13	部门14	部门15	部门16	部门17	部门18	起止时间(1月-12月)	第一责任人	第二责任人
实现公司利益	净利润额(亿元)	略																							
		提升公司收入	1.单品收入(元/单位)	略	*	*	*	*	*	*	*	*	*	*	*	*							*	刘××	赵××
			2.高价品产能(个/人·小时)	略	*	*	*	*	*	*	*												*	刘××	赵××
			3.产能饱和比例(%)	略	*	*	*	*	*	*	*						*						*	刘××	赵××
		降低运营成本	1.生产成本(元/单位)	略	*	*	*	*	*	*	*												*	刘××	赵××
			2.管理费用(元/单位)	略	*	*	*	*	*	*	*												*	刘××	赵××
			3.财务费用(元/单位)	略	*	*	*	*	*	*	*												*	刘××	赵××
持续追求客户满意度	产品满意度(%)	提升研发产出	1.自主研发新品品数(个)	略	*	*	*	*	*	*	*												*	刘××	赵××
			2.客户需求转化率(%)	略	*	*	*	*	*	*	*												*	刘××	赵××
			3.新产品订单成功率(%)	略	*	*	*	*	*	*	*												*	刘××	赵××
		提升品质水平	产品质量不良率(%)	略	*	*	*	*	*	*	*	*	*	*	*	*	*	*	*	*	*	*	*	刘××	赵××
	服务满意度(%)	提升信息共享	1.共享频次(次/周)	略	*	*	*	*	*	*	*	*	*	*	*	*	*	*	*	*	*	*	*	刘××	赵××
			2.共享及时性(%)	略	*	*	*	*	*	*	*	*	*	*	*	*	*	*	*	*	*	*	*	刘××	赵××
		缩短交期	1.SKU交货及时率(%)	略	*	*	*	*	*	*	*												*	刘××	赵××
			2.SKU交货天数(天)	略	*	*	*	*	*	*	*												*	刘××	赵××
		提升响应速度	1.客服响应速度(小时)	略	*	*	*	*	*	*	*							*					*	刘××	赵××
			2.客户投诉率(%)	略	*	*	*	*	*	*	*												*	刘××	赵××
提升员工归属感 创造组织可持续发展能力	员工服务满意度(%)	满足基本需要	1.餐饮满意度(%)	略	*	*	*	*	*	*	*	*	*	*	*	*	*	*	*	*	*	*	*	刘××	赵××
			2.案例满意率(次/月)	略	*	*	*	*	*	*	*	*	*	*	*	*	*	*	*	*	*	*	*	刘××	赵××
			3.休息满意率(小时/天)	略	*	*	*	*	*	*	*	*	*	*	*	*	*	*	*	*	*	*	*	刘××	赵××

第四章 生意逻辑（OGSM-PRE）：字斟句酌

续表

目的(O)	目标(单位)	策略(S)	衡量指标(M)	值	部门1	部门2	部门3	部门4	部门5	部门6	部门7	部门8	部门9	部门10	部门11	部门12	部门13	部门14	部门15	部门16	部门17	部门18	1月	2月	3月	4月	5月	6月	7月	8月	9月	10月	11月	12月	第一责任人	第二责任人
2.行业竞争力排名(名)	略	提升薪资水平	1.加薪次数(次/年)	略	*		*			*	*	*	*	*	*	*	*		*	*	*	*					*	*	*	*	*	*	*	*	刘××	赵××
			2.活动次数(次/年)	略	*	*		*			*	*	*	*	*	*			*	*	*						*	*	*	*	*	*	*	*	*	刘××	赵××
			3.同行业百分位(%)	略	*		*		*		*	*	*	*	*	*	*	*	*	*		*						*	*	*	*	*	*	*	*	*	刘××	赵××
3.公司品牌影响力指数(%)	略	强化学习与成长	1.人均学时(小时/人·年)	略	*	*		*		*	*	*	*	*	*	*	*	*	*		*	*						*	*	*	*	*	*	*	*	*	刘××	赵××
提升员工归属感			2.辅导频次(人次/月)	略	*		*		*	*		*	*	*	*	*	*		*	*		*						*	*	*	*	*	*	*	*	*	刘××	赵××
创造组织持续发展能力			3.员工保留率(%)	略	*	*	*			*	*	*	*	*	*	*		*	*	*	*	*						*	*	*	*	*	*	*	*	*	刘××	赵××
			4.晋升人数(人次/半年)	略	*		*	*	*	*	*	*	*	*	*	*		*	*	*	*	*						*	*	*	*	*	*	*	*	*	刘××	赵××
			5.继任者人数(人/年)	略	*	*	*	*		*	*	*	*	*	*	*	*	*	*		*	*						*	*	*	*	*	*	*	*	*	刘××	赵××

3. 案例分析

第一，自上而下的深入与自下而上的对接。

前述运动鞋服品牌案例中，销售副总裁的OGSM（表4-3）制定之后，如何让各部门总监与销售副总裁在方向和目标方面保持高度一致，各个部门的总监又要如何进一步分解上司的S和M？

销售副总裁的S和M成为各个下属部门的O和G，这些部门包括销售管理部、商品管理部、渠道管理部、零售管理部、市场推广部、人力资源部、企业大学等。如商品管理部总监承接了销售副总裁的S1"优化订货模式"及对应的2个衡量指标M1和M3，在此基础上，商品管理部总监再制定出对应的S和M；再如渠道管理部总监承接了销售副总裁的S2"优化渠道结构"及对应的3个衡量指标M1—M3，成为自己的O和G，然后再发展对应的S和M，如目标"坪效增长率"所对应的"优化店内陈列空间规划""鼓励经销商开多家店"。以此类推。

表4-5 示例1：某运动鞋服企业OGSM承接

策略S	衡量指标M	目的O	目标G	策略S	衡量指标M
优化订货模式	• 订货额增长率 • 买手选货命中率 • 商品售罄率	优化订货模式	订货额增长率	• 实施单店订货	• 略
			商品售罄率	• 实施店铺精准营销	• 略
		目的O	**目标G**	**策略S**	**衡量指标M**
优化渠道结构	• 直营店铺比例 • 亏损店铺数量 • 坪效增长率	优化渠道结构	直营店铺比例	• 提升直营店铺盈利水平	• 略
			亏损店铺数量	• 整改关闭亏损店铺 • 优化店铺货品二次企划	• 略
			坪效增长率	• 优化店内空间规划 • 鼓励经销商开多家店 • 重点扶持有潜力店 • 维护现有双效店	• 略
		目的O	**目标G**	**策略S**	**衡量指标M**
强化零售运营	• VIP增长量 • VIP购买金额增长量 • 导购客单件数 • 店铺形象达标比例 • 零售额增长率 • 净利润额增长率	强化零售运营	VIP增长量	• 建立店铺微信群	• 略
			VIP购买金额增长量	• 强化消费者产品体验 • 强化消费者增值服务	• 略
			导购客单件数	• 推广产品搭配最佳经验	• 略
			店铺形象达标比例	• MSP项目推广 • 九代店形象推广培训	• 略
			零售额增长率	• 打造商圈店铺品牌	• 略
			净利润额增长率	• 优化组织，减少浪费 • 强化营销活动投入产出	• 略

培养储备人才	• 合格买手人才数量 • 储备分总人才数量 • 商品管理人才数量 • 零售运营管理人才数量 • 精英店长及储备店长数量			
		目的 O	目标 G	策略 S	衡量指标 M
	培养储备人才	合格买手人才数量	• 建立买手选育用留体系	• 略
		储备分总人才数量	• 建立分总选育用留体系	• 略
		商品管理人才数量	• 实施分公司商品人才培养项目	• 略
		零售运营管理人才数量	• 实施分公司运营人才培养项目	• 略
		精英店长及储备店长数量	• 实施精英店长培养项目	• 略

加快出清库存	• 老品减量 • 新品库存周转率			
		目的 O	目标 G	策略 S	衡量指标 M
	加快出清库存	老品减量	• 建立工厂特卖店渠道	• 略
			• 建立折扣店渠道	• 略
			• 建立学校特卖店渠道	• 略
		新品库存周转率	• 建立门店快速反应机制	• 略
			• 加强商圈之间的商品调拨	• 略
			• 强化新品上市推广活动	• 略

又如，渠道管理部经理承接 S "鼓励经销商开多家店" 和 M "开 2—3 家门店的经销商数量增加 20 家"，并在此基础上发展属于渠道管理部经理自己所辖市场的 S 和 M。其中 S 包括：

S1——召开经销商研讨会，强化商品调拨意识；

S2——通过内部兼并与联营方式整合。

针对 S1 匹配了对应的衡量指标：

M1——3 月份召开经销商研讨会；

M2——强化 1 个主题；

M3——准备 3 套操作方案。

针对 S2 匹配了对应的衡量指标：

M1——选择 2 个试点；

M2——在 6 月前评估推广可能性。

其他以此类推。

具体如下：

表 4-6　示例 2：某运动鞋服企业 OGSM 承接

策略 S	衡量指标 M	目的 O	目标 G	策略 S	衡量指标 M
鼓励经销商开多家店	开 2—3 家门店的经销商数量增加 20 家	鼓励经销商开多店	开 2—3 家门店的经销商数量增加 20 家	召开经销商研讨会，强化商品调拨意识	• 3 月份召开经销商研讨会 • 强化 1 个主题 • 准备 3 套操作方案
				通过内部兼并与联营方式整合	• 选择 2 个试点 • 在 6 月前评估推广可行性
		目的 O	目标 G	策略 S	衡量指标 M
重点扶持有潜力店	在已有店铺中选出 10 家潜力店	重点扶持有潜力店	在已有店铺中选出 10 家潜力店	管理理念、方法、工具扶持	• 2 次针对经销商老板和管理层的管理指导 • 2 次针对店长和导购的方法、工具应用指导
				促销活动资源扶持	• 三大节促销活动重点支持 • 双品节促销活动重点支持 • 1 场"淡季不淡"促销支持
				商品资源调拨优先扶持	• 三大畅销品类产品重点支持
		目的 O	目标 G	策略 S	衡量指标 M
维护现有双效店	投入资源维护现有 20 家双效店	维护现有双效店	投入资源维护现有 20 家双效店	留住重点店长	• 20 个店基本工资上升 10%，资金比例上升 1% • 请 5 个最优秀店长每人各选择一个主题进行最佳实践经验分享
				优化单店订货	• 重点发展 VIP200 名 • 实施 4 次 VIP 需求调研座谈会

PRE：计划的匹配性

1. 转化为计划与资源

在设置了 OGSM 之后，我们还要把它们变成 P（Plan）和 R（Resource）。

以 S 事业部案例为例，事业部总经理根据整个事业部层级的 OGSM，提炼出要实施的战略级项目，各个部门总监 / 经理根据中心 / 部门级的 OGSM 提炼出对应的部门级项目和日常工作计划。如表 4-7 所示：

第四章 生意逻辑（OGSM-PRE）：字斟句酌

表 4-7 示例：20×× 年度 S 事业部 ×× 部门工作计划

目的(O)	目标(单位)	值	策略(S)	值	衡量指标(M)	值	计划(5W2H)动词+名词	输出成果 具体结果(名词)	预算(万元)	起止时间 1月 2月 3月 4月 5月 6月 7月 8月 9月 10月 11月 12月	第一责任人	第二责任人
提升产出	客户需求转化率(%)	略	招聘新技术专业人员	略	人员数量(人)	略	引进技术人员2人，编程1人	人员录用记录	30.0	√ √	赵××	班组长
			深入理解个性化需求	略	深入研讨次数(次)	略	建立定期需求研讨机制	定期需求研讨机制	0.0	√ √ √ √ √ √ √ √ √ √ √ √	赵××	班组长
					个性化需求满足比例(%)	略	实施每周个性化需求分析	个性化需求清单	0.0	√ √ √ √ √ √ √ √ √ √ √ √	赵××	班组长
	新产品订单成功率(%)	略	建立联合项目小组	略	新品数量(个)	略	选拔联合小组成员	联合小组成员要求	0.0	√ √	赵××	班组长
					新品订单额(元)	略	实施新品独立评估机制	新品独立评估报告	5.0	√ √ √ √ √ √ √ √ √ √ √ √	赵××	班组长
			及时跟进市场反馈	略	排名前20%单品销售额(元)	略	实施每周市场分析	新品每周市场分析报告	0.0	√ √ √ √ √ √ √ √ √ √ √ √	赵××	班组长
					跟进周期(次)	略	收集每周销售数据	每周新品销售数据分析报告	5.0	√ √ √ √ √ √ √ √ √ √ √ √	赵××	班组长
提升品质质量水平	产品质量不良率(%)	略	强化质量监控	略	升级质量标准数量(个)	略	升级关键产品质量标准	关键产品质量标准制度	0.0	√	赵××	班组长
						略	定期开展QCC活动	QCC活动记录	1.0	√ √ √ √ √ √ √ √ √ √ √	赵××	班组长
			强化技术培训	略		略	定期每月新技术老技术人员考试	新技术人员每月考试记录	1.0	√ √ √ √ √ √ √ √ √ √ √ √	赵××	班组长
							实施每半年技术人员技术评估	老技术人员技术水平报告	0.0	√ √	赵××	班组长
提升信息共享	共享频次(次/周)	略	优化信息共享方式	略	共享方式(个)	略	实施每月一次技术分享	技术分享材料汇总表	0.0	√ √ √ √ √ √ √ √ √ √ √ √	赵××	班组长
					共享报告应用数量(个)	略	组建供销信息共享群	想法创意汇总表	0.0	√ √ √ √ √ √ √ √ √ √ √ √	赵××	班组长
	共享及时率(%)	略	强化团队协作	略		略	开展市场研究报告会议	市场研究报告	1.0	√ √ √ √ √ √ √ √ √ √ √ √	赵××	班组长
					共同参与比例(%)	略	组建新产品研发小组	小组结构	0.0	√	赵××	班组长
							定期开展市场调查	市场调查重点清单	5.0	√ √ √ √ √ √ √ √ √ √ √ √	赵××	班组长
缩短产品交货周期	SKU交货及时率(%)	略	优化订单生产排期	略	优化生产排期有效比例(%)	略	制定每一道工序产能标准	每一道工序产能标准	10.0	√ √	赵××	班组长
					其他生产排期完成数量(个)	略	制作生产排期完成率清单	生产排期完成报告	0.0	√ √ √ √ √ √ √ √ √ √ √ √	赵××	班组长
			建立外协合作机制	略	合格外协合作数量(个)	略	制定外协合作管理制度	外协合作管理制度	0.0	√	赵××	班组长
	SKU交货周期(天)	略	评估整体订单产能	略	订单产能匹配率(%)	略	完善整体订单产能匹配表	整体订单产能匹配表	0.0	√	赵××	班组长
			紧密跟踪每个复杂工序	略	修改订单数量(个)	略	预估产量提前修改订单	修改订单记录表	0.0	√ √ √ √ √ √ √ √ √ √ √ √	赵××	班组长

115

续表

目的（O）	目标（单位）	策略（S）	值	衡量指标（M）	值	计划（5W2H）动词+名词	输出成果 具体结果（名词）	预算（万元）	起止时间 1月	2月	3月	4月	5月	6月	7月	8月	9月	10月	11月	12月	第一责任人	第二责任人
满足基本需要	服务响应速度（小时）	加大客户服务人力投入	略	新增服务人数（个）	略	专人对接	当天答复客服问题	4.0	√	√	√	√	√	√	√	√	√	√	√	√	赵××	班组长
	客户投诉率（%）	操作流程监督	略	新流程标准（个）	略	制定新流程标准	标准流程作业报告	0.0	√	√	√	√	√	√	√	√	√	√	√	√	赵××	班组长
提升公司收入	单品收入（元/单位）	加大自动化生产量	略	自动化生产量比例（%）	略	实行自动化工序两班制	排班计划表	20.0	√	√	√	√	√	√	√	√	√	√	√	√	赵××	班组长
	高价值产品产能（个/人·小时）	强化关键工序员工技能	略	关键员工技能合格率（%）	略	制定高价值工序员工技能培训计划	培训计划	6.0	√	√	√	√	√	√	√	√	√	√	√	√	赵××	班组长
		提升高价值产品比例	略	高价值产品比例（%）	略	确定高价值产品标准	高价值产品标准	0.0	√	√	√	√	√	√	√	√	√	√	√	√	赵××	班组长
		加快产品周转	略	快速响应时间（天）	略	引进自动××机	设备验收报告	10.0	√	√	√	√	√	√	√	√	√	√	√	√	赵××	班组长
	产能饱和比例（%）	优先照顾高价值客户	略	高价值产品产能饱和率（%）	略	优化高价值产品生产计划	高价值产品生产计划	0.0	√	√	√	√	√	√	√	√	√	√	√	√	赵××	班组长
		强化重点客户沟通	略	高层参与沟通次数	略	每天定期沟通3～5次	拜访记录 沟通记录表 订单调整记录	3.0	√	√	√	√	√	√	√	√	√	√	√	√	赵××	班组长
降低运营成本	生产成本（元/单位）	降低物料损耗	略	物料回收利用率（%）	略	优化回收利用管理制度	发布新管理制度 每月提纯数量	0.0	√	√	√	√	√	√	√	√	√	√	√	√	赵××	班组长
	管理费用（元/单位）	减少浪费	略	单位物耗率（%）	略	建立各部门物料台账	各部门每月物耗同比变化	0.0	√	√	√	√	√	√	√	√	√	√	√	√	赵××	班组长
	财务费用（元/单位）	提高K产品周转率	略	产品周转率（次/月）	略	制定K产品库存标准	K产品库存标准	0.0	√	√	√	√	√	√	√	√	√	√	√	√	赵××	班组长

OGSM 转化为具体的项目和计划过程中，可以参考以下模板，如表 4-8 所示：

表 4-8 示例：××中心年度主计划工作表

中心/部门	年度主题/目的	目标	行动策略	衡量指标	对应计划	所需资源	执行人 责任人	执行人 关联人员	配合部门	开始时间	拟完成时间	时间 1月	2月	3月	4月	5月	6月	7月	8月	9月	10月	11月	12月	计划调整	计划调整原因分析

2. 确保信息对称

在达成方向一致的过程中，务必要确保每一步拆解的合理性与灵活性，这就需要有四大机制协同作用，在这一阶段的核心是参与机制和创新机制。

参与机制，让各级员工有机会参与到组织 OGSM 制定当中，能够充分地表达自己的想法，同时发挥集体智慧，做出共同决策，使每个成员感到 OGSM 的制定有自己的一份智慧贡献，这是组织的事，也是自己的事。基于这样的理解，组织成员将增强"我是为组织做事，更是为自己做事"的理念，个体与组织之间不再产生根本上的抗拒，从而从根源上释放了组织成员的内在原动力。

由于上司与下属之间的工作存在紧密的连接，上司的 S 就是下属的 O，上司的 M 就是下属的 G，因此，提前让下属直接参与到上司层级的 OGSM 研讨，甚至让下属的下属也参与进来，将会极大地扩大各级人员的视野及内在积极性。从形式上看，进行了组织扁平化；从本质上看，这是对下属的一种尊重，也是使信息得以对称的根本举措之一。

PRE：资源配置优先级

资源永远都是有限的，因此，我们必须选择最能直接有效地达成目标的策略，提升资源配置的优先级，以确保整体的目标实现保障度更高。那么如何有效地确定优先级呢？

通过"难易程度"和"成果大小"，我们可以设置 4 个象限，将所有目的、目标、策略和衡量指标分别放入其中进行分析。具体如下：

A 象限代表"实施难度小"同时"预期成果大"，资源配置优先级排第一；

C 象限代表"实施难度大"同时"预期成果小"，资源配置优先级排第四；

B 象限有两种情况，分别是 B1——"实施难度小"同时"预期成果小"，以及 B2——"实施难度大"同时"预期成果大"，这种情况已经不适合使用纯理论进行分析，而应结合现实情况进行充分论证；从紧急的角度看，选择 B1 优先；从重要的角度看，选择 B2 优先，既紧急又重要的将是最优先。

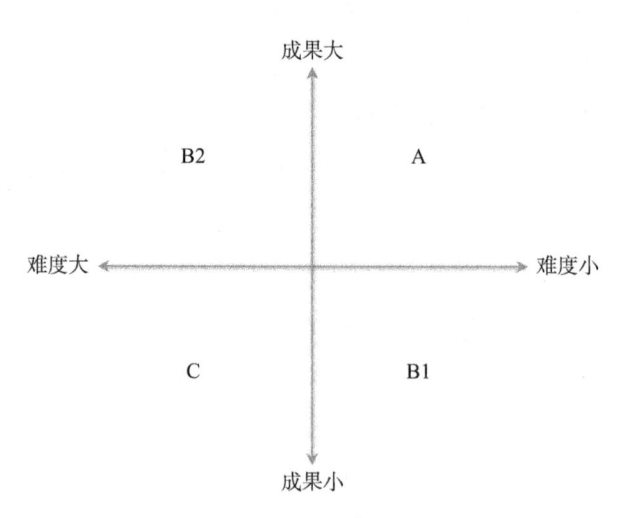

图 4-5 四象限法确定优先级

PRE：紧密地辅导执行

针对每个层级的管理人员进行辅导，辅导顺序是从高层往基层实施。

第一次，针对基本原理和要求做一对一深入辅导，通常是在实际工作的 OGSM-PRE 基础上，做 1—3 小时不等的针对性辅导。

第一个月，每周跟踪辅导 1 次，可以采用多个成员一起讨论的方式，以 ORID 的方式询问以下四个方面问题：

第一步，描述 O，即 Objective（客观的，指事实和数据）；

第二步，描述 R，即 Reflective（反应的，指针对事实和数据产生的主观感受）；

第三步，描述 I，即 Interpretive（阐释的，指基于事实和数据及产生的主观感受所引起的反思、提醒和启示）；

第四步，描述 D，即 Decisive（决定的，指基于以上三步而产生的具体行动计划）。

第二个月，每两周跟踪辅导 1 次。第三个月，每两周跟踪辅导 1 次。以此类推，直至每个成员可以完整地复述 OGSM-PRE 的核心要点，并根据实际业务需要灵活应用。

理论上说，根据 OGSM-PRE 可以将未来的愿景全部转化为每个人每一天的工作，或者说让每个人每天的工作都有明确的方向与计划性。然而，现实的外部世界是易变的、不确定的、复杂的、模糊的，组织需要按照外部市场需求的变化而做灵活、有弹性的调整，以适应外部市场变化。但无论外部的世界如何变化，当我们找到"方向一致"的本质和发展规律之后，就可以更加从容地做出灵活调整与适应。

第三部分

上下齐心：
打造战略目标落地的高能量组织

第五章

四个共同（SBVL）：闻出能量味道

　　高能量的组织往往体现在追求共同愿景、共同使命和共同目标的过程当中。当组织成员遇到困难和挑战的时候，正是检验一个组织是不是高能量组织的时机。在共同愿景、共同使命、共同目标的基础上，我们通过观察、测评可以反映出组织的能量状态，形象地用"酸、甜、苦、辣、咸、五味杂陈"来表示，并与大卫·霍金斯的能量等级图进行一一对应。

　　甜：是舌头所能感觉并传递到大脑而形成的五大味道之一，与"苦"相对，像糖和蜜的味道，形容舒适、愉快；在大卫·霍金斯的能量等级图中对应勇气及以上的共9个能量等级，包括勇气（200）、淡定（250）、主动（310）、宽容（350）、明智（400）、爱（500）、喜悦（540）、平和（600）、开悟（700—1000）；

　　酸：是舌头所能感觉并传递到大脑而形成的五大味道之一，由味觉神经接收，会使口部肌肉紧绷，从而造成刺激性感觉；在大卫·霍金斯的能量等级图中对应骄傲（175）共1个能量等级；

　　辣：是舌头所能感觉并传递到大脑而形成的五大味道之一，像姜、蒜等的刺激性味道，也指热与痛的混合感觉；在大卫·霍金斯的能量等级图中对应愤怒（150）、欲望（125）共2个能量等级；

　　咸：是舌头所能感觉并传递到大脑而形成的五大味道之一，像盐的味道；在大卫·霍金斯的能量等级图中对应恐惧（100）、悲伤（75）共2个能量等级；

苦：是舌头所能感觉并传递到大脑而形成的五大味道之一，与甜和甘相对，像胆汁或黄连的滋味，也指感觉难受的，如劳累、艰辛；在大卫·霍金斯的能量等级图中对应冷淡（50）、内疚（30）和羞愧（20）共3个能量等级；

五味杂陈：指的是各种味道混杂在一起，形容感受复杂而说不清楚。酸、甜、苦、辣、咸一起涌上心头，体会不出是哪种味道，形容人的心情不好受；在大卫·霍金斯的能量等级图中对应多种200以下的能量等级。

共同身份（Status）

1. 身份的定义

在NLP的理解层次中，身份指的是众多社会角色的总和，通常用一句话来表示："成为……的人。"社会学家和心理学家对角色的定义有所不同，其中安德烈耶娃认为角色包括三个关键要素：社会期待系统、自我期待系统和外显行为。

①角色是社会对个体行为的期待系统，该个体与其他个体在相互作用中具有一定的地位；

②角色是具有一定地位的个体对自身的特殊期待系统，即与其他个体相互作用的一种特殊的行为方式；

③角色是具有一定地位的个体外显行为。

在企业里，我们认为角色是一组工作职责与任务的总和，包括组织成员对该任务的认知、情感和行为体现，以及组织对成员所持的期待。

2. 共同身份的形成过程

组织成员在组织中的身份确认过程，是在组织共同愿景、共同使命和共同目标的指引下不断明晰的过程。要实现组织的共同愿景、共同使命和共同目标，对于每个组织成员而言，要明确自己扮演的角色组合，即让自己成为一个怎样的人。这就是组织成员共同身份确认的过程，"中国人""阿里人""IBMer"正是这样身份所展示出来的代表。在共同愿景、共同使命和共同目标下，通常需要回答以下几个问题：

①组织是否对组织角色进行明确的定义？
②每个组织成员要扮演哪些组织角色？
③组织角色之间是什么样的关系？
④组织角色之间如何进行自如地切换？
⑤组织角色产生冲突时将由谁来协调？
⑥什么样的词语可以最恰当地阐述组织成员的共同身份？

3. 共同身份验证方法

快速而有效地验证每个组织成员对自身在组织里的身份认知的方法是单独回答以下问题，然后进行现场验证：

您认为要追求共同愿景、共同使命和共同目标，您在组织中的身份是：_____。

您对身份中的"_____"理解是：_____。
您对身份中的"_____"理解是：_____。
您对身份中的"_____"理解是：_____。
您认为拥有共同身份认知的关键是：_____。

共同信念（Belief）

1. 信念的定义

在心理学中，信念是指人们对自己的想法、观念及行为倾向所持有的强烈的、坚定不移的确信，包含认知、情感和意志。信念可分为信念认知、信念体验与人格倾向。信念会唤醒个体意志行为，意志行为是个体意识到的有益于实现其行为志向、志趣的结果，没有信念也就没有个体的意志行为。当个体在受到外界威胁的时候，会唤醒其采取自我保护的意志行为。

NLP 的理解层次理论认为，人们在描述信念时，会包含"一定、必须、肯定、都"等词语，如"每个人的潜能都是无限的""每个行为都是当下最好的选择"。

在企业里，我们认为信念主要指的是人们对于要追求的共同愿景、共同使命和共同目标的坚信程度，并用这样的信念来克服在追求共同愿景、共同使命和共同目标过程中可能遇到的各种困难与挑战。如 ABL 集团的共同身份是"ABLer"，他们坚守的信念是：

"要让员工、消费者和同行认可 ABL"；

"要将 ABL 做大、做强，做到深入人心"。

万科在 2019 年打出这样一句话："活下去"，这成为凝聚万科人的坚定信念。

2. 共同信念的觉察过程

信念觉察是指个体通过对自我本能的意识，进而对意识到的自我本能积极主动化的过程。对信念觉察的前提在于对本能的意识。意识是指个体对环境刺激及自身感受、记忆和思维的觉知以及对自身的行为和认知活动产生、维持和终止的监控。信念的觉察包含三个：自我信念觉察、社会信念觉察和职责目标觉察。

职责目标觉察是指个体在自我志向的基础上，对职责目标任务的主观接受及理解过程。缺乏目标或目标不清晰都会影响人们积极性、主动性的形成与发挥。事物标准是目标任务确定与设置的常用工具，也是目标任务确定与设置的最重要的前提条件。除了事物标准的准确，目标任务的细化及目标任务完成进程的及时反馈，也是达成目标任务清晰度的良好手段。

因此，要确定共同信念并对工作行为起到指导作用，需要同明确、具体的职责与目标建立关联。

3. 共同信念验证方法

快速而有效地验证每个组织成员对自身在组织里的信念认知的方法是单独回答以下问题，然后进行现场验证：

您认为组织的信念是：＿＿＿＿＿＿＿＿＿＿＿＿＿＿＿＿＿＿。

您对信念中的"＿＿＿＿"理解是：＿＿＿＿＿＿＿＿＿＿＿＿。

您对信念中的"＿＿＿＿"理解是：＿＿＿＿＿＿＿＿＿＿＿＿。

您对信念中的"＿＿＿＿"理解是：＿＿＿＿＿＿＿＿＿＿＿＿。

您认为拥有共同信念的关键是：＿＿＿＿＿＿＿＿＿＿＿＿＿＿。

共同价值观（Values）

1. 价值观的定义

价值观是基于人的一定感官之上而做出的认知、理解、判断或抉择，即人辨定是非的一种取向，体现出人、事、物一定的价值或作用。价值观具有以下重要作用：

①价值观在思想认识上的统一是人际关系的基石；

②价值观在利益上的互动和协调是人际关系的核心；

③价值观在信息上的沟通是健康人际关系形成的关键；

④价值观在实践上的一致性是人际关系的保障。

在一个组织中，共同的价值观就是组织的边界。正如我们的社会交通规则一样，正因为有了红绿灯和斑马线，我们在过马路的时候，才有了基本的安全感。在组织工作中，会有各种各样的行为，价值观就像一道无形的保护网，既在提醒着靠近它的人，也在保护着组织成员的安全。如果有人触碰了组织核心价值观，就意味着他与整个组织格格不入。

2003年，优识营销管理咨询公司（U-SYS Consulting）在董事长穆兆曦先生的带领下，用了3年时间，帮助圣元乳业从连续5年亏损成功登陆纳斯达克，最高市值达200亿元人民币，目前依然占据国内婴幼儿奶粉前五大品牌地位。2004年，优识对圣元的整个营销战略做出重大调整，为提升区域管理人员对市场的反应灵敏度，总部授予各大区销售经理30万元的市场运作资金，并直接打入大区经理个人账户。然而，30万元巨款对于一个大区经理是一个巨大的诱惑，其中一位大区经理携款潜逃。这违背了公司的基本价值观：可信赖。圣元董事长张亮先生及高层共同做出决定，无论花费多少钱都要将其绳之以法。此后，圣元再无此类现象出现，并使得整个区域销售管理团队更加专心于业务拓展与灵敏的市场应对。这就是价值观的力量。

2. 共同价值观的形成过程

美国行为科学家罗基奇于1973年提出价值系统理论。罗基奇认为各种价值观是按一定的逻辑意义联结在一起的，它们按一定的结构层次或价值系统而存在，价值系统是沿着价值观的重要性程度的连续体而形成的层次序列。罗基奇提出了两类价值系统：

①终极性价值系统，用以表示存在的理想化终极状态或结果，包含的内容有：舒适的生活、振奋的生活、成就感、和平的世界、美丽的世界、平等、家庭保障、自由、幸福、内心平静、成熟的爱、国家安全、享乐、灵魂得到拯救、自尊、社会承认、真正的友谊、智慧；

②工具性价值系统，是达到理想化终极状态所采用的行为方式或手段，包含的内容有：有抱负、心胸宽广、有才能、快活、整洁、勇敢、助人、诚实、富于想象、独立、有理智、有逻辑性、钟情、顺从、有教养、负责任、自控、仁慈。

罗基奇价值调查表中所包含的这 18 项终极性价值和 18 项工具性价值，可以让组织成员按对自身的重要性程度对两类价值分别排序，将最重要的排在第 1 位，次重要的排在第 2 位，以此类推，最不重要的排在第 18 位。用这个量表可以测出价值对人们的相对重要性程度。

确定价值观的过程要非常慎重，做不到的不要写入价值观；一旦写入价值观里，就务必严格执行。价值观的形成过程如下：

表 5-1 价值观的形成过程

序号	步骤	描述	备注
1	明确研讨目的	在确定共同愿景和共同使命的前提下，由组织成员共同参与研讨价值观，并说明价值观的存在正是为了确保共同愿景和共同使命的实现	一般而言，愿景和使命的时间轴长度为10年或以上
2	随机分组	一般研讨人数在20—50人，每个小组5—7人	
3	个人单独思考	第一轮由个体单独提出2—4条价值观	横着写在B5纸上，不多于8个字，字大体正
4	小组讨论	第一轮选出小组内共识的2—3个价值观	
5	团队共创	将第一轮选出的价值观先分门别类贴在引导布上，然后将剩下的价值观同样分门别类贴在引导布上	
6	类别命名	将各类价值观进行归类，并重新给新的类别命名	
7	投票排序	给每个人3个木夹子，可以将3个木夹子投给1个价值观，也可以投给3个价值观，统计后排序	
8	二次投票	选择第一轮投票中的前7个价值观，对每个价值观进行再次确认，然后进行第二轮投票，并选择前3—4个作为备选核心价值观	
9	重新排序	根据实现共同愿景、共同使命和共同目标的目的，重排4个价值观顺序，并串成一句通顺的话语，如：在共同愿景、共同使命指引下，"坚持创新"精神，不断"追求卓越"，以"团队协作"方式，创造"快乐工作"的氛围，带领组织实现共同目标	

续表

序号	步骤	描述	备注
10	进行价值观定义	根据选择出来的3—4个核心价值观,由每个小组讨论之后进行定义,然后整合各个小组定义,形成在场所有成员共识的定义	
11	列出行为表现	将核心价值观定义细化为具体的行为	要求:可观察、可执行、可衡量
12	成立项目小组	由最高领导层牵头成立核心价值观落地项目小组,每个中心配备1人参与项目小组	
13	更新制度流程	根据核心价值观定义及行为,更新现有组织制度、政策,包括人、财、物、产、供、销,全面匹配核心价值观要求	
14	领导以身作则	根据核心价值观的具体行为,由领导带头制定自己要实施的具体行为计划,如"以客户为中心"的核心价值观,转化为总经理的行为是"每月拜访客户",可衡量的指标是"拜访客户次数"	
15	持续改进	根据各个层级对应采取的行为要求及相关衡量指标,定期回顾、完善价值观行为描述,并具体制订下一步实施计划	

3. 共同价值观验证方法

快速而有效地验证每个组织成员对自身在组织里的价值观认知的方法是单独回答以下问题,然后进行现场验证:

您认为组织的价值观是:_____。

您对价值观中的"_____"理解是:_____。

您对价值观中的"_____"理解是:_____。

您对价值观中的"_____"理解是:_____。

您认为拥有共同价值观的关键是:_____。

共同语言（Language）

1. 语言的定义

语言是由词汇按一定的语法所构成的复杂符号系统，它包括语音系统、词汇系统和语法系统。人们通过学习获得语言能力，语言的目的是交流观点、意见和思想。人们表达语言的方式包括肢体行为和文字。人的肢体行为包括语音、手势和表情。社会功能和思维功能是语言的两大主要功能，社会功能包含信息传递和人际互动功能。语言是思维的重要载体和交际工具。

2. 共同语言的形成过程

彭聃龄教授所著的《普通心理学》中描述，语言产生可以分为三个不同的阶段。

①构造阶段：根据目的确定要表达的思想；
②转化阶段：运用句法规则将思想转换成语言的形式；
③执行阶段：将语言形式的信息说出或写出。

NLP指出，人类的语言具有三种特点：一般化、扭曲和删减。因此，要在组织里形成共同的语言，提升组织成员之间的沟通效率，需要对所表达出来的语言进行不断确认。

在组织中，我们可能会看到这样的场景，两个人在为同一件事争得面红耳赤，甚至产生肢体冲突，然而最后发现根源在于两个人对同一概念的理解出现偏差。例如，在K集团公司的销售系统和供应链系统里，对同一个词语"整单"的理解不一致：销售系统的理解与供应链系统的理解不一样，深圳销售中心的理解与福州销售中心的理解不一样，深圳销售总监、经理、主管、柜员彼此之间的理解也不一样。对"整单"概念的理解不一致导致在流程中出现"整单"时，不同人所采取的动作存在差异，也导致了销售系统与供应链系统、销售系统内部之间沟通的偏差及冲突的产生。

在组织里，我们还会看到有人说不要讲抽象概念，只要给出具体方法和工具。然而，抽象的概念正是人与人建立共识的基础。概念是人在直接感知个别、具体的事物，认识事物的表面联系和关系基础上，运用人脑中已有的知识和经验去间接地、概括地认识事物，揭露事物的本质及其内在的联系和规律的过程。基于概念进行推理和判断，解决面临的问题的过程就是思维。

对最基本概念的理解一致性是一个组织形成共同语言的关键。同时，概念是对事物的内在联系和规律的高度凝练，对概念的深刻理解，有助于我们对事物的本质和规律进行把握与应用。大道至简，越是简单的，内涵越丰富。因此，学习首要的不是学习如何做的方法，而是学习最核心的概念是如何被提炼出来的。概念帮助人们划清边界，明确概念与概念之间的边界与关系，有边界才有安全感，概念给予我们在组织中的认知安全感。

组织成员对每个字、词都认识，但即便一个人认为自己对基本概念完全理解了，也并不代表着组织里所有成员能达成一致性理解。

然而在不少组织中，组织成员总是带着对基本概念的一知半解来思考和解决复杂问题，偶然情况下，组织成员还能取得一定的成果，因此，组织成员以为对这件事都理解和掌握了。一旦事过境迁，再次根据过去的经验来应对就会失败。这便是对事物的本质和发展规律的理解不到位造成的后果。当我们对基本概念认识不清，对专业理解不深，对人性不够了解，对自我认知不客观完整时，就开始做事和管人，如果暂时成功了，可能造成自我认知的更大偏差。因为这样偶然的成功强化了他的一知半解，甚至是错误的理念和思维，导致未来更大的潜在风险。

虽然每个人的认知系统不一样，世界观、人生观、价值观、对事物的假设及判断的差异造成每个人的心智模式不同，但这并不妨碍我们可以在一个共同愿景、共同使命、共同目标下建立形成共同身份认知，形成共同信念、共同价值观及共同语言。

在组织里，共同语言的重要性不言而喻。在各种文化类、专业类、管理类、领导力类的共同语言中，"正向意图"的共同语言显得尤为重要。正向意图是人们采取某种行为的动机和倾向，人类共有的正向意图包括：爱、尊重、接纳、自由、有价值、有意义。对正向意图的理解将有助于大幅度减少组织的过程损失，即动机损失与协作损失，建立组织中人与人之间的基础信任关系。

组织中成员的成长与教育经历千差万别，我们不能苛求每个组织成员一开始就用共同的语言，但我们可以在组织中持续不断地厘清概念，以便逐步地达成共识。

我们遇到的最大困难是组织里的最高层对一个概念的理解和解释不足够清晰，就可能导致各个层级的人员对这一概念的理解偏差。一旦出现理解偏差，便会造成一系列的误解，甚至导致南辕北辙的后果。对此，最有效的办法就是当面多问一句："您是否可以就这一点说得更多一些？"而对权威型的领导者往往没有多问一句的可能性，因此，就需要根据不同语境和交往历史、人格特征、语言习惯进行判断。由于认知资源是有限的，每个人都会首先选择性注意自己所关注的信息，这样的判断带有很强的主观性。因此，在实际工作中，还需要进行多维度的验证。然而，这样的过程会消耗大量的能量。

形成共同语言需要组织里的每个成员坚持不懈地共同努力。在使用"OGSM-PRE"的每一个步骤时，要及时对关键概念的理解一致性做出解释与确认。共同语言的确认过程，就是组织成员对同一概念背后所持假设的共识过程，实际上，这也就是一个组织文化形成的过程。

3. 共同语言的验证方法

快速而有效地验证每个组织成员对自身在组织里的共同语言认知的方法是单独回答以下问题，然后进行现场验证：

您认为组织中的共同语言有（列举3个）：_____。

您对共同语言中的"_____"理解是：_____。

您认为组织拥有以上3个共同语言的成员比例是：_____。

您认为拥有共同语言的关键要素是：_____。

第六章

个体身心平衡：平静安稳

西方现代哲学的开创者尼采说："一个人知道自己为了什么而活，他就能够忍受任何一种生活。"

一个个体的内在平衡了，会呈现出平和、宁静和稳定的状态，会更好地以中正的状态，不带评判地看待身边的人、事、物，会更好地接纳、包容他人。一个人的内在平衡包括四个方面：身、心、智、灵，在日常工作中体现更直接的是身心平衡。内在平衡是一个动态的发展过程，如图 6-1 所示。

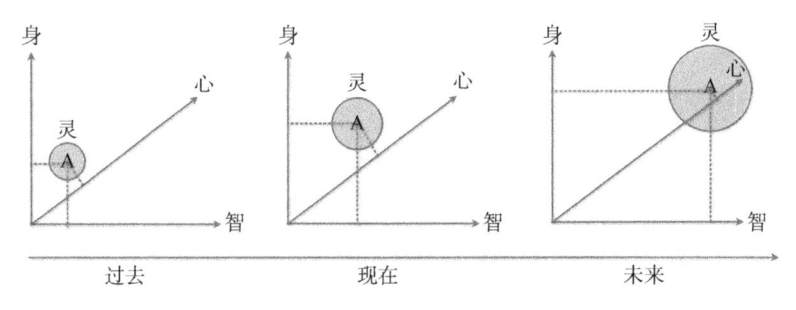

图 6-1　个体的内在平衡发展过程

首先，一个人要有良好的身体健康状态。张旭男老师认为："身心为一大系统，其下两个子系统，牵动其一，改变另一。"一个人的身体是一个富有生命力的能量整体系统，当我们的身体健康出现状况的时候，会影响我们的心理状态，通过情绪表达出来；我们也可以通过改变身体的状态，来改变心理状态。当我们感到工作压力很大，甚至感到压抑的时候，我们可以通过跑步、健身等体力活动，打破身体当下所处的状态。同样地，当我们身体状态不佳的时候，也可以通过心理状态的改变带来身体状态的改变。例如，世界催眠大师米尔顿·埃里克森一生中患过三次小儿麻痹症，当他躺在床上不能动弹时，他看到自己的小妹妹在自由转动身体，他开始想象自己可以像妹妹一样转动自己的身体，经过一段时间的训练之后，神奇的事情发生了，他发现自己可以慢慢地翻动身体了。然后，他更进一步想象自己可以像妹妹一样自由地走路、活动，经过长时间的训练之后，更神奇的事情发生了，他居然可以自由地走路、活动了。

其次，是身心与智之间的平衡。如果我们把身比作"本我"，把心比作"自我"，那么智就像是"超我"。弗洛伊德认为本我遵循的是快乐原则，满足人最本能的生存与繁衍的需要；自我遵循的是现实原则，只关注当下，而不关注过去和未来；超我遵循的是道德原则，它是一种社会道德与规范的约束。本我与超我之间往往会存在冲突，而自我则在其中起协调的作用。正如本我看到一位美若天仙的女子，很想直接拥有她，但超我说你不能这样想，更不能这样做，而自我则在其中协调说那我们能不能想办法先和美女建立联系，然后建立信任感和情感，再进一步发展关系，于是就有了花样百出的浪漫事情发生。当本我过于强大或冲动的时候，可能会冲破超我的道德约束，同时，自我也无法控制；这种情况的出现往往意味着犯罪或者比较严重的后果，因此，这种状态就是身、心、智失去平衡的状态。

在萨提亚冰山模型的隐喻中，提到人们的经典应对模式有五种：

第一，讨好模式，即你好，环境好，但我不好；这类模式的人们约占50%，他们往往只关注别人的感受和外界存在，却忽视了自己的情感与需要；他们的口头禅往往是："这都是我的错。"

第二，指责模式，即我好，环境好，但你不好；这类模式的人们约占30%，他们往往只关注自己和环境，而不关注他人的情感与需要；他们的口头禅往往是:"这都是你的错。"

第三,超理智模式,即环境好,但你不好,我不好;这类模式的人约占 15%,他们往往只关注环境,而不关注自己和他人,表现出非常理性的一面;他们的口头禅往往是:"一切都要讲究科学依据。"

第四,打岔模式,即你不好,我不好,环境也不好;这类模式的人约占 0.5%,他们往往既不关注自己,也不关注别人和环境,一会儿往这里,一会儿往那里,努力通过自己的行为和语言让人们分散注意力;他们的口头禅往往是:"无所谓啊。"

第五,一致模式,即你好,我好,环境好;这类模式的人约占4.5%,他们往往既尊重自己,也尊重他人和环境;他们的口头禅往往是:"你好,我好,大家好,才是真的好。"在这样的状态里,人们的内心是平和而稳定的,不会受到外界因素的干扰;行为顾全大局并易于接纳别人;他们的身体感受是全身放松和充满活力的。

只有当人们处于一致模式时,才是一种身心智的平衡状态,其他的四种状态均需要做出适当的调整。

最后,是人们的身、心、智、灵的平衡。人们需要回答几个终极问题:"我是谁?我从哪里来?我要到哪里去?"从本质上来看,灵是人类与其他动物的根本区别所在,是上帝赐予人类最宝贵的礼物。

只有当我们身、心、智、灵全面发展并实现生态平衡的时候,我们才能真正地获得一种全然的内在稳定状态,与周围的世界、与宇宙无穷的智慧融为一体。

同时,我们都处于三种时态当中,即过去、现在和未来。个体的身、心、智、灵平衡是动态发展的过程。然而,对于绝大多数人而言,过去或多或少有一块不愿回首的伤心地,或许我们已经把它埋藏在最深层的记忆当中,不愿再提起。只是,我们不愿意回首的记忆并没有消失,它只是被压抑在潜意识里而已,它一直在发挥着连我们自己都无法觉察的重要作用。

因此,如果我们能够更好地照顾自己的过去,我们就有可能更好地面向未来，以一种更加轻松自如、更加积极阳光的心态迎接未来的挑战。

照顾好过去，使得内心平静安稳，可以让我们更好地立足当下、面向未来。

个体动机：理解为何，接纳任何

动机的基础是人类的各种需要，即个体在生理上和心理上的某种不平衡状态。

1. 安全感

弗洛伊德是最早研究安全感的心理学家，他认为人们体验到的焦虑来源于当个体接收到的刺激超过自身所能控制的范围时所产生的创伤感、危险感，并提出了"信号焦虑""分离焦虑""阉割焦虑"及"超我焦虑"。人的自我防御机制正是为了避免自身受到焦虑情绪的伤害，而对现实进行否认或歪曲的自我保护机制。0—3岁是一个人安全感建立的关键时期。婴儿的出生，意味着离开母亲子宫的安全环境，当他有需要的时候，渴望得到第一时间的照顾，哭是最有效的传递需要的方式。因此，当婴儿大声啼哭时，如果父母能第一时间给予响应，温柔地抚触婴儿娇嫩的肌肤，就会传递安全感到婴儿的潜意识里，从而帮助他建立起最初的也是最重要的安全感。

一个安全感缺乏的人，他的心理成长就会停滞，具有安全感的人会追求更高层次的需要。

马斯洛认为，心理健康最重要的决定因素是安全感。如果一个人缺乏内在安全感，那么他将感受到不被别人接受、焦虑等负面情绪，对世界抱持一种悲观的态度，对他人抱持一种谨慎和怀疑，甚至是一种敌视的态度；缺乏安全感的人还容易自卑，并将多数问题归因于自己，从而产生自我谴责的倾向，这也是一种病态的自责。外界环境的一点点变化便会引起他高度的警觉,并用一种不安全感的方式进行诠释。

如果一个人拥有内在安全感,那么他将感受到温暖、热情并具有归属感,对世界抱持一种积极的态度,对他人抱持一种开放和信任的态度;具有安全感的人会很自然地表现出自信、阳光,对自己、他人和世界做出积极的自我评价。他对外界环境的变化往往是积极的归因。

通过马斯洛设计的安全感测评问卷,我们可以及时了解组织成员的安全感变化趋势。

马斯洛需要层次告诉我们,人们的需要分成五个层次:生存需要、安全需要、社交需要、尊重需要、自我实现需要。一般情况下,人们的需求满足按照由下而上的顺序,并且同时拥有几个层次的需求,只是对各个层次需求程度有所差异。第六个层次的需求是超越自我,人们开始从自我的角度中跳脱出来,寻求更高层次的生命意义,寻求对家庭、国家、社会、人类的价值和意义。第六层次的需求背后的假设是人具有为比自我更大的目标而奉献的需要和自我牺牲的精神,这正是理解层次中最高的"系统层次"所要追求的核心,是关乎他人的愿景与使命。

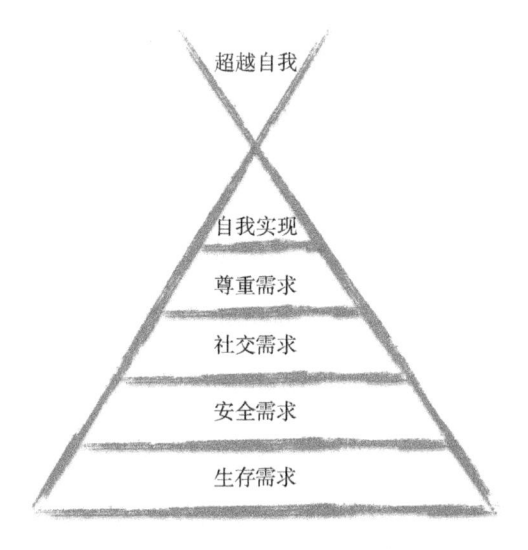

图 6-2 马斯洛需求层次上的第六层

在企业组织里，中层以上组织成员基本解决了生存需要，会更多地开始寻求更高层次的需求。在我们所做的 S 事业部 "创造高效能组织" 项目中，有 90% 以上的中高层管理人员的需求以社交、尊重和自我实现需要为主，其中，我们发现中高层管理人员对尊重的需求占比达到 56%。自我实现需要是满足自我的最高层次需要，在追求自我实现的过程中，同时有其他层次的需要。然而实际上，安全需要往往是被人们的意识层面所忽视的一个重要需求。安全需要即渴望稳定、安全的心理需要，它属于个人内在需要，不仅仅包括一个人身体安全需要，同时也包括心理安全需要。

在 "创造高效能组织" 项目中，前测和中测（间隔 6 个月）的安全感调查结果报告显示：

第一次参与调查的 20 个管理人员中，有 6 人安全感值超过 24 分，其中 25—30 分有 3 人，31—38 分有 3 人；在第一次调查之后，我们建议对超过 24 分的组织成员进行主动干预，了解其动态，并给予心理上的支持。

第二次调查时，有 7 人安全感值超过 24 分，其中 25—30 分有 3 人，31—38 分有 2 人，39 分以上有 2 人。其中，我们发现在超过 24 分的成员当中，有 3 人在经过半年之后安全感值呈下降趋势，有 3 人呈上升趋势，另外 1 人由原来处于安全感状态中直接进入严重的不安全感状态。如表 6-1 所示：

表 6-1　某项目两次安全感测评值变化

序号	姓名	第一次安全感测评值	第二次安全感测评值	变化幅度
1	A	13	6	−53.8%
2	B	30	26	−13.3%
3	C	6	5	−16.7%
4	D	24	14	−41.7%
5	E	19	17	−10.5%
6	F	20	16	−20.0%
7	G	15	36	140.0%

续表

序号	姓名	第一次安全感测评值	第二次安全感测评值	变化幅度
8	H	35	32	−8.6%
9	I	26	25	−3.8%
10	J	17	9	−47.1%
11	K	21	17	−19.0%
12	L	37	43	16.2%
13	M	12	14	16.7%
14	N	35	46	31.4%
15	O	24	15	−37.5%
16	P	25	28	12.0%
17	Q	13	21	61.5%
18	R	10	8	−20.0%
19	S	8	11	37.5%
20	T	13	16	23.1%
平均值		20.2	20.3	0.5%

备注：安全感测试（0—24分属于正常范围；25—30分，则具有不安全感的倾向；31—38分，则具有不安全感；39分以上则具有严重的不安全感，即存在着严重的心理障碍。）

经过进一步了解，我们发现：

G的安全感发生大幅度变动，是因为最近其所负责的部门出现了一次丢失产品的事件并被公布出来，导致其内在安全感大幅度下降。因此，我们建议团队领导者及时给予其心理干预。

L和N是同一个部门的成员，而且两人在私下沟通非常多，对公司一些管理现象不是很满意，最近她们所在部门受到一次批评，导致两位成员之间相互影响，因此安全感同时呈下降趋势，并且达到严重的不安全感状态。因此，我们建议团队领导者分别与两位成员进行单独私下沟通，针对不安全感的因素进行深入分析，并做好后续的关注与辅导工作。

P是一位非常外向乐观的人，但为什么还是会出现这样的不安全感倾向呢？我们了解到P的家庭并不是很幸福，与爱人之间的关系紧张，P每天从家里出发，6：30到达公司总部，再坐40分钟班车到达营销事业部的展厅上班，晚上经常要加班到19：00—20：00，有时甚至是22：00，然后再坐车超过1个小时才能回到家里，而且下班太晚还要打车回家，她的整个工作处于非常紧张的状态。最近P的小孩出了一次车祸导致骨折住院，前一周时间多次请假照顾小孩，这也可能是导致其具有不安全感倾向的重要原因。团队给予P相关的关心和帮助，对P来说是一个很大的安慰，但针对其家庭和上班距离的现状，暂时没有找到更好的解决方案。

由于人类的认知资源是有限的，当我们的认知资源大量地投入到保护自己安全的时候，其他的需求就会被暂时抑制。也就是说，当人们的生存需要和安全需要最为迫切的时候，社交需要、尊重需要和自我实现需要就会被暂时抑制。

根据人类三脑理论，当我们在组织里感受到不安全的氛围时，人们就会本能地采取三个基本反应：战斗、逃跑、僵住。这是为了更好地保护个体的生命，这样的反应不需要经过意识筛选，而是无意识地进行。因此，要建立组织成员之间的良好信任关系，更加高效地开展协作，创建一个安全的、开放的、自由的、轻松的物理空间和心理空间就显得异常重要。因此，安全感也就成为一个高效能组织的根基所在。

我们把这些影响安全感的因素归纳为两大类：一类是物理空间，主要通过身体的外感观来体验；另一类是心理空间，主要通过内感观来体验。物理空间和心理空间的安全感可以同时作用于人类自身，通过创造外在的环境变化，增强身体体验，来改变我们的心理状态，同时也可以通过改变心理状态，来改变我们的身体状态。

为此，在组织里开展各项活动时，我们需要同时考虑安全的物理空间和心理空间建设。以一次37人的研讨活动为例，物理空间与心理空间的设置包括以下几点。

①物理空间选择

在一个组织里，物理空间隐含着组织最高层对空间的假设。在一个等级森严的公司里，空间的大小代表着地位高低和权力大小；装修风格代表着组织最高领导者是传统还是现代风格；共享空间的大小代表着最高领导者是封闭还是开放心态。最先觉察到空间设计所传递出来的这些隐含信息的不是人们的意识层面，而是潜意识层面，并第一时间通过人们的身体感受或者心理感受提醒我们的意识加以关注和分析。因此，当我们在做研讨学习活动时，要尽可能创造一个安全的物理空间，代表着安全、平等、开放、自由、轻松。这样，人们的本能脑就会得到最好的照顾，通过情绪脑表达出愉悦和开放心态，从而将人们有限的认知资源投放到最有价值的视觉脑，发挥创造力。在本案例中，我们选择的空间如下：

A. 开业两年的四星级酒店，是中西结合的设计风格；

B. 选择的会议室面积为225平方米左右，正方形；

C. 层高为6米，有玻璃吊顶，开灯之后光线充足；

D. 其中一面为落地窗，无论晴天雨天，自然光线充足；

E. 其他中间隔离板为浅色木板加布料，可以用小钉子固定引导布和大白纸，其他墙面可以直接用美纹胶贴引导布和大白纸；

F. 地毯为红色花纹（原设计为浅色，此方面未达到理想要求）。

②座椅空间布置

几千年来，儒家思想带给中华民族积极的影响，同时，其等级观念也成为集体无意识，深深地影响着人们的社会活动，如认为座位的优先次序就代表着地位的高低。组织成员在进入到优先次序排座环境时，一种无形的压力便会刺激本能脑，从而使人们进入自我防御状态当中，让自己保持高度的警惕。如果将座位设置为圆形，可以使得每一个人看到在场所有人。从物理空间角度看，圆形的座位没有中心，每个人都不是会场的中心。同时，从心理空间角度看，每个人都是平等的，所有人的观点都有机会被看到、听到和感受到，每个人都是会场的中心。

此外，座椅之间的距离代表着人与人之间的距离。社会心理学家的研究表明，一般情况下，50cm是个体的私密空间，50—80cm是信任的空间，而80cm以上为正常社交空间。在50cm距离以内，就相当于进入一个人的私密空间，如果他本身具有很强的安全感，或者整个场域安全感充足，就不会对他造成困扰。

在本案例中，我们按如下方式布置座椅：

A. 用白色布罩的椅子围成一个大圆圈，并在整个学习与研讨活动过程中，始终保持椅子是圆形的排列状态；

B. 与墙之间的距离保持在2—5米之间，如果要使用投影仪，则幕布与圆圈之间保持3—5米的距离，以确保最靠近幕布的人可以自然而轻松地观看，同时，距离最远的人也能够看得清晰；

C. 每个座椅之间留有40—50cm的空间，适当地让私密空间有一定程度的交集；

D. 在每个座椅上面放一瓶矿泉水，同时，在座椅下方放一瓶矿泉水，喝完可以随时补充；

E. 在会场圆圈中间放一束铺在地毯上的五颜六色的鲜花，同时在每个墙角摆放一束鲜花，使会场里散发着淡淡的花香；

F. 在房间的一个角落，为与会人员统一安排放置个人包和物品的位置，确保物品的安全性。

③四周墙面布置

潜意识24小时在工作，并且能够在第一时间做出反应来保护个体的安全。潜意识在密切地与周围的场域进行连接。贴在墙上的标语可以在潜意识层面与每个个体进行连接和交流，它在告诉潜意识：这里是安全的，在这里会得到最大的尊重和信任，我有机会表达自己的想法，并被所有人看见和听见。

那么我们如何知道潜意识正在与我们沟通呢？通常有以下几种途径：

A. 持续的念头。当你的脑子里不断出现同一个想法时，便表明你的潜意识在告诉你那很重要，在提醒你优先处理这样的想法。你可以对你的潜意识说:"潜意识你好！我已经收到你的提醒了,我马上处理你的建议。"

B.身体的感受。某一时刻,你会感觉到身体某一部位的肌肉一直在跳动,这可能是你紧张的表现,也是你的潜意识感觉到外在的威胁而给你做出的提醒。同样,当一个人在你面前自信地向你解说他的方案,而且听起来很有道理,但是你总感觉"好像哪里不舒服",这样的感受会从身体的某个部位发出来,这或许就是潜意识在告诉你它不喜欢这个人。

C.情绪的体现。情绪是一种能量,情绪本能没有好与不好,往往是潜意识在起作用的表现。我们感到舒服、轻松、自由、开放、开心、愉悦、兴奋,或者是愤怒、恐惧、惊慌、忧愁、哀伤、沮丧、失望,都可能是潜意识给出的提醒。当我们进入到一个开放的会场时,我们内心瞬间感到轻松、舒服、安全,脸上洋溢着自然的笑容,全身都感觉很舒适,这很可能就是潜意识在告诉你,它得到了很好的照顾。

为什么墙上的标语可以创造与每个人的潜意识沟通呢？那是因为潜意识具有如下特点:

A.潜意识接收词汇和联想。当我们在墙上写"每个人的想法都值得被尊重"的时候,你的潜意识就接收到"尊重"。

B.潜意识不能区分否定词句。当我们说"我感到不舒服"和"我感到难受"时,哪个会更容易让我们不舒服呢？说"难受"时,潜意识接收到"难受",说"不舒服"时,潜意识接收到的是"舒服"。因此,这也告诉我们,我们要更多地用正面的词语,特别是在工作的场合。当我们在墙上写:"没有对与不对,只有不同时,"潜意识就会认为"对"和"同"。

C.潜意识无法区分人称代词。因为潜意识认为你、我、他是一体的,当我们说"你很棒！""你的表现非常好！""我看到了你的进步！"的时候,潜意识接收到的是"很棒""非常好"和"进步",因此,我们要多赞美别人,当我们赞美他人的时候,我们的潜意识也接收到同样的赞美。当我们在墙上写"打开心扉,说出你的想法,因为有你更精彩"时,潜意识就会认为"更精彩"。

D.潜意识喜欢接收指令。当我们说"我是一位富有爱心的人"时,潜意识就会认为你就是一位有爱心的人;当我们在墙上写:"来的人都是对的人,任何时候开始都是对的时间"时,潜意识就会认为"都是对的人""都是对的时间"。

E.潜意识最大的力量是感恩。当我们说:"感恩上帝赐予我们日用的饮食,喂养我们肉体的生命"的时候,感恩的是你已经完全相信的结果。

F.潜意识需要你身心统一。当我们带领组织成员说"来的人都是对的人,任何时候开始都是对的时间"时,邀请学员站起来,抬头挺胸,面带微笑,为自己竖起一个大拇指,潜意识就会强化认为你就是"对的人"。

在本案例中,在墙上贴上彩色笔书写的主要标语如下:

A."每个人的潜能都是无限的";

B."每个人的观点都值得被尊重";

C."集体智慧所能创造的价值远远超出我们的想象";

D."来的人都是对的人";

E."开始的时候就开始了,结束的时候就结束了";

F.……

④音乐选择

1983年,美国著名的教育学家和心理学家霍华德·加德纳(Howard Gardner)在《智力的结构》一书中提出多元智力理论(Multiple Intelligences)。加德纳认为:"智力是在某种社会或文化环境或文化环境的价值标准下,个体用以解决自己遇到的真正难题或生产及创造出有效产品所需要的能力。"加德纳认为智力包括八种:语言智力、逻辑数学智力、音乐智力、空间智力、身体运动智力、人际关系智力、自我省察智力、自然智力。每个人在不同程度上具备八种基本智力,不同的组合结构表现出个体之间在智力水平上的差异。加德纳认为教育的起点不在于一个人有多么聪明,而在于怎样变得聪明,在哪些方面变得聪明。在设计教学活动时,我们要考虑如何更好地发挥每个组织成员的天赋优势智力。

同时，在研讨会议中，音乐与现场参会人员的潜意识时时保持连接，不同风格的音乐传递出不同的情感、思维模式和行为倾向。快节奏的音乐可以调动人们的热情，轻柔的音乐可以让大家平静地思考，奔放的音乐可以让人激情四射。在本案例中，我们分别在不同阶段设置播放不同的音乐：

A. 开场为节奏快一些的音乐，逐步调动与会人员的热情；

B. 中场为轻柔舒缓的音乐，研讨过程中播放轻柔音乐，舒缓大家的情绪；

C. 收场为激昂的音乐，带着热情回去。

⑤时间安排

A. 选择早上 8：30 至 12：00，此时与会人员头脑清醒，8：30 报到，9：00 正式开始；

B. 根据现场大家研讨的投入度设置休息次数，在本案例中，实际中场休息 1 次，共 15 分钟茶歇时间。

⑥引导师工作台

A. 引导师教学道具摆放台，一般放在幕布的右手边，也可以根据实际场地需要进行调整，目的是方便引导师随时拿取。

B. 群体动力学专家研究发现，每个团队人数保持在 5—7 人能够保持最高效能状态，因此，我们按每组 5—7 人进行分组，并在场地四周摆放相应组数的白板架。

C. 准备白板笔时，考虑的因素包括：人类的视觉脑喜欢各种各样的颜色，鲜艳而丰富的颜色会进一步刺激人们的大脑创造力。同时，从视觉角度看，以红色、蓝色、黑色最为醒目，便于突出重点，配合学员做视觉表达需要，辅助其他颜色。一般情况下，配好红色、蓝色、黑色白板笔各 3—5 支，绿色、黄色、紫色等 1—2 支。

⑦引导师欢迎

A. 引导师在门口欢迎每一位参加学习与研讨的组织成员。

B. 在入口处旁边的墙上贴上期望值表，同时摆放一张桌子，放置签到表、小红点贴纸、美纹胶。

⑧茶歇设置

人体一切生命活动都需要能量，这些能量主要来源于食物，食物中的碳水化合物、脂肪和蛋白质经体内转化可释放能量。

茶歇来自于美国行为主义心理学家华生提出的"Break（工间休息）"的概念。华生认为，"工间休息"能有效缓解工作压力，不仅可以帮助人们调整心理状态，而且可以帮助人们缓解心理压力，使得人与人之间的关系更加融洽，更有利于身心健康。

基于此，专家建议在工作时间里形成茶歇习惯是必要的，不仅可以使员工得到一些工作压力的缓解，还可以让员工获得心理能量的补充。每次15分钟左右的茶歇，还可以在此期间通过交流获得更多的学习，建立良好的人际关系。

在本案例中，根据大家的投入程度，我们在中场设置了一次15分钟的茶歇。

⑨游戏设置：刺激多巴胺产生

多巴胺是神经递质中的一种。人类大脑中有数千亿个神经元，神经元之间有一道缝，信息要跨过这道缝才能传递过去。神经细胞上突出的部分称之为"突触"，当信息传递到突触时就会释放出跨过这道缝的化学物质，然后把信息传递出去，这种化学物质称之为"神经递质"。

把亢奋、愉悦的信息传递出去是多巴胺的重要作用。在我们体验一些比较具有刺激性、挑战性的活动时，大脑就会自动分泌更多的多巴胺，从而使人们变得兴奋起来。这也是我们在学习与实践活动过程中，需要加入更多让组织成员感到新鲜的游戏、活动、道具与学习方式的根本原因所在。

同时，心理学家研究表明，成人的注意力最长可以维持30—40分钟左右，一般情况下，高度集中注意力只能维持10—20分钟。因此，在会议、学习与研讨活动当中，需要增加道具的种类和使用方式，以帮助人们在感官疲劳之前，增加新鲜感，增加对次感元的刺激，刺激大脑分泌更多多巴胺，让人们处于学习与研讨的兴奋状态中，从而进一步打开视觉脑以发挥想象力和创造力。人的每一种感官包括更小的组成要素，它们构成了感知和表象的最小单位，在 NLP 当中称之为次感元。次感元包括三大类，分别是视觉、听觉和感觉，如图 6-3 所示：

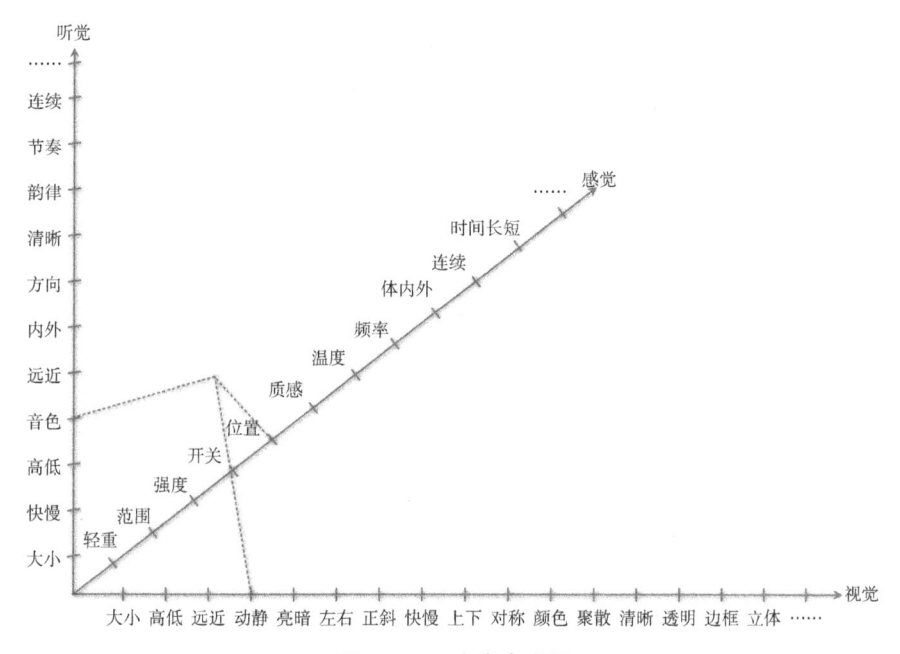

图 6-3 三大类次感元

通过调整视觉、听觉、感觉上的任意一个或多个组合的次感元，都可以在不同程度上刺激个体的多巴胺，从而使学习处于热情高涨当中。比如：

A. 引导师根据不同内容匹配不同声调和语速；

B. 变换白色、黄色、红色、绿色的 B5 纸给学员练习；

C. 变换不同材质、不同形状、不同颜色的小夹子（投票用）；

D. 使用不同的投票方式，如夹彩色夹子、贴红点、打勾、画正、举手表决等；

E. 变换呈现内容的位置，有些可以在墙上写，有些可以在白板上写，有些可以放在地上写；

F. 根据主题内容，匹配不同风格的背景音乐，并根据现场气氛调整音量大小；

G. 玩锻炼左右脑的游戏，如剪刀石头布，说剪刀时要出石头，说石头时要出布，说布时要出剪刀；

H. ……

同时，我们可以通过提前测评，了解在场参与会议、研讨或学习的人数，然后将他们按照视觉型、听觉型和感觉型进行分类，可以将同类分在同一小组，也可以不同类型组合；然后根据不同类型小组匹配不同的互动方式，如视觉型小组里更多让他们采用图像方式来互动，听觉型小组里更多让他们进行分享，感觉型小组里更多让他们表达内在感受与收获。

安全感的建立是一个持续的过程，不仅要在学习的场景下设置，而且要让安全的物理空间和心理空间体现在整体组织的各个场景当中。广州视源电子股份公司就是这样一家公司，它将办公环境改为开放式的桌椅，取消所有管理者包括CEO的独立办公室，在开放式办公环境一起办公，在企业里找不到"总裁""副总裁"办公室招牌；同时设计多个会议室和研讨室，供所有有需要开会和研讨的同事使用；午餐和晚餐均为自助餐，公司为员工开放免费幼儿园，每年为员工及其父母提供免费全面体检，为员工及其父母提供由公司付费的5—7天旅游假期，为员工提供免费宿舍；公司所有员工的薪资均是透明的。正是在这样的理念指导下，视源电子留住了组织发展的关键人才，并源源不断地吸引世界各地的优秀人才，使公司在短短的几年内成为全球最大的显示器主板供应商，以及众多电子产品的品牌生产商。

现实中，许多组织并不具备视源电子这样的文化氛围和基础条件，那么，如何在不同组织文化氛围中建立组织成员的安全感呢？

在学习与发展实践中，我们可以通过多个维度来建立组织成员的安全感，包括：安全感主题课程学习、引导式研讨、体验式学习、裸心会、红酒会、欧卡牌分享故事、CEO午餐会、午后时光茶歇、安全感调查与反馈、组织健康指数调查评估与反馈等。

在频率的设计上，一般情况下学习、研讨、体验式学习为1次/月，裸心会/红酒会/欧卡牌分享故事为1次/月，CEO午餐会为1次/季，午后时光茶歇为1次/周或1次/日,组织健康指数调查为1次/季或1次/半年。

2.个体动机

在照顾组织成员安全感需要的基础上,我们需要进一步分析当其他需要出现不平衡状态时所产生的对个体动机的影响。动机是激发和维持有机体的行动,并将行动导向某一目标的心理倾向或内部驱动力。动机具有三方面功能:

I.激发个体产生某种行为;

II.使个体行为指向一定目标;

III.使个体行为维持一定的时间,并调整行为的强度和方向。

著名的心理学家勒温在解释人的行为时,综合考虑了人与情境方面的因素,提出:

B=f(P, E)

行为(B)是一个由人(P)和环境(E)共同决定的函数。这一公式为动机心理学的研究与应用提供了更全面的视角。

从不同的角度,我们可以对人类动机进行不同的分类。

I.依据动机来源,分为生理性动机和社会性动机。

II.依据引起动机的原因,分为内在动机和外在动机。内在动机由个体内部动因引起,如激素、中枢神经的唤起状态、理想、愿望等;外在动机由个体外部动因引起,如异性、食物、金钱、奖惩等。

在组织生态里,我们研究和应用的主要包含成就动机、权力动机和亲和动机。哈佛大学心理学教授麦克里兰认为,成就动机的核心是"与一种价值标准发生碰撞"。在心理学上,只有一个行为与一种价值标准发生碰撞,以自身能力的自我评价作为目标,并且超越这个价值标准,我们才把这种行为叫作受成就动机支配的行为。通俗地说,就是一个人想要知道他在某个领域里到底能做到什么程度,并且为此而不断付出自己的努力去超越自己内心的标准。

心理学家马克斯·韦伯(Max Weber)认为:"权力意味着一个人在一种

社会关系中把握一切机会，坚守自己的意愿，无论自己的意愿是否遭到另一个人的反对，也无论他把握的这个机会是在什么基础上建立起来的。"

亲和动机指的是与他人建立并维护紧密的伙伴关系的需求。一个亲和动机非常强的人，会为了维护与他人之间的亲和关系，而忽视事情本身的重要性。

在心理学上，把一种动机受到激励或唤醒的过程叫作动机作用的形成。心理学家阿特金森提出成就动机模型，如图 6-4 所示：

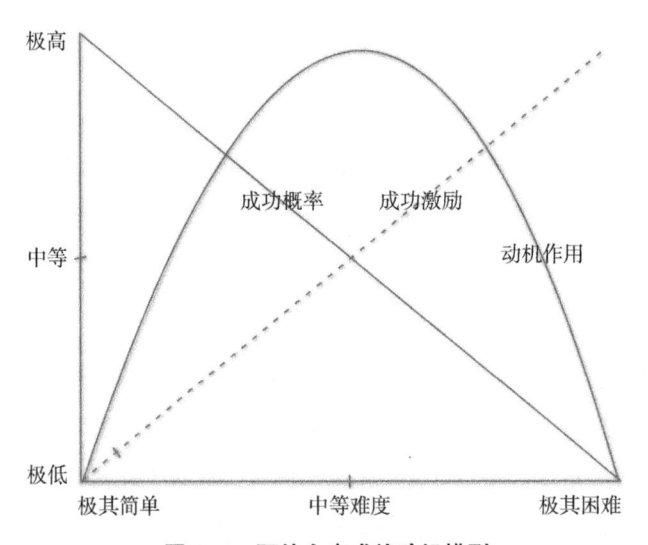

图 6-4 阿特金森成就动机模型

阿特金森认为，人们对任务目标的设定既由任务的成功概率决定，也由完成任务之后获得的成功激励（期望×价值）决定。例如，一个难度非常高的任务，虽然有很高的外在激励，但是它无法引发成就动机作用，因为它成功的概率几乎为零。同样，一个难度很低的任务，100% 可以完成，但是它所带来的内在激励几乎为零。因此，也不会引发成就动机作用。能够激发人们成就动机作用的是那些中等难度的任务，既有可能成功，也有可能失败，成败概率一般为 50% 左右。这样的任务对人们提出很高的要求，是经过努力能够达到的，与此同时，如果他们不努力是达不到的。阿特金森称这样的目标为"现实的目标"，也就是我们常说的"跳起来够得着"。阿特金森认为任务难度并不是绝对的，而是一种参考个体行为能力的主观任务难度。同一个任务对于一些人可能是极难的，对另一些人可能是极简单的，也有可能是难度中等的。

因此，从总体上，我们在组织中设置工作任务时，无论是由组织成员自己设置，还是由组织领导者设置，都要尽可能设置具有一定挑战难度的任务。这也进一步说明了战略目标落地指数的应用策略中对目标的合理设置，是经过组织成员共同努力之后可以实现的。

在实际工作当中，还会出现其他情况。一个具有强烈权力动机的人可能会优先选择那些可以帮助自己更好地获得别人尊重并对别人产生更大影响的工作任务，而不是选择一个中等难度的工作任务或根据成就大小选择工作任务。一个具有强烈亲和动机的人可能会优先选择那些可以帮助自己更好地与他人进行协作的工作任务，而不是根据难度大小和成就大小来做最后的选择。基于此，我们可以知道，中等难度任务只有在与个人成就有紧密关联的时候，才能有效地产生作用。

从组织的角度看，我们要进一步去识别组织成员就三种动机类型的分布情况，以及每个人的动机结构，并与对应的工作任务类型和难度做匹配性分析。在实际工作中，工作效率的高低与动机的强度之间存在很强的关联，但这种关系并不是线性的关系。

心理学家耶克斯（R.M Yerkes）与多德森（J.D Dodson）的研究表明，动机强度和工作效率之间的关系是倒U形曲线关系。耶克斯—多德森定律指出动机的最佳水平随任务的性质不同而不同：在比较简单的任务中，工作效率随动机的提高而上升；随着任务难度的增加，动机的最佳水平有逐渐下降的趋势。这与阿特金森用"风险选择模型"描述的寻找型成就动机作用曲线的观点在本质上是一致的。

中等强度的动机最有利于任务的完成。也就是说，动机强度处于中等水平时，工作效率最高，一旦动机强度超过了这个水平，对行为反而会产生一定的阻碍作用。如取得好成绩的动机太强、急于求成，反倒会过度焦虑，从而干扰记忆和思维活动，使学习效率降低，考试中的"发挥失常"现象主要由动机过强造成的。

因此，在实际工作中，我们要识别在面对同一个工作任务时，组织成员的不同动机强度，并做适当的匹配与调整。

在现实中，人们的成就动机机制作用大小不仅仅取决于动机强度，还取决于是主动还是被动。在被动的情况下，人们并不是主观上愿意去完成任务，其真正的作用机制并不是成就动机，而是对不做这些事情可能导致的后果和情感上的伤害的恐惧。阿特金森将成就动机进一步分为追求成功动机与避免失败动机，两者值之差表示"净希望"，代表动机是偏向追求成功动机还是避免失败动机。

阿特金森的研究发现，当人们不能避免被动地完成工作任务时，具有高追求成功动机的人同样会倾向于选择中等难度的工作任务。因为中等难度的工作任务能最好地帮助他们看清楚自己的能力水平，以及在经过努力之后，自己的能力能够获得的增长程度。

在同样的情况下，具有避免失败动机的人则会选择难度极高或极低的工作任务。当极高难度的工作任务没有被有效完成时，他们在心理上可以给予自己一个合理的解释，同时，也能给予外界一个合理的理由，因为挑战极高难度的工作任务对于不同能力水平的人来说其成功概率同样是极低的。万一挑战成功了，其获得的来自别人的羡慕将会极大地满足内心的需要。

我们在选择组织成员时，要尽可能寻找具有追求成功动机的人。

在现实中，追求成功动机的人在选择工作任务时，也并非只选择成败概率各一半的工作任务，而是会选择成功概率30%—40%的工作任务，然后经过努力，逐步地选择成功概率50%左右的工作任务。

持续的成就动机是预测一个组织绩效高低的重要基础之一。从心理学家费什尔的研究中我们知道，当人们一开始就认定工作任务难度很低时，在具有追求成功动机的人当中有75%的人会选择继续完成工作任务；当人们一开始就认定工作任务难度很高时，在具有追求成功动机的人当中只有23%的人会选择继续完成工作任务，而77%的人会选择换成中等难度的工

第六章 个体身心平衡:平静安稳

作任务。与避免失败动机的人相反的是,追求成功动机的人在尽力避免去选择难度极高或极低的工作任务。

由于工作难度与个体认知和能力相关,因此,我们可以通过影响人们对工作难度的认知、提升工作能力进行适当的调整。通过三个步骤可以帮助员工重新定义对任务难度的认知:

I. 使用头脑风暴法将所有可能涉及影响工作完成的因素列出来;

II. 根据难度大小和紧急程度对这些因素的优先级进行排序;

III. 分析每个因素背后可能的假设,分析这些假设是否成立。

通常情况下,通过共同研讨的过程,组织成员会对难度较高的工作任务有新的认知。从心理学角度上看,社会支持在此时也起到了重要的作用。工作难度较高的认知,通过研讨的方式有机会表达出来,让对应的情绪和感受被组织其他成员看到、听到和感受到,这会帮助组织成员恢复到具有安全感的状态当中。当开始执行工作任务并再次遇到困难时,他们也会认为还有其他组织成员可以提供帮助与支持。

心理学家海克豪森(Heckhausen)提出了成就动机作用的自我评价模型,可以更好地激发组织成员的成就动机。海克豪森认为动机是一个由自我评价的三个要素组成的系统,分别是:

I. 与一个标准做比较;

II. 对这个结果进行归因;

III. 对自身能力的自我评价情绪,即满意或不满意。

表 6-2 成就动机作用的自我评价模型

三大因素		动机的表现	
		成功信念	避免失败
1.设定目标/要求水平		切合实际,中等难度的任务	不切合实际,任务太难或太简单
2.归因	成功	努力,自身具有优秀的能力	运气好,任务简单
	失败	努力不足,运气不好	自身能力不足,或先天的
3.自我评价		成功/失败结余为正数	成功/失败结余为负数

具有追求成功动机的人在选择工作任务之前会提前评估最终的成功在多大程度上是通过自己的努力而获得的，在这个过程中，自己的能力又得到多大程度的提升。当他们这样做的时候，他们将成功归因于自己所具备的能力及自身的努力，如果失败则归因于运气不好或者努力程度还不够。他们对自己的评价总是积极的。

具有避免失败动机的人则相反，他们会避免选择符合现实条件的工作任务，在这种情况下，他们看不到自己的努力与工作结果之间的必然联系。他们会将成功归因于运气，而将失败归因于自身能力不足。他们对自己的评价总是消极的。

在海克豪森成就动机作用的自我评价模型基础上，心理学家克鲁格为学生开发了一套动机训练体系，经过4个月培训，根据测量结果，学生们的追求成功动机明显提升。我们可以借鉴这套动机训练逻辑，并做相应的调整，从而训练组织成员以提升他们的追求成功动机。

首先，设计一个与工作无关的任务，如做一个投球入框的游戏。在基本得分规则下，让组织成员自己设定希望通过这个游戏获得的目标分数。引导师可以协助设定目标。这个目标分数一定是组织成员自己认为最为舒服的目标分数。

其次，由引导师做一遍操作示范，并大声地说出归因于自己的努力，同时表达出自己的感受。这样做可以在一定程度上帮助大家做出有利于自己的归因，并保持一种积极正向的评价。如"我相信这样瞄准后，在接下来的投球得分一定会越来越高""对，只要我内心安静下来瞄准，就会提高命中率""哇，太棒了！经过努力之后，我进步10分了！"

再次，由组织成员自己操作一遍，同样大声地说出自己的归因想法，表达出对自己满意与不满意的感受。引导师可以对关键因素做出必要的解释和引导，特别是要鼓励组织成员按照个人评价标准（与自己对比）而不是按照社会评价标准（与他人对比）来评价自己。通过个人评价标准，与自己前面的几次投篮分数做对比，看到自己通过努力之后获得的进步，让这样的成功信念和认知在没有压力的情况下，以游戏的方式让组织成员掌握。

最后，将游戏场景逐步地切换到工作场景，直到与实际工作场景、工作任务完全一样。

那么，我们在日常工作当中，如何更好地识别自己的内在动机及动机作用机制呢？莱因贝格（Rheinberg）的动机诊断流程图，可以帮助我们更好地识别自己的动机及作用过程，如图6-5所示。

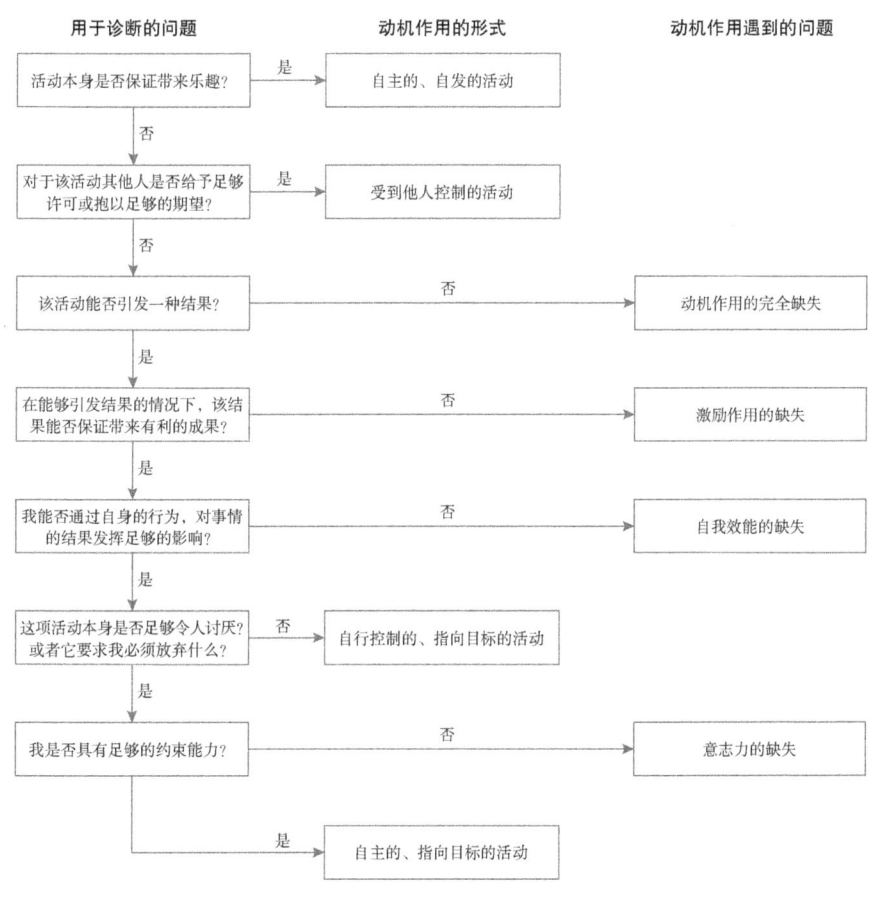

用于诊断的问题	动机作用的形式	动机作用遇到的问题
活动本身是否保证带来乐趣？ —是→	自主的、自发的活动	
↓否		
对于该活动其他人是否给予足够许可或抱以足够的期望？ —是→	受到他人控制的活动	
↓否		
该活动能否引发一种结果？ —否→		动机作用的完全缺失
↓是		
在能够引发结果的情况下，该结果能否保证带来有利的成果？ —否→		激励作用的缺失
↓是		
我能否通过自身的行为，对事情的结果发挥足够的影响？ —否→		自我效能的缺失
↓是		
这项活动本身是否足够令人讨厌？或者它要求我必须放弃什么？ —否→	自行控制的、指向目标的活动	
↓是		
我是否具有足够的约束能力？ —否→		意志力的缺失
↓是		
	自主的、指向目标的活动	

图6-5 动机诊断流程图

3. 个体正向意图

在实际的工作环境当中，我们并不一定能很有效地、及时地觉察到自我动机作用机制和类型。组织成员有各自的成就动机、权力动机和亲和动机，个体在这三方面的动机差异会导致组织中出现沟通偏差与冲突，进而消耗整个组织的能量。那么，我们如何才能更深层次地激发人们的内在动机，提升整个组织的能量？

萨提亚冰山模型中的渴望和NLP讲到的正向意图告诉我们，每个个体最终寻求的深层次渴望或正向意图可以归结为六大方面：爱、尊重、接纳、自由、有价值和有意义。

在NLP的十二大假设中有这样两条假设："人们的动机和情绪不会有错，只是行为无效而已""每个选择都是当下最好的选择"。

因此，作为一个组织成员，当我们看到对方的正向意图时，我们就能更有效地理解对方的行为。西方现代哲学的开创者尼采说："一个人知道自己为了什么而活，他就能够忍受任何一种生活。"当我们看到并理解对方的正向意图的同时，对方会接受到来自我们的尊重。同时，我们也要看到自己的正向意图，照顾自己的情绪，使自己在身心平衡的前提下，帮助对方觉察到他的无效行为。

NLP的十二大假设中还有这样一条："任何一个问题必有三种以上的选择。"当我们引导对方看到正向意图，并思考至少三种以上的选择时，就是在引导对方自己创造一个灵活、弹性和有创意的思维视角与行为准则，从而帮助对方自己找到内在的丰盛资源，从被卡住的现状迈向所想要的成果状态。

4. 实际应用

在我们发现自己的动机作用过程之后，我们可以更好地应用到实际工作和生活当中，目的是让自己获得真正的成长，获得内在的身心平衡。这样的过程包括六个循环上升环节，我们称之为"I-LOVE-U Model"。

I. 识别动机（Identify inner motivation）：通过莱因贝格的动机诊断流程图识别自己在承接来自共同愿景、共同使命和共同目标及具体落实工作任务时的内在动机；

Ⅱ. 关联当下（Link present needs）：关联当下工作实际痛点、难点和突破点（由外向内的起点）；

Ⅲ. 开放心态（Open your mind）：以中正状态接纳、消化和吸收针对同一个工作内容的来自不同视角、不同领域的观点，让自己保持一个开放的心态；

Ⅳ. 充满活力（Vivify your life）：发现自己的内在兴趣和天赋优势，并且主动创造条件，让自己的工作状态充满生机活力；

Ⅴ. 评估成就（Evaluate your achievement）：建立工作中的个人评价标准（与自己比），以当下的状态与过去的状态进行对比，发现自己的每一个进步，哪怕是一个小小的进步，及时给予自己内在肯定或外在鼓励，如为自己买一件心爱的小礼物，然后再次关联新的当下，进入新一轮循环，根据实际情况，可能在成就评估之后，进一步识别动机，然后进入新一轮循环；

Ⅵ. 知行合一（Unity of knowing and doing）：通过一次或多次的循环之后，将自己的天赋在工作当中发挥到极致，让自己内外高度一致，知行合一。

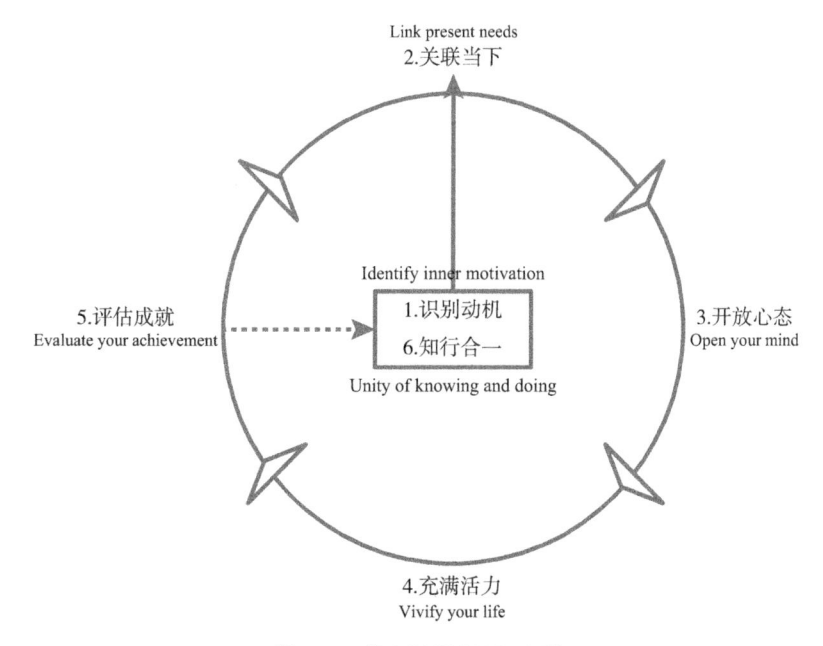

图 6-6　"I-LOVE-U Model"

个体信念：必胜

1. 信念改变逻辑

信念往往是过去的经历不断积累而形成的，有些信念是积极正向的，而有些信念则是限制性信念，深深地影响着人们的生活与工作却不被人们所觉察。那么，怎么识别和改变固化的限制性信念呢？

基于NLP的理解和现代心理学研究成果，我们知道由于身心的需要不平衡而产生动机，基于动机而产生了许多想法，其中有些想法被重复多次之后变成了人们的信念（包含认知、情感和意志成分）；信念影响态度（包含认知、情感和行为倾向成分）；态度影响着行为；多次的行为构成经验；不断重复的经验形成了习惯；持续的习惯逐步形成了人格（包含认知、情感和行为特征模式）；人格决定一个人所能取得的成果。如图6-7所示：

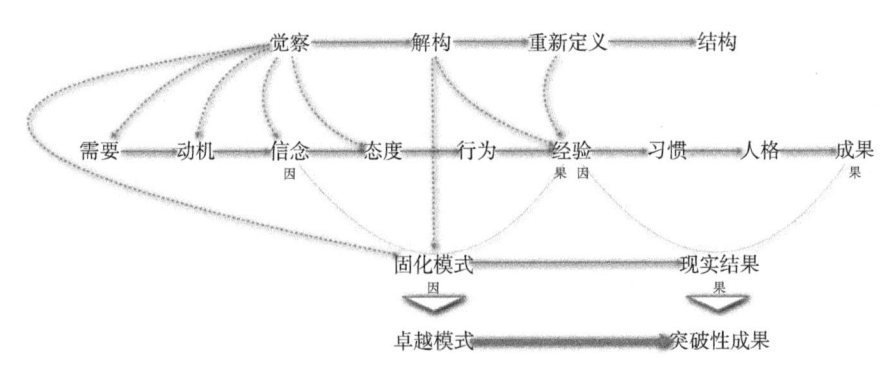

图6-7 信念改变逻辑

要取得突破性成果，人们要改变自己的人格特征模式，养成卓越的认知、情感和行为特征模式；要养成良好的人格，人们要养成卓越的习惯特征模式，需要通过一次次的练习和实践行为积累新的经验；要积累全新的经

第六章 个体身心平衡：平静安稳

验，人们需要通过改变自己的态度来改变自己的行为；为此，人们需要更新原有的信念来形成新的态度；而要形成全新的信念，需要照顾到内在动机和正向意图；要激发内在动机，人们需要看到、听到和感受到自己内在深层次的需要。

当我们照顾到自己深层次的需要时，我们会看到自己的动机和正向意图，然后更好地帮助松动固化的限制性信念，从而扩大价值观，让我们的态度、行为变得更加灵活、弹性和有创意，从而帮助自己从"以一套固化的模式来应对千变万化的世界"中走出来，建立自己的卓越模式，从现实结果坚实地迈向突破性成果。突破固化的限制性信念，使我们获得新经验，新经验帮助我们获得新的成果。信念是经验的因，经验是信念的果。经验是成果的因，成果是经验的果。

在NLP十二大假设中有这样一条假设："一个系统里最灵活的部分，就是对这个系统最有影响力的部分"。当个体身心平衡、行为变得灵活与弹性的时候，个体就像水一样自然流淌，融入周围共生环境。

古罗马著名的斯多葛派哲学家爱比克泰德说过："伤害我们的不是事情本身，而是我们对事情的看法。"张旭男老师认为："在NLP中，经验是可以被改变的。"NLP认为，通过四个步骤可以帮助我们改变经验：觉察、解构、重新定义和结构。

第一，觉察。通过结合和抽离的方法来帮助人们自我觉察。让自己完全地结合到经验当中，去看到、听到和感受到经验中自己与他人所经历的事件过程和身心感受，觉察到自己的动机、信念、固化行为模式。觉察经常会问道：

"你看到什么？"

"听到什么？"

"感受到什么？"

第二，解构。通过调整次感元的方法帮助人们对经验和固化模式进行重新解构，以一个更加全面、完整、客观的视角来看待经验和现有固化的模式。解构经常会问道：

"如果用一个事物来代表当下的身体感受，会是什么？"

"如果把颜色调亮，你的感受会有什么变化？"

"如果把声音调得远一些，你的感受会有什么变化？"

"如果把温度调高一些，你的感受会有什么变化？"

第三，重新定义。通过人称、时态与理解层次对经验进行重新定义。其中人称包括三个方面：你、我、他；时态包括三个方面：过去、现在和未来；理解层次包括六个方面：环境、行为、能力、信念与价值观、身份、系统。重新定义经常会问道：

"当你站在对方的角度时，你认为对方会怎么看待你？"

"在这样的经历当中，你的感受是什么？"

"如果站在中立的第三方角度，他会怎么看待经历中的双方？"

"邀请你回到过去的情境当中，你看到什么、听到什么和感受到什么？"

"邀请你回到当下，再看过去的经历时，你的感受是什么？对你有什么启发？"

"邀请你站在未来的视角来看这段经历，它要给你什么样的提醒和启发？"

"在你的人生当中出现这样的事情，生命要给你什么样的启示？"

"在你的人生当中出现这样的事情，对你的生命有什么样的价值和意义？"

"你让自己长期处于现有的模式当中，会带给自己什么样的好处？"

"有什么样的限制条件和机会？或者你将在什么时间、地点开始你的行动？"

"你做出什么样的行动和反应？或者你将要采取什么样的行动计划？"

"你拥有什么能量，将采取什么样的策略？或者你将要发展自己哪些方面的能力？"

"你要坚持什么和避免什么？或者你认为什么是重要的和有价值的？"

"你的人生使命是什么？你扮演什么样的角色？"

"你将为家庭、他人、国家、社会、人类做出什么样的贡献？"

第四，结构。通过设定心锚的方法帮助人们记住内在丰盛的资源。

心锚，属于条件反射的一种形式，指的是"人内心某一心情与行为某一动作链接而产生的条件反射"。当条件与反射的链接完成后，心锚就建立起来了。当人们自己探索到内在丰盛资源的时候，通过建立心锚的方式，让他们的身体记住这样的感受；当类似经验再次出现的时候，通过启动心锚可以让自己再次进入到内在丰盛资源的状态当中。

重复旧的想法和做法只会得到旧的结果。因此，我们需要通过觉察、解构、重新定义和结构四个步骤，从现有固化模式上升到卓越模式，以实现从现实的结果上升到突破性的卓越成果。

从个体的内在心智改变过程来看，要从现状达到成果，首先需要经历现实情境，个体与环境之间产生冲突，并在冲突中发现自己处于认知不和谐状态，身心不一致，从而引发内在焦虑；为了防止焦虑的进一步深化，引发个体深层次的反思，探索生命的价值和意义，达到一个新的身心平衡状态；由此松动固化的信念，扩大价值观，改变原有的态度，进而产生行为的转变，最后达成所想要的成果。如图6-8所示：

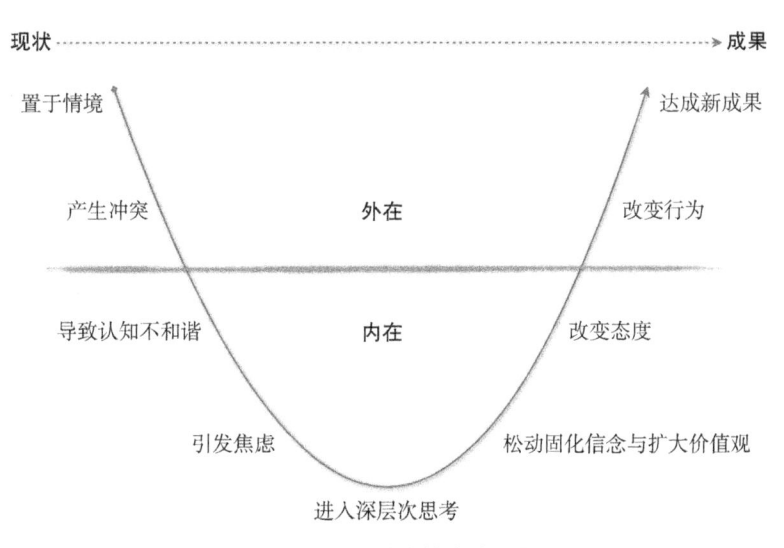

图6-8 从现状到成果的个体内在心智改变过程

以一个例子进行具体说明。

I. 置于情境：项目经理 A 负责某个项目，在此过程中涉及 3 位相关部门负责人参与到项目方案讨论过程中，这是其中一次汇报情境，在此之前项目经理 A 已经单独与 3 位相关干系人做过沟通，但对方并没有提出建设性建议。

II. 产生冲突：3 位干系人一开始就认定方案风险太大，建议按他们的想法来更新方案，并引导大家将关注点放在风险而非项目的收益上；而项目经理 A 认为这个项目风险已经被充分考虑到，并在可控的范围之内，坚持按自己的想法推进项目；由此，3 位干系人与项目经理 A 之间产生多次激烈的观点冲突，双方情绪一度接近失控。

III. 导致认知不和谐：在经历了争执之后，老板做出最终决策，采纳了多数人的观点，并要求项目经理 A 考虑多数人的建议，由项目经理 A 负责更新自己做的项目方案，这与项目经理 A 在会议前预想的结果大相径庭，因为最终对结果负责的是项目经理，而不是 3 位干系人。

IV. 引发焦虑：项目经理 A 的心情由会议前的激情澎湃，立刻像被泼了一盆冰水一样降到冰点，导致在接下来的一段时间内工作状态受到很大影响，特别是老板采纳了 3 位干系人的观点之后，项目经理 A 感到对接下来整个项目失去了控制，进而产生无力感，认为在这样的组织内缺乏成就感和存在的价值感，内心感到非常焦虑，甚至萌生去意，开始更新简历。

V. 进入深层次思考：然而，在项目经理 A 更新简历的第二天，HR 就找到他并询问其是否有异动的想法，项目经理 A 说只是定期更新简历。当天中午项目经理 A 就接到老板的电话："兄弟啊，这个项目没有你不行啊……"这让他忽然感到自己在老板的心目当中，仍然是有重要地位和价值的，心情即刻好转，并开始思考：

- 或许老板并不是针对自己？是的，老板没必要针对自己，如果老板对自己很不满意，以老板的性格不必拐弯抹角；

- 或许3位干系人所说的也并不是没有道理？是的，他们所提的具体建议当中，的确有一定的道理，只是当时表达的方式有些激动而已；
- 老板及3位干系人所提建议的背后要满足什么样的正向动机和意图？自己想要达到的目的是帮助组织获得长期收益，而3位干系人提出这样的想法，也是希望他们的不同想法在老板和其他同事面前被看见、听见，得到尊重，这样的动机本身并没有错；
- 是否会是无意识的本能反应？很可能是，因为事后感到后悔；
- 出现这样问题的根本原因是什么呢？或许是组织内人际方面缺乏信任感，或许是内在缺乏安全感；
- 是否与自己成长的原生家庭有直接的关系？或许有关，如果自己小时候提出某些想法时，没有被大人听见，自己的努力没有被看见和鼓励，被忽视或否定的经历所引发的自己的身心体验进入到潜意识当中，可能一直在影响着现在工作情境中的应对模式。

VI. 松动固化信念：为什么自己会出现这么大的情绪反应呢？或许是感到自己的观点没有被完全地听到，或许是希望看到别人对自己前期付出的肯定与赞赏，或许是感受到挑战或威胁，从而产生"战斗或逃跑"的本能反应。自己会有这样的反应，别人也可能会有这样的反应。因此，以后一定要在照顾好自己的同时，照顾到他人，实现双赢。

VII. 扩大价值观：是否自己在情绪疏导方面有待改进？这样类似的情境不是第一次发生，而自己的应对模式基本一致，均为较大的情绪直接反应，事后又觉得似乎有些不妥，甚至后悔当时的过激反应，然而相互伤害已经造成。只有让自己的情绪得到适当的表达，才有可能让自己的身心处于平衡状态，因此，学习如何更好地做好自己的情绪疏导显得非常重要，而这正是过去一直未注意到的关键点。

VIII. 改变态度：
- 以后如何与3位干系人进行有效协作呢？或许可以找个时间单独与3位干系人做一次深入沟通；

- 生命当中让这样的事情发生，要给我什么样的启示呢？更深入研究心理学，建立对自己的正确认知，看到他人行为背后的正向意图，以更加灵活、弹性和有创意的方式来应对。

IX. 改变行为：

- 项目经理 A 开始系统学习心理学，在对 NLP、萨提亚家族排列治疗、教练技术、引导技术的深入学习过程中，A 认识到自己的父母一直都是爱自己的，只是爱的方式不一定有效而已，从而建立起自原生家庭的安全感，虽然人生脚本在 3—7 岁已经写好，但任何时候，人生脚本都可以被改写；
- 一段时间之后，在一次年度经营计划的评审中，老板发现另一个项目的进展并不理想，该项目经理 B 想把这个项目转给 A。在此过程中，老板追问责任时，B 顾左右而言他，而另一位与 B 关系较好的人站出来说，这个项目之前有交接给 A，A 的本能反应是心里不舒服，但 A 克制自己，一直保持微笑，然后说："只要对项目成果是有益的，需要我配合的地方，尽管告诉我，我一定全力支持你，如果你需要把整个项目转为我来负责也可以，重要的是对项目进展有利。"

X. 达成新成果：由于 A 的安全感重新建立，并认知到他人的正向意图，由内而外地呈现出信、望、爱的价值观，A 活出了全新的生命，遇事时"凡事包容，凡事相信，凡事盼望，凡事忍耐"，孩子、妻子、家人、同学、朋友、同事，甚至是未曾谋面的人渐渐地感受到来自 A 的温暖，这样的温暖融化了人际关系中利益冲突的坚冰，让人与人之间的关系不断超越利益之上，建立了良好人际关系基础的信任感。同时，A 所实施的项目照顾到多方干系人的情感与利益，获得来自他们的理解与支持，使得 A 的项目成果超出预期，并获得全球最权威的专业协会年度大奖。

在日常生活中，当我们留意自己在表达过程中出现"不可能""没办法""不知道"等词汇时，说明我们的某些限制性信念已经在潜意识中影响着行为，使我们持续地待在舒适区而不愿意进入学习区和突破区。如果你发现了一些限制性信念，那么恭喜你，你已经迈出了重要的一步。因为，自我觉察是改变的第一步。

然而，在实际工作中，我们要如何才能在进入深层次思考之后产生积极正向的信念呢？

2. 用意识调动潜意识

弗洛伊德将潜意识分为前意识和无意识两个部分。潜意识是人们没有觉察到的，但一直在发生着重要作用的部分，它一直在影响着人们如何看待自己和他人，在面对生活和工作中的情境时，如何快速地做出判断和决策。

潜意识具有非常巨大的能量，然而，进入我们潜意识的并非都是正能量的，一些小时候的创伤事件也会进入到潜意识当中，从而影响着我们在个人生活、工作、家庭、社交场合的一举一动，它往往以信念的方式来起作用。

例如，小时候你做了一件很漂亮的手工艺品，把它送给你的小伙伴，可是你的小伙伴却不在乎，而且说这手工艺品颜色涂得不好看。这件事可能你很快就忘了，但是你的潜意识并没有忘，以后你很少送自己做的手工艺品给朋友或家人，因为在潜意识里，你可能会认为自己做的手工艺品是不好看的。

原生家庭和学校对人的一生影响非常大，其中家长、老师的影响更为直接，当因为考试成绩不好，而被父母或老师当众批评或者被老师说"你怎么这么笨啊，这么简单的题你都不会"时，你可能很快会忘记这件事，但潜意识并没有忘记，只是为了让自己不再处于焦虑的状态，人们启动了自我防御机制，把这样的负面情感事件压抑到潜意识当中，此后，有一些人在生活和工作当中，总是觉得明明自己的能力已经可以胜任某些任务，但是面临某个正式场合或在关键时刻总是会出错，因为很可能潜意识认为：

我就是笨的，我不配拥有一个更好的成绩或未来。

多数人在成长过程中，或多或少都会经历类似的事情，比如原生家庭的不和睦、校园欺凌、被老师的体罚或语言伤害等事件，对于孩子一生的影响巨大。由于年纪小，还不具备很好地照顾自己的能力，这样的负面经历和情感就被压抑到潜意识当中，进而一直在持续地影响着我们的思维模式、情感模式和行为模式，而自己对此却一无所知。有一些人已经非常富有，却仍然在追求更多的财富，这些人感觉不到自己是幸福的，内心的匮乏感一直没有得到照顾。或许是小时候吃不饱、穿不暖，总是被人歧视和欺负的经历，让他认为自己一定要出人头地，一定要挣足够的钱。即使已经有花不完的财富，这些人依然会觉得还不够，这是因为内心的匮乏感在潜意识里一直在影响着他们的一言一行。

有时我们会感到一阵心慌，好像要发生什么事似的，有时身体肌肉或眼皮会跳动，从而使我们产生一种紧张情绪，似乎在提醒我们要提前做点什么准备。潜意识会通过很多种方式提醒我们，当我们处于中正状态时，我们可以敏锐地觉察到潜意识给我们的提醒。当我们处于中正状态时，我们能觉察到来自潜意识的正能量，帮助我们看到他人的正向意图，可以帮助自己松动固化信念、扩大价值观，以灵活、弹性、有创意的行为准则来面对过去、现在和未来。这样的能量帮助我们清晰个人的愿景、使命和身份，指引着我们前进的方向，明确在工作中要扮演的角色与承担的责任，带给我们坚定的信念，陪伴我们勇往直前。

这是一种必胜信念。

个体价值观：信（Faith）

上帝的祝福往往以患难的形式出现。

2014年3月24日，这是我和太太及家人生命中所经历的最艰难的一天。

第六章　个体身心平衡：平静安稳

就在这一天，我太太在某市第一医院妇产科做卵巢肿瘤切除手术，B超显示肿瘤长大的速度比胎儿成长的速度还快，这一天胎儿刚满4个月，医生建议在这一天做切除手术可以使胎儿更加稳定。手术比正常进度慢一些，在进行了1个半小时左右时，主刀的主任医生出来告诉我们：

"肿瘤外观不好看，我们怀疑是恶性肿瘤。建议马上做切片。"

又经过了1个小时左右，主任医生再次出来告诉我们：

"恶性肿瘤，你们要在3分钟内做出选择，要大人还是要小孩。无论选择哪一个，都要做化疗。"

"在怀孕期间化疗对胎儿的影响可能非常大，可能导致各种不可预知的风险。"

那时，我太太还在手术台上，主任医生在等待我们回复和签字，然后再将手术刀口缝起来。

这是生死之间的选择，最后我和家人选择了大人小孩两个都要。

面对突发状况，我们痛哭流涕却无法理解，为什么要让这样的事情降临到我们身上。

但最后，我们凭借着"信"，经历了走投无路，最终柳暗花明，从绝望中看到了希望。以下是部分心路经历：

- 被医生反问"你问我怎么办，我还想问你怎么办呢"时，感到走投无路；
- 连续禁食48小时祷告，虽然不知道前方道路，但是相信一定会有出路；
- 岳母、我太太和我三人在同一时间、不同地点，实现信心奇妙地恢复，内心看到光明；
- 在毫无希望的情况下通过打总机电话预约到妇科肿瘤专家陈医师，看到了真实的希望之光；
- 见到陈医师之后内心感到风平浪静；
- 家族内其他成员不同的意见冲突，使我们内心感到纠结，甚至有点愤怒；

- 研究全球同类型疾病治疗成功个案时的期待与失望；
- 研究健康饮食看到的新希望；
- 亲戚朋友们的关心虽然热情而有爱心，却带给我们巨大的心理压力；
- 得到陈医师及专家小组研究结论时感到安心；
- 怀着胎儿4次化疗时感到不确定性；
- 化疗期间白细胞降低到危险值下的焦虑；
- 血站不给紧急血小板支持时感到无奈；
- 发动各种关系寻找AB型血的深度焦虑；
- 准备卖房筹钱接受治疗而四处奔波时的焦急；
- 陈医师主动将6次化疗减少到4次，并明确就近安排手术及后续治疗时感到意外的惊喜；
- 专家小组及医护人员给予悉心照料而感到温暖；
- 婴儿第一声啼哭和看到陈医师走出来时面带微笑的无比喜悦；
- 婴儿在ICU保温箱里的2个星期内心的煎熬；
- 婴儿所有身体指标完全健康的喜悦之情；
- 发现太太体内还有未切除干净的癌细胞后进行第三次大手术的深度痛苦；
- 面对陈医师建议将子宫和右侧附件全部切除以防癌细胞扩散的犹豫彷徨与我太太当时的坚定信念；
- 整个治疗过程中常常面临的无助与坚持；
- 卵巢恶性肿瘤的特异性指标CA125起伏时带来的心情大幅波动；
- CA125第一次降到正常值35以下的释然和感恩。

到现在，孩子已经5岁了，我太太的CA125连续1年保持在正常值35以下，我们的生活逐步回到正常轨道的平和与宁静。

在这样的经历中，我们也感受到来自家人、医生、护士、同事、朋友、亲戚无比强大的爱的力量，正是这样的爱的力量陪伴着我们经历了"死荫的幽谷"。

也正是这样的经历，让我们的身、心、智、灵重新达到一个全新的动态平衡，更加清晰地知道自己人生的价值和意义所在：

I. 美好未来的样子（愿景）：看到、听到和感受到自己、家人和身边人处于健康、平安、喜乐的身心平衡状态。

II. 存在的理由（使命）：点燃自己，照亮他人。

III. 成为什么样的人（身份）：新生命使者。

IV. 面临挑战时坚持什么（信念）：品格传递品格，爱心点燃爱心，生命影响生命。

V. 什么才是重要的（价值观）：信，望，爱。

个体思维与行为准则

1. 突破性创新思维（SLRAEP-B MODEL）

人类意识所认识的世界并不是一个完整和真实的世界，只是我们想看到的世界。人类所有的理论都基于某种假设，人的心智模式是许多观点的假设前提，而心智模式的背后还有更深层次的假设前提。正是这些假设前提在影响着我们的动机、信念、价值观、观点、应对模式和具体的行为。有些假设前提是意识层面的，有些假设前提是潜意识层面的。假设是当时人们所能做出的最佳选择，只是情境变化，我们还在用应对过去情境的假设来应对新的场景，因此，我们容易被卡住。那么，松动固化信念便是必不可少的过程，创新思维的过程也是如此，质疑所有可能的假设是这一切的基础。SLRAEP-B 突破性创新思维方法论就是针对性解决这个挑战，突破原有限制性信念，以全新的思维模式，发现本来已经潜藏在我们每个人身上的巨大能量。从习惯思维中"笃定的不可能"到"理论上的可能"，到"有希望的可能"，再到"现实的可能"，最后变成"现实"。

SLRAEP-B 突破性创新思维方法论具体如下：

- Set a breakthrough goal——设置一个突破性目标（明确量化标准和具体要求）；
- List all of the hypotheses——列出所有假设（清晰要实现突破性目标的所有支持前提）；
- Review the hypotheses one by one——逐个回顾/质疑所有假设（修正假设、推理逻辑）；
- Alter the hypotheses one by one——逐个改变所有假设（修正推理逻辑）；
- Estimate the results——评估结果（推理与预测，并做出决策）；
- Pilot——测试（试点新的思路和方案）；
- Broaden——扩大（测试有效后复制，扩大价值）。

例如，行业的平均增长率只有 7%，我们要挑战将业务目标增长率上升到 35%，有许多人提出反对声音，我们该如何实现突破呢？

① S——设置一个突破性目标：35% 的业务目标增长率。

② L——列出所有假设或限制性信念：

- 我们的品牌知名度和美誉度根本支撑不了这样的增长率！
- 我们的客户基础根本无法支持这样的增长率！
- 我们的产品根本就是垃圾级的产品！
- 我们的生产系统根本无法支持快速反应！
- 我们的价格太高了！客户并不买单！
- 我们的后台支持系统根本支持不了！
- ……

③ R——逐个回顾/质疑所有假设（修正假设、推理逻辑）：

我们以第一个限制性信念作为案例来分析一下："我们的品牌知名度和美誉度根本支撑不了这样的增长率！"这一假设背后的更深层次的假设主

要包括以下方面：

- 我们是一个"整体"。
- 我们是有"品牌"的。
- 我们的品牌是有"知名度"和"美誉度"的。
- 我们的品牌知名度和美誉度是有"增长潜力"的。

由此，我们可以知道，他们质疑的并不是我们作为一个"整体""品牌""知名度和美誉度""增长潜力"，他们质疑的是我们的组织目前缺乏"整合能力"来实现35%的超常规增长。

④ A——逐个改变所有假设（修正推理逻辑）：

我们用理解层次分析，以便找到更高层次的因素：

- "所需资源"属于环境层次。
- "推动业务增长"属于行为层次。
- "整合能力"属于能力层次。

那么，是什么样的动机、信念和价值观让我们要采取提升"整合能力"或采取"整合策略"？这属于信念与价值观层次，涉及以下问题：

- 是什么原因让我们要采取整合策略？现有资源无法支持实现超常规业务增长的需要。
- 采取整合策略会带来什么样的好处？找到互补资源方，实现共同发展，实现多赢局面。
- 整合之后会为公司生意发展带来什么样的价值？实现弯道超车，在其他品牌停止不前的时候，快速超越。
- 整合资源对于公司的长远发展具有什么样的重大意义？进一步巩固公司现有的市场地位，为公司追求的可持续发展获得更坚实的市场基础。
- 有什么是我们一定要坚持的？占有主导权，如果建立合资公司，则一定要求控股，拥有经营决策权。如果采取融资行为，则一定要考虑在可控的范围之内。

- 有什么是我们一定要避免发生的？避免操之过急导致整个局面失控。

如果我们具备了整合能力，我们就能够链接内外部更多的个体、团队、组织，整合内外部可以帮助实现业务超常规增长所需的资源，采用一系列推动业务增长的行动，实现突破性的业务目标。因此，在能力层次，我们可以进一步拆解出我们现在还没有看到自己已经拥有的或者还不具备的潜在能力。

链接：
- 分析：业务超常规增长所需要的资源。
- 识别：内部和外部掌握实现业务增长所需要能力和资源的人。
- 建立：与这些个体/团队/组织的良好关系。
- 实现：双方共同的正向意图或更高层级的共同目标。
- 达成：双方互利的协作。
- 确定：明确的合作方式及具体的下一步行动。

整合：
- 分析：具体整合资源的机会。内部和外部潜在合作的互利机会点，如评估市场上目前可以实现资源互补的品牌。
- 评估：整合资源的收益。通过整合，可以使多方获得共同发展，如公司可以获得支持业务超常规发展的资金和业务增长，合作方可以获得进入中国市场的机会。
- 实施：融资、并购等的具体计划。

⑤ E——评估结果（推理与预测，并做出决策）：

突破：
- 预测：实施一系列突破性行动计划，从资源整合的角度分析多方资源整合后达到"1+1>N"的N值目标。
- 评估：在整合资源之后，实现业务超常规增长率目标的可能性，以及可能实现的具体值。
- 准备：评估可能存在的风险，并制定出相应的应对措施。

⑥ P——测试：
- 接触：潜在合作方。
- 洽谈：双方合作的意愿。
- 验证：新的假设是否成立，如对方的目的与我们所设想的目的是否一致。
- 实施：如果合作方意愿明确，则可以采取更进一步的实际行动，如并购、融资等。

⑦ B——扩大：
- 复制：已经合作的模式，并推广到更多合作方或者区域市场。

以上为其中一个假设的示例，其他假设以此类推。

利用引导技术，让组织领导层特别是对目标存在怀疑的领导层成员共同参与研讨，鼓励大家自由发表自己的看法，留意那些可能被边缘化或"另类"的想法，可以把它们先放在"停车场"。目的是通过提升参与深度，让每个人在思考与讨论过程中逐步达成共识。引导技术的前提假设是：每个人的想法都值得被尊重，每个人的潜力都是无限的，集体智慧所能创造的价值远远超出我们的想象。

我们把这个模型叫作"SLRAEP-B Model（突破性创新思维模型）"，为便于记忆，我们把它反过来变成"B-PEARLS"，即"a Bunch of PEARLS（一串珍珠）"。

2. 个体批判性思维（CRITICAL THINKING）

理查德·保罗在《批判性思维》这本书中对批判性思维的定义是："批判性思维是一种对思维方式进行思考的艺术，该艺术能够优化我们的思维。"通俗地说，批判性思维就是对思考过程的再思考，从而让我们的思考过程符合一定的标准或要求。

那么，人类的思维构成的基本元素有哪些呢？理查德·保罗认为有八大思维元素：

表 6-3 人类思维构成的基本元素

序号	思维元素	描述
1	目的	人们在思考时总带有一定的目的
2	问题	实现这个目的，要面临一些问题
3	信息	解决这些问题，需要基于一定的信息基础
4	概念	同时，基于对概念的理解和应用
5	假设	所有概念都有一定的假设，同时我们的意识和潜意识在做出某种推断前都有一定的假设前提
6	推理	基于信息、概念、假设，进行判断和推理的过程
7	结果和意义	形成一定的期望结果和意义感
8	观点	最后形成人们的观点

基于思维的八大元素，我们要如何更好地进行批判性思考呢？这就涉及评估思维的标准，理查德·保罗认为人们可以从九个方面来评估思维：

表 6-4 思维的评估标准

序号	评估标准	描述
1	清晰度	可以被理解的，能够领会其含义的
2	准确度	真实的，没有错误或者歪曲的
3	精确度	在关键细节方面描述非常清楚、具体，如"很好或不错"就不够具体，而"90.5 分以上为很好"就很精确
4	相关度	与具体的主题具有相关性
5	深度	考虑问题背后的概念和假设，假设的背后有更深层次的假设
6	广度	站在多个视角来看待问题本身，形成多维度和时间线的视角，更加全面
7	逻辑性	前后一致，环环相扣，层层深入
8	重要性	对生活、工作具有重要的价值或意义
9	公正性	可以站在正反两面来思考问题

在工作中，要不断地思考面临的各种挑战和机会，我们可以应用批判性思维元素和思维评估标准来评估自己的思考过程，以"共同愿景、共同

使命和共同目标"的思考为例：

表 6-5　思维构成元素与评估标准应用

序号	思维元素	描述	评估（1—10 分）
1	目的	制定共同愿景、共同使命和共同目标的目的是让组织所有成员保持方向一致	清晰度 9.5 分，重要性 10.0 分，深度 9.0 分
2	问题	目前组织里缺乏共同的方向，决策层、管理层与执行层的方向并不是完全一致	清晰度 9.0 分，准确度 9.5 分，精确度 7.0 分，相关度 10.0 分
3	信息	要达到方向一致目的，需要先了解发起人的想法、期望和参与研讨人的基本信息	清晰度 9.0 分，准确度 9.0 分，精确度 6.0 分，相关度 10.0 分
4	概念	明确愿景、使命和目标的概念	相关度 10.0 分，重要性 9.0 分
5	假设	基本假设是参与的人都有强烈的意愿	相关度 10.0 分，深度 8.0 分，重要性 10.0 分
6	推理	基于参与人员的强烈意愿，让大家提前了解愿景、使命和目标概念，现场创造一个安全的、轻松的、自由的、开放的物理空间和心理空间，通过头脑风暴、团队共创、世界咖啡、小组讨论的方法，让每个人都有机会把内心真正的想法表达出来，在现场用 3 种方式投票（举手表达、夹彩色夹子、贴小红点）选出，并整合大家的想法，直到最后达成共识	相关度 9.0 分，深度 8.5 分，广度 9.0 分，逻辑性 9.0 分，重要性 10.0 分，公正性 9.0 分
7	结果和意义	研讨的过程就是共识形成的过程，过程比结果来得更重要	相关度 10.0 分，深度 8.5 分，重要性 10.0 分
8	观点	方向一致是一个组织战略目标落地的基本要素	相关度 10.0 分，深度 9.0 分，逻辑性 10.0 分，重要性 10.0 分

人们的思维过程是理性和感性的结合，也是一种意识和潜意识结合的过程。当我们面临重要的抉择时，我们并不总能做到 100% 理性，因为有些

事情已经超出人类当下所能理解和控制的范围。

3. 以爱让事情发生（MAKE THINGS HAPPEN WITH LOVE）

每个人都拥有领导力，哪怕是一个孩子，在他的身上都能充分体现领导力。

在人教版小学五年级语文课本上，有一篇《梦想的力量》的课文。1998年，加拿大一位6岁的孩子瑞恩听到老师介绍，非洲国家乌干达有许多的小朋友缺少水资源，他们只能走到很远的地方去挑水，而且那些水并不干净，喝了会生病。如果能捐出70美元就可以为他们打一口井。瑞恩回到家跟妈妈要70美元。妈妈特别支持他，但希望他通过自己的努力来获得70美元。从此，家人们就看到他忙碌的身影穿梭在厨房、卫生间、草地。经过4个月的努力，他终于获得了70美元。他把这70美元拿给募捐项目负责人，但同时，他也听到负责人介绍，在乌干达地区打一口井实际上需要2000美元，瑞恩说："那我回去再多干点活。"为此，他开始向邻居询问是否可以给他们提供服务，以获得他们对这个项目的支持，很快小区里的居民都知道了这件事，大家都很乐意为他提供支持。瑞恩妈妈的朋友很感动，就把这件事写成了文章寄给报社，并把标题叫作"瑞恩的井（Ryan's well）"，很快报社和电视台将此事报道出来了。加拿大国际发展署表示瑞恩每获得1分钱捐款，他们都会另外捐2分钱来支持。

瑞恩通过努力在乌干达地区打了第一口井，当瑞恩和爸爸妈妈来到乌干达亲眼看到自己奉献的那口井，喝着那干净的水，别提有多甜了。2001年3月，"瑞恩的井（Ryan's well）"基金会成立了。

现在"瑞恩的井（Ryan's well）"基金会已经在非洲地区挖了超过1000口井，为85万人提供了干净的饮用水。瑞恩一直在努力，他到各地去演讲，并号召更多人加入到"让非洲的每一个人都喝上干净的水"的愿景和使命当中。

通过瑞恩的故事，我们看到，一个6岁的孩子要在非洲地区挖一口井的小小的愿望，感动了邻居、妈妈的朋友、报社、电视台，甚至连国家发展署都被感动而提供了2倍的捐款支持，最后发展成"瑞恩的井（Ryan's well）"基金会，他的愿望也从挖一口井变成"让非洲的每一个人都喝上干净的水"的伟大愿景和使命，从而让越来越多的人投入到这一伟大的事业当中。这一过程充分地体现出瑞恩的领导力带来的能量是如此强大，从理解层次看，这是来自"系统层次"的巨大能量，正是瑞恩创建了这一愿景和使命，为非洲孩子们身体健康着想的"爱"，产生了越来越大的能量。

4.6E 个体领导力模型：个体领导力发展逻辑

瑞恩的故事告诉我们，每个人都有爱，都可以由爱而产生巨大的正能量，产生越来越大的影响力，带领社会中越来越多的人和机构加入其中，产生几何级的正能量，共同持续追求卓越成果。这样的状态，我们可以把它称为"领导力场（Leadership field）"。

用一句话来概括个体领导力就是："以爱让事情发生（Make things happen with love）。"

Happen，指的是我们最终想要的"突破性成果"；

Things，指的是为达成成果所要做的"正确的事"；

Make，指的是为达成成果的"正确地做事"的过程；

Love，爱是人类无限正能量的来源。

只有当这四个关键要素同时存在时，一个人的领导力才能充分展现出来。

在宝洁公司5E领导力的基础上，围绕着"爱（Love）"这个能量核心，我们提出了6E个体领导力模型：

第一，高瞻远瞩（Envision）；

第二，全情投入（Engage）；

第三，鼓舞士气（Encourage）；

第四，授人以渔（Enable）；

第五，高效执行（Execute）；

第六，卓越成果（Excellent result）。

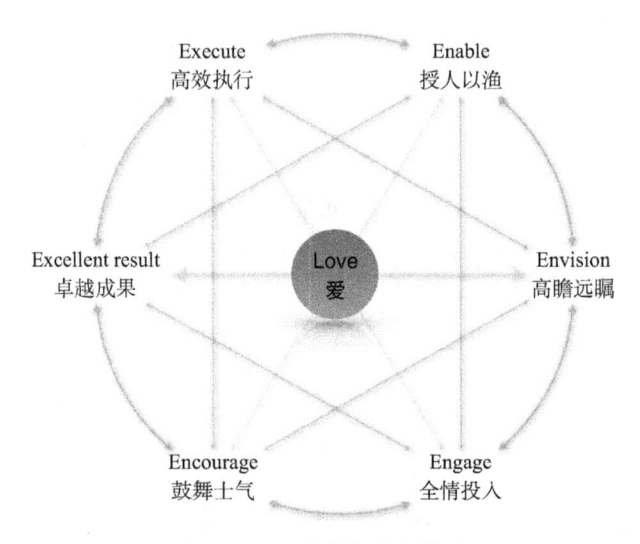

图 6-9　6E 个体领导力模型

　　从"爱人如己"的心出发（Love），以自上而下和以终为始的视角来看，我们要确定公司的愿景、使命（Envision），让组织所有成员知道未来要去哪里，这一方向将指引所有组织成员前进。要实现组织的愿景和使命，从"人"的角度看，我们要寻找具有共同愿景的人，一起全心投入到追求愿景和使命的旅程中（Engage）。在此过程中，我们会遇到各种各样的困难和挑战，组织成员的士气也会受到影响而产生波动，为此，我们要及时鼓舞士气（Encourage）。从"事"的角度看，在追求愿景和使命过程中，组织成员可能在知识技能方面有所不足，为此，我们要看到每个人身上的巨大潜能和无限可能性，充分发挥每个人身上的优势，引导他们认知到自己身上的强大能量，通过教练技术，让组织成员自己寻找到最合适的思路和方法（Enable）。但即使我们拥有了美好的愿景、全情投入的状态、高昂的士气、优秀的思路与方法，如果我们在实施中有所偏差，一样难以实现卓越成果，为此，我们要将愿景一步步地分解成战略级项目及日常运营计划，从项目管理和运营的角度出发，以灵活、创新的方式把握项目的质量、进度、成本，照顾干系人关系与利益，以及跟踪日常运营计划的实施过程（Execute），最终以最大概率实现卓越成果（Excellent result）。

美好的愿景需要有卓越的成果来证明，同样每一个过程因素都会影响美好愿景的实现速度与质量。每个环节之间都存在相互影响和相互促进的作用。因此，为最终实现美好的愿景和使命，我们需要尽最大努力将每个过程做到极致。

我们要真正从"爱人如己"的心出发（Love），以客户为中心角度切入，敏锐地洞察到市场和客户需求发展趋势，同时紧紧地把握住客户的迫切需求（Excellent result）；根据客户需求来调整组织的流程与过程指标，与时俱进考虑采取什么样的措施才能满足客户需求（Execute）；考虑要如何整合集体智慧、突破限制性信念、发展什么样的能力（Enable）；及时地引领组织成员发现天赋优势，通过优势组合，激发组织成员的潜能（Encourage）；让每个组织成员克服困难和挑战，享受追求充满乐趣的事业（Engage）；通过组织成员的共同努力最终实现共同愿景和使命（Envision）。

6E个体领导力模型与理解层次之间存在着对应的关系：

I. 高瞻远瞩对应着系统层次的愿景与雄心，是基于对家庭、他人、国家、社会和人类的爱；

II. 全情投入对应着身份层次（使命与角色）；

III. 鼓舞士气对应着信念与价值观层次（动机、信念与价值观）；

IV. 授人以渔对应着能力层次（能量与策略）；

V. 高效执行对应着行为层次（行动与反应）；

VI. 卓越成果对应着环境层次及最终成果（机会与限制）。

无论是自上而下，还是自下而上，6E个体领导力模型和理解层次有着深层次的内在吻合。

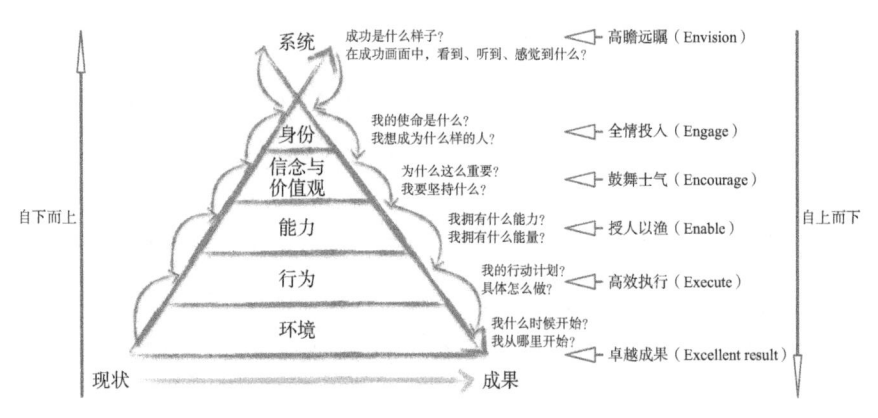

图 6-10 6E 个体领导力模型与理解层次的内在吻合

在工作中，同样会充分体现 6E 个体领导力模型，正如"创造高效能组织"这个项目取得的突破性成果一样。

2017 年年初，当我们看到和听到集团 S 事业部目前所面临的挑战时，就意识到这不是一个简单的事情。它的本质在于如何"由内而外"地带领组织做出巨大的改变，在向董事长汇报之后，产生了"创造高效能组织"这一项目。这符合企业大学使命："创新人才管理体系，构筑良性人才供应链，打造智慧型组织，以人为本立定公司百年基业根基"，使企业大学成为"商业领袖摇篮和商业智慧平台"。正是在理解层次中的"系统层次（愿景与雄心）"和"身份层次（使命与角色）"的指引下，我们开始了"创造高效能组织"这一项目。这对应了 6E 个体领导力模型中的"高瞻远瞩（Envision）"。

当我们将"创造高效能组织"这一项目规划分享给董事长、事业部的总经理、董事长助理、大学项目组成员时，获得他们高度一致的认可、大力支持与投入的承诺。在整个项目过程中，事业部的总经理全程参与学习并完成制订的行动计划，并且定期对项目进展进行回顾，及时制订具体的下一步计划。这对应了 6E 个体领导力模型中的"全情投入（Engage）"。

在项目实施过程中，我们遇到了一些困难和挑战，如从总部 A 城市到 S 城市两地来回跑的不便、项目实施过程中个别人员变动，最大的困难在于外在因素对项目组成员的干扰，如内部独立核算机制使得团队的沟通与协作均聚焦于"自身利益",并且由于很强的自我防御而无法在部门与部门之间开展深度协作,我们看到团队士气由此受到一定程度的影响。因此,我们与项目领导层进行多次沟通之后,共同推进了事业部管理层之间的沟通,通过裸心会、马斯洛需要层次研讨、乔哈里视窗研讨、点赞墙、播放正能量电影、新员工座谈会、学员带领各自工厂团队研讨等方式,让项目学员和整个组织士气得到进一步改善和提升。这对应了 6E 个体领导力模型中的"鼓舞士气(Encourage)"。

在项目实施过程中,我们还发现学员无论是在"打开自我防御""正确的自我认知""积极领导自我""高效领导团队",还是在"领导业绩突破"方面均存在一些思维、方法、工具方面要提升的地方。为此,我们实施了一系列针对性学习活动,从全局视角出发,共同推进学员在各个层次上的能力提升;通过引导技术和教练技术的应用,进一步帮助他们提升带领各自团队的能力。这对应了 6E 个体领导力模型中的"授人以渔(Enable)"。

从第一次团队层次的马斯洛需要研讨开始,我们就制订了具体的行动计划。通过研讨使管理层共同制定出每个层次的需求中最紧急的 3 个,共 15 个,据此进一步研讨出 45 个解决思路,并制订出具体的行动计划。在投票做出优先级安排之后,形成整个事业部级的项目及各个部门要实施的行动计划清单,并由总经办负责定期跟进每个项目的进展,定期向项目组汇报进展状况,项目组提供定期的辅导与帮助。特别是在"领导业绩突破"这个阶段,项目组带领整个管理层学习并应用"OGSM-PRE"方法论,经过多次研讨之后形成了事业部年度 OGSM-PRE 及各个部门 OGSM-PRE,细化到每个部门每周工作计划,并据此实施、跟踪与辅导。这对应了 6E 个体领导力模型中的"高效执行(Execute)"。

在项目实施过程前后,我们做了组织健康指数的调研,报告显示:"组织健康指数"上升了 34.5%、人均产能同比增长了 14.3552%(控制组为 2.81%)、库存周转率同比增长了 8.2145%(控制组为 0.13%)、净利润额目标进度同比提升了 17.99%。这对应了 6E 个体领导力模型中的"卓越成果

(Excellent result)"。

5. 改变自己：个体领导力发展的根本

在英国伦敦泰晤士河北岸的威斯敏斯特大教堂内竖立着许多名人的墓碑，然而有一块无名的墓碑让人们慕名而来，只因碑文上刻着：

"When I was young and free and my imagination had no limits, I dreamed of changing the world.

As I grew older and wiser, I discovered the world would not change, so I shortened my sights somewhat and decided to change only my country.

But it, too, seemed immovable, As I grew into my twilight years, in one last desperate attempt, I settled for changing only my family, those closest to me, but alas, they would have none of it.

And now, as I lie on my death bed, I suddenly realize: If I had only changed myself first, then by example I would have changed my family.

From their inspiration and encouragement, I would then have been able to better my country, and who knows, I may have even changed the world."

释义："当我年轻的时候，我的想象力从没有受到过限制，我梦想改变这个世界。当我长大以后，我发现我不能改变这个世界，我将目光缩短了些，决定只改变我的国家。当我进入老年后，我发现我不能改变我的国家，我的最后愿望仅仅是改变一下我的家庭。但是，这也不可能。

当我躺在床上，即将死亡时，我突然意识到：如果一开始我仅仅去改变我自己，然后作为一个榜样，我可能改变我的家庭；在家人的帮助和鼓励下，我可能为国家做一些事情。然后谁知道呢？我甚至可能改变这个世界。"

正如美国 NLP 大学对 NLP 的十二大假设中的第一个假设：一个人无法控制另一个人。我们无法改变别人，除非对方愿意改变。为了能让更多人全情投入到一个共同愿景、共同使命，我们需要充分发挥我们的领导力。然而，这是不是与 NLP 的基本假设相互冲突呢，该如何应对这样的挑战？

我们无法改变别人，但我们可以改变自己，至少首先我们可以改变我们对事情的看法。当我们改变了自己，使自己的领导力场不断扩大的时候，就在此过程无形中将更多人、事、物纳入到我们的领导力场里。当我们持续地扩大我们的领导力场，就会达到某一个突破临界点，使我们的领导力场上升到一个更高的层次。正如6岁的瑞恩的梦想得到了妈妈的支持，进而获得妈妈朋友的大力支持为瑞恩写了文章，进而有报社和电视台的支持和报道，获得了加拿大国家发展署的大力肯定与支持，使瑞恩"帮助乌干达地区小朋友打一口井"发展成为"让非洲的每一个人都喝上干净的水"。因此，我们可以看出，虽然我们无法改变别人，但是我们可以首先改变自己，通过创造伟大愿景和使命，让更多有识之士全情投入到共同的事业当中，这个过程就是我们的影响力持续提升的过程。

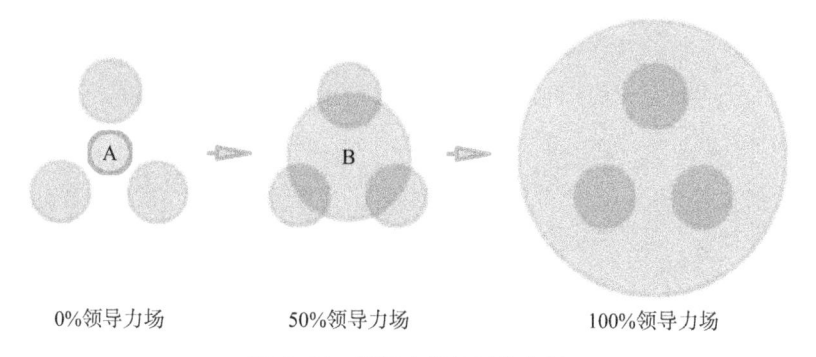

0%领导力场　　　　50%领导力场　　　　100%领导力场

图 6-11　领导力场的层次上升

正如古罗马著名的斯多葛派哲学家爱比克泰德在《沉思录》中所说："伤害我们的不是事情本身，而是我们对事情的看法。"每个人的思想都是自由的，即使我们的身体受到外界的约束，正如"每一个人的思想都是独立存在的个体，没有人可以束缚它，因为它是自由的"所述。当我们所处的外界出现了"问题"的时候，实际上，这只是我们自己的思想认识，因为外界没有对与不对，因此，"我"是一切问题的根源。

要改变他人，先改变自己，这是"高效能可持续发展个体领导力"发展的核心。

那么，如何改变自己？

改变自己从自我认知开始。只有正确的自我认知，才可能做出有效的自我改变。人没有实现自我改变有三个基本原因：一是缺乏自我认知，二是缺乏正确的自我认知，三是缺乏改变的动力。当一个人开始自我觉察，并且对自己有一个相对客观、全面、完整的自我认知的时候，才有改变的基础。

人们最终是否做出改变还在于他是否有改变的动力，而动力来源于理解层次中的"系统层次"，即"愿景和雄心"。如果人们拥有个人雄心，那么他就有自己的内在动力，雄心是关于"自己"的；如果人们拥有非常清晰的愿景，那么他就获得了最强大的能量来源，因为愿景是关于"他人"的，它回答的基本问题是："我能为家庭、国家、社会创造什么？"因此，要改变自己首先要有自我觉察的意识，同时要有相对客观、完整、全面的自我认知，并且拥有为家庭、国家和社会创造价值的愿景，这样我们便拥有了改变的无穷动力，可以帮助我们克服在追求愿景过程中遇到的各种困难和挑战。

拥有了"系统层次"的动力源泉，我们便会逐步清晰自己的"身份层次"中的"使命和角色"，知道自己要"坚持什么和避免什么"，清楚地知道什么是"重要的、有价值的、有意义的"，也就可以清晰地指导自己在"能力层次"要发展什么样的"能量和策略"，以便在"行为层次"清楚地知道自己要采取的"行动与回应"，这样，便知道自己可以如何高效地把握住"环境层次"的"机会"，同时认清"限制"，从而从当前的"现状"出发，高效地追求所想要的"成果"——这就是个人改变的整个过程。

埃里克森在人生八阶段理论中认为，人们在12—18岁的阶段处于"同一性与角色混乱"的冲突当中。一个青少年本能冲动的发展，与这个阶段逐步了解和融入社会的过程产生冲突，会使青少年感到困扰和混乱，此时，青少年需要建立起自己的形象和社会中他人对自己的形象评价的一致性，以及在这个集体当中所处的位置。如果处理好这一阶段的矛盾，则会获得同一性，并由此获得人生发展更大的动力；一旦在这一阶段没有处理好冲突，就会面临着角色混乱的危险，从而影响一个人的未来人生发展阶段，甚至被卡在这一阶段。

埃里克森认为："这种同一性的感觉也是一种不断增强的自信心，一种在过去经历中形成的内在持续性和同一感（心理上的自我）。如果这种自我感觉与一个人在他人心目中的感觉相称，很明显这将为一个人的生涯增添绚丽的色彩。"

也是在这个阶段，青少年开始思考自己的人生："我是一个什么样的人？我要成为一个什么样的人？"如果在这个阶段能够明晰自己人生未来的愿景和使命的初步设想，青少年就会更加清晰自己"要成为一个什么样的人"，也就有了一个可以评价自己"目前是一个什么样的人"的基本标尺，他就可能获得更多的同一性的认知，激发内在动力，并可能获得更多的社会力量的支持。正如瑞恩一样，他在6岁时为了"帮助乌干达地区的小朋友打一口井"而努力，而在几年之后他成立基金会，"让非洲的每一个人都喝上干净的水"成了他的使命，也使得瑞恩对自我认知和社会对瑞恩的认知达到了高度一致，进一步激发了瑞恩追求这一使命的内在动力，也感召更多人一起加入到追求共同愿景和使命的过程中。

当我们在需要、动机、信念、价值观、思维与行为准则方面达到高度的内在一致时，我们的身心就会达到平衡状态，并且以此为基准来指导我们面对外部世界的千变万化。在此过程中，这样的平衡状态可能会产生波动，此时，需要我们及时做好自我觉察，觉察自己和他人的正向意图、松动固化的限制性信念、扩大价值观、以批判性思维和创新思维、灵活弹性的行为准则来面对外界的变化，从而让自己重新回到身心平衡的状态。

第七章

团队关系平衡：自然涌动

团队存在的根本理由是要做个体做不了的事情。在实现身心平衡时，个体能更好地与他人建立关系，这也是团队关系平衡的基础。同时，个体是一个能量整体，每天通过不同的方式输入能量，也在生活和工作的活动中消耗能量。人类能量产生和消耗过程的重要特点是同时发生。当我们做自己喜欢的事时，在别人看来很辛苦，但实际上我们很愉悦，享受其中的乐趣，因为在这个过程中，既是身体能量消耗的过程，也是心理能量补给的过程。

团队也是一个能量整体。团队的能量实现自然涌动，就是团队里的个体实现身心平衡而呈现出来的状态，这也是发挥个体的天赋优势而呈现出来的自然状态。既然团队是一个能量整体，那么，如果我们把团队当作一个人来看待的话，团队也应该具有一个个体所具有的心理过程。

团队的需要导致团队动机的产生，团队开始通过感觉、知觉收集内外部数据和信息；基于团队记忆、团队表象，形成相应的概念、判断和推理，也就是团队思维的过程；基于团队思维过程，团队开始通过想象的方式对信息和判断的结论进行重组，并且在此过程中形成了共同的团队语言。这是团队意识形成的过程，其中，从团队感觉到团队语言的环节就是团队认知的过程。团队作为一个整体同样具有个体的情感、意志及心理特性。团队的心理特性包含团队风格与团队能力。基于团队意识和潜意识，共同指导着团队行为的产生，通过一系列的团队行为产生团队所想要的成果。

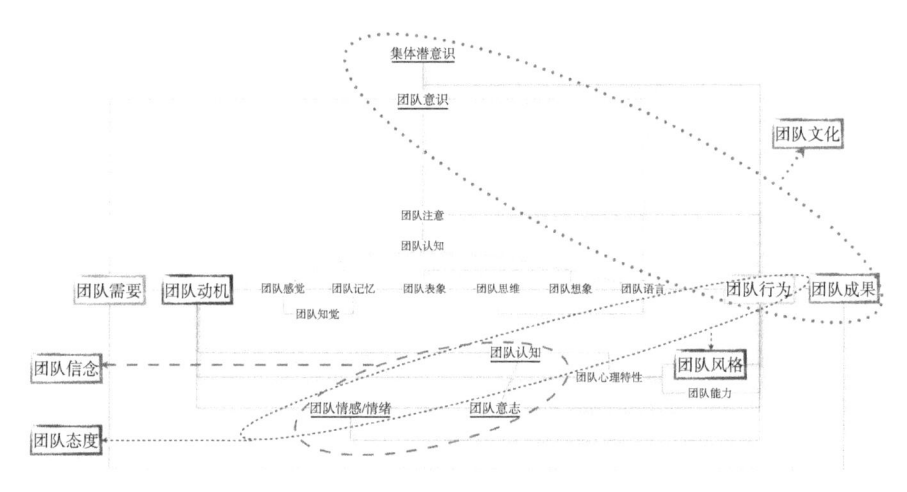

图 7-1 团队的心理过程

在团队心理过程中，团队信念、团队态度、团队风格和团队文化逐步形成。团队信念包含团队认知、团队情感／情绪及团队意志三个成分。团队态度包含团队认知、团队情感／情绪及团队行为倾向三个成分。团队风格包含团队认知、团队情感与团队行为特征模式三个成分。团队文化包含与团队行为和团队成果有关的有形成分、团队价值观等意识层面及集体潜意识的无形成分，其中集体潜意识主要指的是集体共同的无意识假设成分。

可以看到，团队内部纷繁复杂的思想、行为均是这些团素之间相互作用的结果。要创造一支高能量组织，我们需要充分看到团队需要、团队动机、团队信念、团队态度、团队人格、团队行为、团队成果及团队文化的动态变化，并从中分析和抓住变化的本质和规律，以指导团队在发展过程中灵活、弹性、有创意的自适应调整。

团队动机：信任与和谐

团队需要和团队动机对整个团队的能量起到决定性的作用。团队内部信任的基础在于建立个体在团队内的安全感，团队安全感的建立可以帮助建立团队边界和相互之间的包容。这里涉及团队需要结构及团队动机结构，并且团队需要对团队动机具有决定性作用。

同样，当我们把一个团队当作一个人的时候，团队需要符合马斯洛需要层次理论，即团队需要包含五个方面：生存需要、安全需要、社交需要、尊重需要和自我实现需要。在 S 事业部"创造高效能组织"项目中，针对 25 位管理层人员的调查结果显示：在事业部的管理层当中，个体的需要偏重于社交、尊重和自我实现需要，而他们认为各自所在团队的需要则偏重于生存、尊重和社交需要。管理者的基本需求得到满足，而他们所代表的团队里有许多基层人员则还在为基础的生存需求而努力。但无论如何，从表 7-1 中可以看出，尊重是个人和团队都认为首要的需要。

表 7-1　S 事业部需求调查结果

需要	个体需要 人数	个体需要 占比	团队需要 人数	团队需要 占比
自我实现需要	4	16.0%	1	4.0%
尊重需要	5	20.0%	5	20.0%
社交需要	14	56.0%	10	40.0%
安全需要	1	4.0%	4	16.0%
生存需要	1	4.0%	5	20.0%
小计	25	100.0%	25	100.0%

与个体需要相同的是团队首先要满足生存和安全的需要，满足了这两

个需要之后，团队才有可能朝着更高能量的方向发展。因此，建立团队内部的安全感便是首要任务。

影响团队安全感的因素大体可以归纳为以下几个方面：

I. 团队在整个价值链上的重要性；

II. 团队所做出的历史业绩及未来预期；

III. 团队领导者的风格；

IV. 公司文化导向。

如果以上几个方面状态均良好，那么团队的基本安全感便有了重要基础。

在团队安全感的基础上，团队成员要朝着共同方向和目标前进，团队成员之间的关系便成为影响整个团队运作效率的关键因素。相互信任与关系和谐是一个团队可持续发展的基础。因此，建立相互信任与关系和谐便成为一个高效能团队发展的基本出发点，即驱动着团队不断前进的基本内驱力——团队动机。

心理学家斯坦纳的研究表明，一支团队的人数应尽量保持在较小规模，根据实证研究表明5—7人的团队能展现出最佳效果。团队内部的关系数量为N的组合，即等于N×（N-1）/2，一个5—7人的团队内部的沟通关系已经达到10—21个。如果团队人数超过7人，很容易形成对立的两派观点，如果少于5人，团队内部的观点多样性易受到影响，不容易充分发挥集体智慧的作用。

那么，在一个5—7人的团队里，什么样的团队动机结构可以使团队运作效率最高效？我们知道动机包括三个方面：成就动机、权力动机和亲和动机。根据哈佛大学心理学教授麦克里兰的定义：成就动机的核心是"与一种价值标准发生碰撞"。库尔特·勒温将权力定义为行为主体乙能对行为主体甲实施的最大力量比行为主体甲能够投入的最大反抗之商数。心理学家马克斯·韦伯认为："权力意味着一个人在一种社会关系中把握一切机会，坚守自己的意愿，无论自己的意愿是否遭到另一个人的反对，也无论他把握的这个机会是在什么基础上建立起来的。"亲和动机指的是与他人建立并维护紧密伙伴关系的需求。

在个体动机部分，我们讨论了成就动机，这是自己与自己的内在关系，而权力动机和亲和动机是自己与他人之间的关系。根据孙晓敏在《群体动力》一书中的描述，麦克里兰将权力动机的理论与精神分析学派心理学家埃里克森提出的社会发展阶段理论进行结合，形成了权力动机的四个成熟阶段的分类。麦克里兰相信，这样能够清楚地辨认并描述出权力动机的不同成熟阶段。在每一个不同发展阶段里，个体都会追求一种在本质上不同的、能够帮助自己感受到权力的强大状态。权力来源可分为内在和外在，权力目标对象即接受权力的人，可以划分为自己、他人。这四个发展阶段并不是严格地与年龄发展一一对应，有可能年龄大的人处于较低发展阶段，而年龄小的人处于较高发展阶段。如表 7-2 所示。

表 7-2 权力动机的不同成熟阶段

权力对象	权力来源	
	外在	内在
自己	第一阶段： "那（母亲、上帝、领导……）使我强大。" • 口唇期发展阶段：感受支持 • 相关行为：权力取向的表达 • 典型职业：教徒、掌权人士的随从	第二阶段： "我自己使自己强大，自己控制和领导自己。" • 肛门期发展阶段：自主性、意愿 • 相关行为：收集引人尊敬的物品 • 典型职业：心理学家、收藏家
他人	第四阶段： "那（宗教、法律、集体……）帮助我为他人服务和/或对他人产生影响。" • 生殖期发展阶段：相互性、履行责任、原则取向 • 相关行为：成为各种不同组织的成员 • 典型职业：经理、科学家	第三阶段： "我对他人发挥影响/作用。" • 性器期发展阶段：自我表达 • 相关行为：竞技性体育运动、争吵 • 典型职业：辩护律师、政治家、记者、教师

第一阶段：从发展阶段看，属于社会发展理论的口唇期。权力来源于个体外在，可能是母亲、领导、上帝，外在的力量使自己感觉非常强大，施加

影响的对象是自己。权力的激励不仅包括在权力实施过程中对他人造成了影响，关键还在于这个过程中产生的关于强大、伟大、意义、重要性的心理感受。根据第一发展阶段特点，如果我们希望有更多的人来追随，我们需要做的是要让权力追随者们在追随过程中体验到那种权力带来的强大感受。第一阶段的核心是需要一个外在的权力来源使得个体感到强大的力量。

第二阶段：从发展阶段看，属于社会发展理论的肛门期。权力来源于个体内在，是内在的力量让个体获得了强大的力量，施加影响的对象是自己。个体通过收藏昂贵的收藏品和通过自身意志力实现对自己的控制，从而获得那种感受到强大力量的权力感。这是一种对自身的信任与自身力量的提高。第二阶段的核心是内在强大的力量来源。

第三阶段：从发展阶段看，属于社会发展理论的性器期。权力来源于个体内在，是内在的力量让个体获得了强大的力量，同时施加影响的对象是他人，即通过影响他人的行为而感受到自身的强大。这一阶段有两种完全不同的表现形式，一种是通过强有力的手段去影响和控制他人，以一种剥削性、支配性的手段来实施；另一种是高度亲社会的行为，即助人为乐，在帮助他人的过程中，让个体感受到自身强大的同时，还能让对方产生强烈的感恩和责任感，即助人为乐的行为以得到社会赞许、得到尊敬和荣誉的方式实现个体对他人的行为施加影响，并让自己感受到强大。麦克里兰把第三阶段再分成两个小阶段a和b。a阶段的特点是把生活当作一种你死我活的争斗，只考虑自己的利益，而不关注别人的感受，如果一位领导者是这样的做法，将使得追随者逐渐失去心理上的满足感，从而无法让他们处于高效的工作姿态中。b阶段的特点是不仅自己获得力量感受，同时让追随者感受到力量，通常这样的领导者会建立团队或组织的发展目标，并且明确地指出实现这个目标的发展路径图，这是一种双赢的做法，这样的领导者才可以长远发展。

第四阶段：从发展阶段看，属于社会发展理论的生殖期。权力来源于个体外在，施加影响的对象是他人。第四阶段只有与其他阶段相结合，使得个体感受到自身的强大，对他人产生影响才能被看作是权力动机的驱使。

从团队成员动机结构来看，每个人都有自己的主导动机，我们以"3，2，1"分别代表动机的"强、中、弱"程度。一般情况下，权力动机强的人亲和动机会相对弱一些。科克（Koch）的研究表明只有在权力动机表现较强的同时亲和动机表现较弱，才有利于成功领导。根据斯坦纳的研究，工作团队在互动过程中，会出现过程损失，一部分是协作损失，一部分是动机损失。强权力动机的人由于要通过权力去影响他人的行为而获得内在的强大力量感受，在此过程中，可能会导致团队其他成员的不满，从而影响相互之间的协作关系。但是，如果一个团队里没有一个强权力动机的领导者，也可能会导致工作效率和工作成果不理想。总体而言，我们需要觉察团队动机结构，并根据不同的工作任务而做适当的匹配和调整。

如表7-3中例子所示，该团队中成就动机主导的人数为5人，占71.43%，权力动机主导的人数为1人，占14.29%，亲和动机主导的人数为1人，占14.29%；中等权力动机的人数有3人，他们可以在强权力动机成员不在的情况下，主动担当起团队领导者的补位角色，带领团队前进；中等亲和动机的人数为2人，他们可以在强亲和动机成员不在的情况下，起到增强团队成员之间关系黏性的互补作用。而7人中有5人是强成就动机的人，将有利于团队取得卓越的成效。当然，强动机不代表着一定高效能，但高效能则需要有强权力动机和强成就动机。同时，我们还要看强权力动机在团队角色上是否能体现出来。

表7-3 某团队动机结构

动机结构	A	B	C	D	E	F	G	主导动机人数	主导动机比例
成就动机	3	3	1	3	3	3	1	5	71.43%
权力动机	2	1	3	2	2	1	1	1	14.29%
亲和动机	1	2	1	1	1	2	3	1	14.29%
小计	6	6	5	6	6	6	5	7	100.00%

科克（Koch）对15家企业进行10年的连续跟踪研究表明，强权力动机和强成就动机的领导者所领导的企业效益最好。当强成就动机的领导者不得不动用权力动机时，他们通常会使用专家权力即"理性说服"，而强权力动机的人则会更多地采用其他手段来达到目的。与此同时，我们还要看这样的权力动机属于哪一成熟阶段。如果属于第三阶段的a阶段，则会带有一种强迫性和冲动性的特点，只关心自己的影响力，而不关心整个团队的纪律和责任。如果属于第三阶段的b阶段和第四阶段，则这样的动机是受控制的，而且会使得团队成员感受到自身的力量，因此，这样的动机结构可以帮助组织获得可持续发展。

团队需要结构和团队动机结构的优化，最终的目的是建立团队内部的安全感，以及成员与成员之间的信任关系，因为信任关系是减少过程损失的关键要素，建立了信任关系，就有了建立一支有温度的团队的基础。

团队信念：发挥优势组合

1. 团队优势组合

①根据迈尔斯—布里格斯类型指标（MBTI）做团队优势组合。

目前部分领先型企业的领导力发展思路已经不再以个人能力补短为主，而是开始从一个整体视角来考虑如何发挥每个成员的优势。这样做的最重要的假设是团队成员通过内部优势组合，可以实现1+1>N（N大于2）的效果，也就是亚里士多德所说的"整体大于局部之和"。这是一个质的突破。

著名的心理学家荣格认为人格动力推动人格的发展，心灵的能量来源于人的身体和外界，而外界能量转化为心灵能量之后，心灵就掌握了应用的主导。荣格认为心灵能量是一种普遍的生命力。

经典物理学的能量守恒定律成立的假设是：在一个封闭的系统内。荣格借用能量守恒定律来解释心灵能量的转换，他认为心灵是一个相对封闭的系统或自给自足的能量系统，心灵能量是人格的动力来源，可以在心理结构各部分之间进行转换。人类的心理健康发展便是在心灵能量不断地充盈和退行中，使得内心世界得到动态平衡。

荣格把人的态度分为内倾和外倾两种，内倾的人的心灵能量来源于内在的理念，对事物的本质和规律感兴趣；当一个内倾的人在一个安静的环境里，做着自己喜欢做的事情时，通常情况下哪怕身体已经消耗了大量能量，但内心依然非常愉悦，因为他们的心灵能量特别充沛；也就是内倾的人在能量消耗的过程中，也在进行能量补充，因此，即使身累也不会感到心累。外倾的人的心灵能量来源于与外在的人、事、物建立链接，对社交感兴趣；当一个外倾的人与外界进行链接，并做着自己喜欢做的事情时，同样地，即使身累心也不会累。反过来，如果让一个内倾的人与外界进行大量的链接，或者让一个外倾的人每天静下来思考，都会导致他们在这个过程中，即使身不累心也会很累。我们知道身心为一大系统，其下有两个子系统，牵动其一，改变另一。当做着不喜欢的事情时，身累会导致心累，心累也会影响身累。

根据荣格的分类，在组织里，我们首先要做的是识别组织成员是内倾为主，还是外倾为主。同时，根据工作任务的性质进行匹配，让内倾的人从事需要较多思考的工作任务，而让外倾的人从事需要与外界交往的工作任务。

同时，荣格认为人们还可以从功能类型角度进行划分，即思维、情感、感觉和直觉。思维和情感是理性判断的过程，属于理性功能；而感觉和直觉是非理性的过程，属于非理性功能。

荣格把两种态度和四种机能类型组合起来，构成了八种心理类型。外倾思维型、内倾思维型、外倾情感型、内倾情感型、外倾感觉型、内倾感觉型、外倾直觉型、内倾直觉型。在荣格分类基础上，美国凯恩琳·布里

格斯和她的女儿伊莎贝尔·布里格斯·迈尔斯在增加一个维度之后,提出了迈尔斯—布里格斯类型指标(MBTI),共四个维度:

表 7-4　MBTI 的四个维度

维度	类型	英文缩写	类型	英文缩写
能量来源	外倾	E	内倾	I
信息收集	感觉	S	直觉	N
信息处理	思维	T	情感	F
决策风格	判断	J	理解	P

每个人在不同场景下,可能在同一维度的两个类型方向上会有不同的表现,就像一支刻度尺,中间刻度为0,当一个人在某一维度上偏向于某一边时,就表明他具有这种类型的偏好,如外倾,但并不表明其完全没有内倾的特征,而只是代表他在大多数情况下的总体倾向性。

同时,我们可以根据不同职业或岗位工作任务对人的四个维度要求的评估,确定适合该岗位的胜任人选画像,然后与每个候选人进行匹配,如表 7-5 所示。

表 7-5　工作任务与四个维度匹配

维度	类型	任务对类型的要求	类型	任务对类型的要求
能量来源	外倾	高/低	内倾	高/低
信息收集	感觉	高/低	直觉	高/低
信息处理	思维	高/低	情感	高/低
决策风格	判断	高/低	理解	高/低

完全匹配的情况虽然有,但在现实中由于人才供给需求和个人成长阶段不同,可能出现不完全匹配的情况,此时,我们可以从两个维度进行考虑:

首先，从个体角度看，评估四个维度的优先级。一个人的能量来源是他后续完成工作任务的基础，因此，能量来源的优先级设为高。这一点同样符合 MBTI 四个维度的认知过程顺序：能量来源、收集信息方式、处理信息习惯及做出决策的风格。根据四个维度的认知过程顺序，在能量来源方面进行匹配的影响度高于信息收集阶段，以此类推。

其次，从团队角度看，实施团队成员 MBTI 类型组合。总体上，在能量来源方面，销售管理岗位对外倾的要求较高，但并不表示只有外倾的人才能做好销售，而研发、财务、生产等岗位对内倾要求较高，同样也不表示只有内倾的人才能做研发、财务和生产岗位工作。在信息收集方面，品牌、研发对直觉要求较高，财务、生产对感觉要求较高。在信息处理方面，法务对思维要求较高，而人力资源、客户服务对情感要求较高。在决策风格方面，财务、生产对计划性的要求较高，而研发人员则相对随性一些。因此，我们可以根据不同工作任务实施团队成员类型组合，使得团队中每一个成员都可以发挥自己的优势，同时，使团队形成一个整体，完成共同目标。

②根据盖洛普优势理论做团队组合。

在马库斯·白金汉、唐纳德·克利夫顿所著《现在，发现你的优势》一书中，作者认为一个人的优势由才干、技能和知识组成。技能和知识可以通过后天的学习获得，而才干则更多是先天形成。在盖洛普优势理论中，才干实际上是一种偏好。被运用得好的才干叫作核心才干，运用不好的才干叫作劣势才干，中间部分叫作支持性才干。克利夫顿把 34 个才干分成四大类，分别为执行力领域、影响力领域、关系建立领域、战略思维领域。团队领导者需要根据团队成员在不同领域的 34 个才干分布，结合工作任务及不同的工作场景进行灵活组合。

将团队成员的前五大优势列在表中，便可以清晰地看出在四大领域里，目前团队优势的分布情况，如表 7-6 所示。

表 7-6 团队优势在四大领域的分布情况示例

姓名\优势	执行力（Executing）										影响力（Influencing）								关系建立（Relationship building）									战略思维（Strategic thinking）							
	成就	统筹	信仰	公平	审慎	纪律	专注	责任	排难	行动	统率	沟通	竞争	完美	自信	追求	取悦	适应	关联	伯乐	体谅	和谐	包容	个别	积极	交往	分析	回顾	前瞻	理念	收集	思维	学习	战略
B								*						*																*			*	
V	*									*				*														*						
K					*								*	*						*												*		
A	*															*						*		*										
S							*									*	*			*		*		*		*								
E																	*				*					*				*	*			
J									*									*									*							
M							*																										*	

该团队目前有 7 名成员，B 是团队的领导者，其在战略思维领域的才干比较突出，而在关系建立方面则属于劣势才干。目前该团队做的是专业力培养工作，根据总体工作任务特征，可以大致看出目前执行力类工作任务占比约为 60%，关系建立类工作任务占比约为 20%，影响力类工作任务占比约为 15%，战略思维类工作任务占比约为 5%。结合目前团队的实际情况来看，团队在关系建立领域的才干超出期望，而在执行力方面才干不足。因此，在团队还有 1 个编制的情况下，可以匹配招聘偏向于执行力领域才干突出的候选人；同时，充分利用关系建立的才干优势，更好地与项目中相关干系人建立良好的工作关系，获得更多的理解和支持，为整个团队在公司里营造更加良好的生存与发展空间。

B 将整个部门的工作任务分成项目和运营两大类，运营类任务要求标准化和持续性，可以交给具有成就和审慎才干的 A、具有专注和排难才干的 M 来主要负责，其他成员在需要支持时提供帮助；将不同优先级的项目根据其实施难度，按"难、中、易"分类，将优先级高并且较有挑战的项目交由具有战略思维和影响力优势的 V 来主要负责，将项目复杂度较高的项目交由具有思维、理念和收集才干的 E 来负责；与此同时，发挥年轻、有活力的 K、S、J 在关系建立方面的优势，让他们参与到相关项目中，并负责与相关干系人进行沟通，在公司里建立学习与发展团队的品牌形象。在实际工作中，还会有一些临时增加的工作任务，可根据不同成员的才干特点及工作量做灵活安排。

更多有关盖洛普优势理论可以参阅《现在，发现你的优势》《现在，发现你的职业优势》《盖洛普优势识别器 2.0》。

2. 团队角色匹配

剑桥产业培训研究部前主任梅雷迪思·贝尔宾博士认为：没有完美的个人，但有完美的团队。贝尔宾博士将团队角色定义为：个体在群体内的行为、贡献以及人际互动的倾向性。他认为一个结构合理的团队应该具备九种角色，如表 7-7 所示：

表7-7 结构合理的团队应当具备的九种角色

角色类型	典型特征	在团队中的作用
智多星 PL Plant	有个性、思想深刻、不拘一格	提出批评,并有助于引出相反意见
外交家 RI Resource Investigator	性格外向、开朗、热情、好奇心强、联系广泛、消息灵通,是信息的敏感者	提出建议,并引入外部信息,RI擅长整合外界新鲜信息,接触持有其他观点的个体或群体,参加磋商性质的活动
协调员 CO Coordinator	沉着、自信、有控制局面的能力	时刻想着团队大目标,明确团队目标和方向 选择需要决策的问题,并明确先后顺序 帮助确定团队角色分工、责任和工作界限 总结团队的感受和成就,综合团队建议
推进者 SH Shaper	思维敏捷、坦荡、主动探索	寻找和发现团队讨论中可能的方案 推动团队达成一致意见,并朝向决策行动
监督员 ME Monitor Evaluator	清醒、理智、谨慎	分析问题和情景 对繁杂材料予以简化,并澄清模糊不清的问题 对他人的判断和作用做出评价 ME靠着其强大的分析判断能力,敢于直言不讳地提出和坚持异议
凝聚者 TW Team Worker	擅长人际交往、温和、敏感,是人际关系的敏感者	给予他人支持和帮助 打破讨论中的沉默 采取行动扭转或克服团队分歧
实干家 CW Company Worker	保守、顺从、务实可靠	把谈话与建议转换为实际步骤 考虑什么是行得通的,什么是行不通的 整理建议,使之与已经取得一致意见的计划和已有的系统相配合 实干家是好的执行者,能够可靠地执行一个既定的计划
完美主义者 FI Completer Finisher	勤奋有序、认真、有紧迫感	强调任务目标要求和活动日程表 在方案中寻找并指出错误、遗漏和被忽视的内容 刺激其他人参加活动,并促使团队成员产生时间紧迫的感觉
专家 Specialist	诚实、从自我做起、专注、能在急需时带来知识和技能	在专业领域里提供深入的洞察与支持

在 S 事业部的"创造高效能组织"项目中，我们从以下多个组合来分析主要管理团队成员的角色组合有效性。S 事业部总共有 17 名主要管理团队成员，其中总经理为赵总；副总经理为刘总，分管人力、行政、财务等工作；技术总监有两位，一位是周总，一位是郭总，向总经理和副总经理汇报；厂长分别向两位技术总监汇报。从四位主要领导的角色分布来看，有三个特征显示出来，如图 7-2 所示：

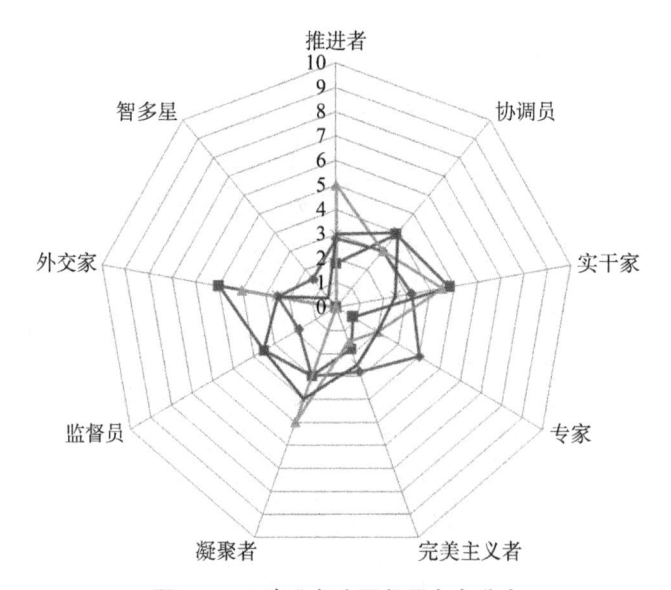

图 7-2　S 事业部主要领导角色分布

Ⅰ. 总体上九个角色都不突出。为此，我们需要进一步根据每位领导的潜力角色做个别沟通，让各自的潜力角色可以发挥出来，并形成互补。如赵总在专家方面具有较为突出的潜力，刘总在外交家、实干家、协调员角色方面具有一定的潜力，周总在协调员方面具有一定的潜力，郭总在推进者、凝聚者、实干家方面具有一定的发展潜力。

Ⅱ. 相互之间具有一定的互补性。为此，我们与四位领导进行沟通，分享各自的角色分布特点，并在高层协作方面达成共识。

Ⅲ. 在智多星方面，是所有人的共同不足。为此，我们建议四位主要领导适当授权，同时在管理机制上创造较为轻松开放的氛围，在 KPI 方面允许创新者具有一定的试错度，最终体现在整个组织的物耗率和内部客户投诉率要高于另一个事业部，在人均产能、库存周转率及净利润额方面取得优异成果。

其他 13 位管理者为各个厂的厂长和职能部门经理，其中部门经理向总经理和副总经理汇报。从总体上看，作为事业部的主要管理团队在九种角色上的分布不是很均匀。凝聚者、专家、监督员、协调员的得分在 7 分及以上，其中最高分为凝聚者 9 分，外交家、完美主义者得分为 6—7 分，智多星、推进者、实干家最高分为 5 分。如图 7-3 所示。

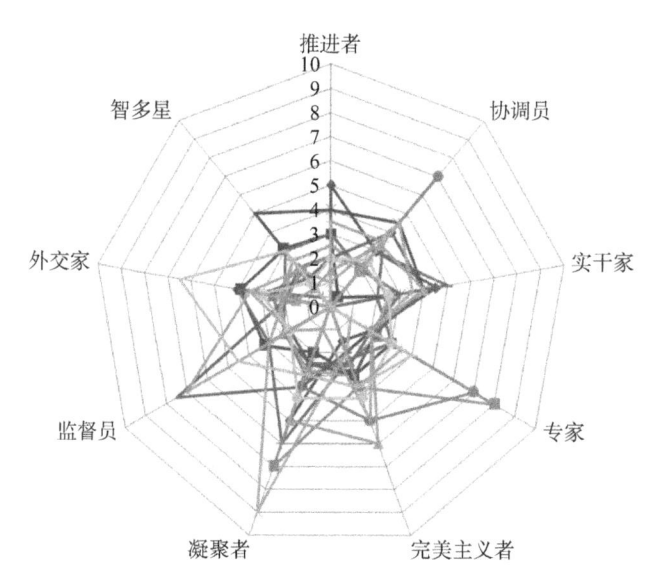

图 7-3　S 事业部其他管理者角色分布

因此，管理团队总体需要在智多星、推进者和实干家方面进一步提高分值。从市场情况看，目前市场对于产品需求更加多样化和个性化，要求事业部的响应速度更快、更加灵活地提供解决方案、更好地整合内外部的资源，以及更具有创新性地在产品研发和设计方面引领市场潮流。为此，我们针对学习项目分别做了相应设计：

I. 针对智多星角色：在前期马斯洛需求研讨产出的基础上，大家达成共识提出一个创新小组的行动学习计划，每个工厂选拔4—5位具有良好创新意识的员工，专注于新品的研发与设计。

II. 针对推进者角色：在有效制订年度经营计划中，根据OGSM-PRE模型，将年度目的、目标分解到每个部门、每个主管，确定各自工作的优先级，最后制定出详细的季度、月度和周计划表，由总经办负责每周、每月和每季度跟进。

III. 针对实干家角色：事业部的管理团队本身具有很强的实干精神，但实干家角色的得分不高。我们与总经理进行深入分析之后，发现问题的根源在于两个方面：一是计划出来之后在跨部门沟通协调方面存在问题，各部门之间内部独立核算，导致以小团队利益为核心，对整个事业部的集体利益的关注有所缺失；二是在整个事业部的大方向上比较模糊。为此，我们进一步通过内部研讨，帮助各个厂之间建立内部自由市场定价方式，只有在不能达成协议的情况下，才需要副总经理或总经理介入协调，从而解决厂与厂之间的利益分配问题。

团队价值观：望（Hope）

凡事包容，凡事相信，凡事盼望，凡事忍耐。

根据孙晓敏在《群体动力》一书中描述，哈佛大学心理学系教授贝尔斯认为，任何一个行为都发生在一个更大场域当中，任何一个行为都会对一个共同的场域产生作用力，同时也受到该场域的反作用力。贝尔斯认为场图（field diagram）可以反映出群体的三种基本特征：支配（Dominance）与服从（Submissiveness）、友好（Friendliness）与不友好（Unfriendliness）、接受权威（Acceptance of authority）和不接受权威（Non-acceptance of authority），这三个维度是相互独立的，每个组织成员在场图中的具体位置取决于该组织其他所有成员对该成员的评价。

支持贝尔斯场图背后的核心理论是：极化与统一理论。极化指的是人们倾向于把好的与不好的拉开更大的距离，也就形成了组织里的对立观点与冲突的来源；统一理论指的是人们倾向于把好的聚集在一起，同时也把不好的聚集在一起，也就形成了团队里的"小团队"的"非正式文化"，俗称"小圈子"。组织里的成员一旦形成圈子文化，就会不断地进行强化，从而形成群体极化和群体思维现象。然而，分裂与统一这对矛盾普遍存在于任何一个组织当中，只是程度大小有所差异，高效能组织是在两者之间取得一个动态的平衡。

群体极化指的是经过群体讨论之后，群体的风险决策偏向产生极端化的情况，也就是说，对于同一个问题，在风险决策时，要么越来越保守，要么越来越激进。如果最初的反应是风险寻求，那么群体成员讨论之后，将会偏向于更大的风险寻求；如果最初的反应是规避风险，那么群体成员讨论之后，将会偏向于更大的风险规避。群体极化就是群体讨论之后会放大原来的风险偏好。

群体思维指的是在一个内部凝聚力很强的群体内，群体成员为了规避与其他成员之间发生冲突而有意无意地忽视客观的事实，从而导致群体观点逐渐失去客观性与批判性，最终决策失去合理性。群体内部凝聚力与群体绩效之间并不是线性相关的，而是呈倒 U 形，当群体内部凝聚力不强时，绩效不强；当群体内部凝聚力越来越强，并超过一定界限之后，就会出现群体思维现象，从而影响最终绩效表现。

我们以一个实际例子来说明贝尔斯场图以及应用。这是一家集团公司里高层管理人员的实际例子，如图 7-4 所示。A 是一位被公认为富有影响力的人物，并且位于整个组织中的核心圈中的核心位置，B、C 和 D 是他的核心圈成员，但这三人属于执行人员，并没有很大的影响力，他们更倾向于接受来自 A 的指令，并贯彻执行。E、G、I 属于边缘圈，他们与 A、B、C、D 同属于一个参考圈；E、G 与 I 分别位于侧极线两端，他们虽然在边缘圈，但是很可能存在分裂的倾向，因此，要求 A 或 C 要起一定的协调作用；同时 I 属于摇摆区，E 倾向于中立偏不友好的态度；I 同时属于边缘圈和摇摆区，意味着 I 可能很纠结，其很可能受到来自对立圈的观点影响而走向对立，目前的态度尚好，但一旦被对立圈所影响，其态度可能发生重大改变。F、K、

J 具有友好的态度倾向,但 F 与 K、J 对待权威的态度存在较大的区别;同时,由于 F、K、J 存在于侧极线的一边,他们与 O、L 可能在某些观点上存在着对立,有潜在冲突的可能性。O 是一位有影响力的人物,甚至 O 的影响力超过了核心圈中的 A,但他倾向于接受权威,因此,O 与 A 之间在表面上能保持和谐的关系,但 O 的内心很可能想要获得更大的权力或施展更大的影响力。在所有成员当中,L 的态度最不友好,但 L 和 J 处于平衡线上,也就是说他们两个人很可能成为协调人,但 L 和 J 的观点存在着严重的分裂,同时由于 J 的态度友好,而 L 的态度不友好,最后很有可能 J 会被大家接受,L 会成为替罪羊,因此,L 也很可能受到其他成员的排挤而使其离开团队倾向增大。J、M、N 属于明显地拒绝权威的成员,同时,M、N 属于对立圈成员,与核心圈存在着很大的冲突可能性,但由于他们的力量单薄,如果长期处于对立状态,在组织里可能会受到排挤而使其选择离开的倾向增大。

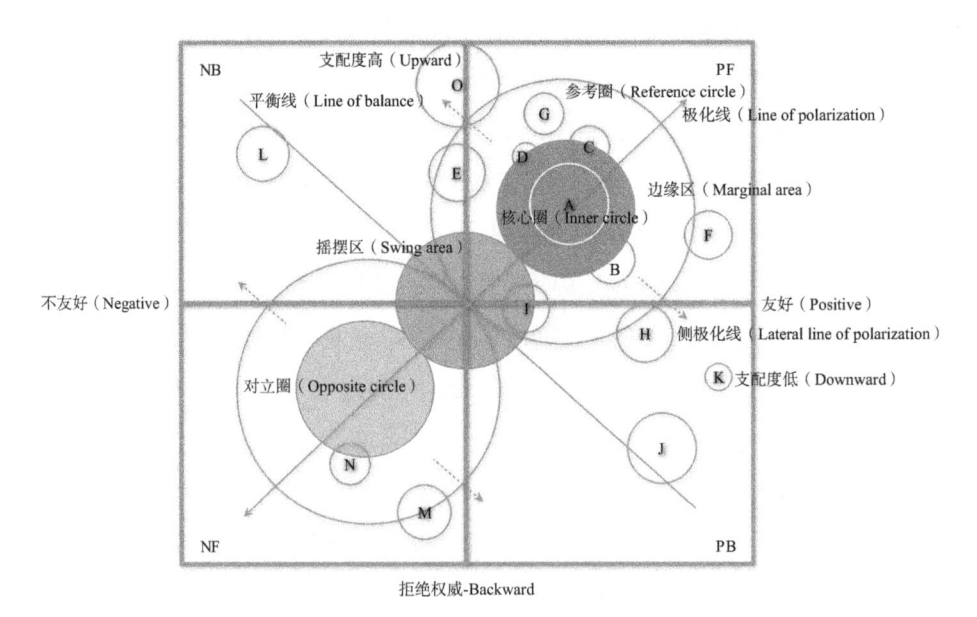

图 7-4 某集团公司高管贝尔斯场图

那么,面对这样的挑战,作为整体团队领导者的 A 该如何面对并采取有效的干预措施呢?首先 A 可以召集核心圈成员 B、C、D,使他们在方向与信

第七章 团队关系平衡：自然涌动

念、价值观方面进一步统一；因为 C 更接近极化线，可以更好地平衡两边的观点，由 C 出面与 G、E 沟通，让他们往核心圈靠拢；O 类型的人，一般具有专业能力，而且在所在领域非常权威，甚至超过了 A 的影响力，因此，A 要表达出对 O 的专业权威的认可与尊重，由 A 直接与 O 进行沟通，邀请 O 逐渐向参考圈靠拢；B 与 F、H 处于侧极化线的另一侧，具有相同的观点倾向，因此，邀请 B 与 F、H 沟通，将 F、H 往核心圈靠拢；由于 F 的态度是最友好的，最容易被团队成员所接受，因此，邀请 F 与同样具有友好态度，但影响力一般的 K 沟通，将 K 往第一象限拉近；同时，J 的态度也很友好，但 J 的能力较为一般，由 C 来帮助 J，使得 J 可以逐步往第一象限靠拢；对于 M 和 N，如果他们的能力很一般，且长期处于对立状态，M、N 很可能选择自行离开，组织也可能会考虑让他们离开，但由于他们的影响力在可控范围内，也不排除为了使团队成员保持清醒，而选择保留一定的对立观点；L 具有一定的能力，但其态度一直不友好，可以考虑让 L 做他自己所擅长的对组织有价值的事情。经过一段时间的调整之后，组织的贝尔斯场图发生位移，如图 7-5 所示。

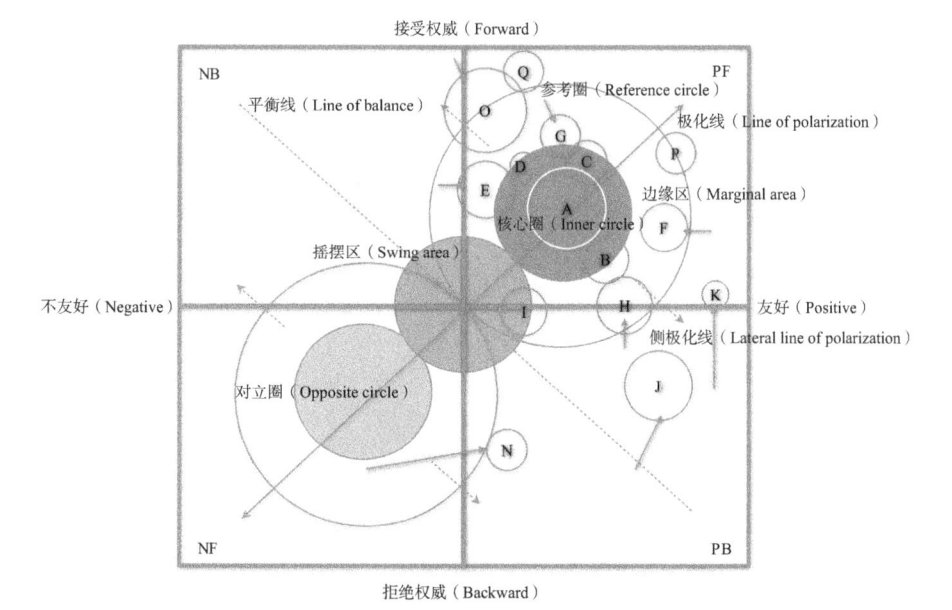

图 7-5 某集团公司高管贝尔斯场图位移

我们看到 G、E、F、H、O 分别进入参考圈，甚至 E 已经靠近核心圈；K 和 J 分别往第一象限的参考圈靠拢，这是一个非常好的现象；而 N 也由不友好的态度转为偏向于友好的态度，从而更容易得到团队成员的接纳；M 由于能力和态度都存在问题，而被组织开除，L 选择辞职；新招聘了 P 和 Q 加入团队中。这样，经过 3 个月的调整之后，这支团队的凝聚力在进一步提升的同时，保持了一定的个性化，团队既具备完成任务的能力，又具有较好的氛围，从而使得整体团队的战斗力有较大幅度提升。

团队思维与行为准则

英国学者爱德华·德·博诺开发了平行思维模型：六顶思考帽。这是一个全面完整的思考问题的模型，可以帮助人们将注意力在同一时间点共同聚焦在某一个维度，使得人们在意识层面达成某种程度的一致，至少可以使信息得到共享，从而减少团队内部的潜在冲突。

六顶思考帽是一种平行思维模式，简单、实用、有效，能够最大限度地让大家都得到尊重和信任，有机会提出建设性的观点，从不同视角看待同一件事情，并发挥集体智慧的潜能。平行思维模式可以有效地避免垂直思维所带来的片面性和个人主观性，使得事情比较全面、客观、真实地展现在所有人面前。六顶思考帽包括六种不同颜色，分别代表着六个平行的思维视角：

- 白色思考帽

  代表中立与客观。关注客观的事实和数据。

- 绿色思考帽

  代表生机与活力。关注开发人们的想象空间，发挥人们的创造力。

- 黄色思考帽

  代表价值与肯定。表达积极、乐观、建设性的想法。

- 黑色思考帽

代表质疑与否定。表达具有逻辑性的批判、描述可能存在的风险与带来的负面影响。

- 红色思考帽

代表情感与直觉。表达人们的内心感受，做出直觉的判断。

- 蓝色思考帽

代表平静与协调。对整体流程进展的协调，负责做出汇总与会者的讨论成果。

第八章

组织场域平衡：浑然一体

组织是一个富有生命力的能量整体，所呈现出来的状态是浑然一体。

组织动机：整体大于局部之和

组织存在的根本理由是什么？完成个人和团队无法单独完成的工作任务。

1. 组织需求

组织需要和组织动机对整个组织的能量起到决定性的作用。组织内的信任基础是安全感。组织安全感可以帮助建立组织的边界。组织安全感属于组织需要中的基础需要，而组织需要对组织动机具有决定性作用。

当我们把一个组织看作一个人时，组织就具有五个层次的需要：组织生存需要、组织安全需要、组织社交需要、组织尊重需要和组织自我实现需要。生存需要和安全需要是组织的基本需要，而社交需要、尊重需要和自我实现需要则是组织的发展需要。企业是一个营利性组织，其存在的基本目的就是盈利，持续的盈利能满足企业的基本生存和安全需要。同时，每一个企业的存在都有更大的使命、愿景，是为员工和家庭、社区、国家、社会、人类可持续发展而存在，这构成了组织的发展需要。

2. 组织动机与洞察流

在某种程度上，一个组织的成功，是这个组织的洞察流结构化优势的成功。

组织要完成团队无法完成的任务，实现组织的共同愿景、共同使命和共同目标，这些构成了组织的高层次需要。然而多数组织处于追求生存需要的过程之中，各层次需要存在不平衡状态，这也构成了组织动机的基础。组织想要实现突破性成果，需要经过团队间的高效协作，共同完成独立团队无法完成的工作任务，以达到"1+1>N（N大于2）"，即整体大于局部之和的状态，这也同时成为最重要的组织动机。

组织动机与组织共同愿景、共同使命紧密联系在一起，这是一个组织存在的根本。要满足"整体大于局部之和"的组织动机，我们采取三个关键步骤："链接、整合、突破"。链接的是组织里爱的能量，整合的是集体智慧，突破的是限制性信念和获得突破性成果。

洞察人、事、物的本质和发展规律，并以此指引企业的各种决策，这是企业所需要的智慧。洞察流代表着一个企业的神经系统健康状况，它需要组织内部与外部之间进行充分的信息交互，由组织里的每个成员获取最新的市场信息，并将这些信息分享于组织各团队当中，使得每个组织成员可以获得对称的信息，并在此基础上，形成决策共识。洞察流来源于企业的内外部，其中最有效的洞察流来源之一是专家，专家在洞察的深度方面有着重要的积累。

企业组织里的信息分布往往是不对称的，个体和团队基于自己的心智模式做出决策，使得冲突普遍存在于组织当中。孙晓敏在《群体动力》一书中描述了两种信息共享方式，一种是隐藏文档范式，另一种是共享文档范式。每个团队成员根据获得的部分信息即可做出最终一致决策的范式，称为共享文档范式；只有当每个团队成员将所获得的信息进行充分的交互和共享之后才能做出一致决策的范式，称为隐藏文档范式。一个组织里的信息共享程度，直接影响着组织的各种决策质量及后续的执行效果，特别是对于方向性的决策。这也是参与机制之所以重要的根本原因。从本质上看，共同参与机制除了使组织成员获得尊重之后，还有使信息进行充分共享的作用。当一个知识进行共享的时候，我们不仅没有损失，反而每个人都获得了2个知识，越多人的知识进行共享，知识与知识产生链接的可能性越大，链接产生关联，关联产生创新，创新产生效果。

洞察流在组织中的流动遵循一定的规律，其运动轨迹包括四个环节的循环和质的升级过程。四个环节的循环：沉淀、分享、学习/应用、创新。如图8-1所示：

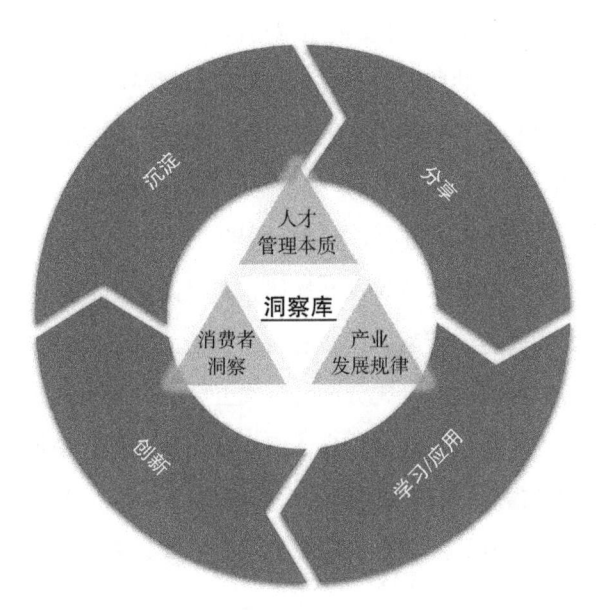

图8-1　洞察流在组织中的运动轨迹

①沉淀：

通过经验萃取将组织里专家的洞察进行沉淀和积累，并持续更新。

为更高效地管理企业洞察库，我们需要对所获得的内外部的资源做适当分类。

第一层：数据层，即未经加工的、反映事物原始状态的事实和数据；

第二层：信息层，即通过初步的统计、汇总的数据，觉察原始数据与数据之间的关联；

第三层：知识层，即进一步挖掘信息与信息之间的内在关联，并由此提炼出一定的观点；

第四层：洞察层，即在以上数据、信息、知识基础上，结合个人的经验与直觉，对事物的发展趋势做出前瞻性的判断，并以此来指导业务的开展；

第五层：智慧层，即透过数据、信息、知识、洞察，找到事物背后的本质和规律，将事物本质与人性本质进行紧密的关联，综合成为不可分割的一体化系统，大道至简，却能使人顿悟。

企业的洞察沉淀在不同的层次上都需要持续不断地积累。根据经验，支持企业组织可持续发展的各层级的洞察分布比例为：

第一层：数据层，大约50%。正确的数据来源是最终决策有效性的最重要保障。

第二层：信息层，大约28%。数据与数据之间、事实与事实之间的关联是形成知识的前提。通过统计方法，提示可能存在于事实与事实之间、数据与数据之间的相关关系与因果关系。通过个人总结经验、项目团队集体复盘，利用统计分析方法，可以发现大量的有价值信息。信息层包括内部信息和外部信息。

第三层：知识层，大约14%。

根据企业的生意发展需要，我们从影响面和深度将知识层分为三个层次：

决策层，所做出的是涉及范围广、影响深远的决定；

管理层，所做出的主要是涉及所在部门范围内的决策，以理解和贯彻决策层的意志为目标；

执行层，所做出的主要是涉及具体工作任务的决定，总体上看，其涉及面、影响度均较小。

从内容维度看，包括四大方面：企业文化、领导力、通用管理能力、专业力。

层次结合维度，共形成 12 个知识领域。每一个领域里，均有多个痛点、难点和突破点，以及重要的观点和知识，我们称之为二维知识网络。

同时，知识的载体形式，包括：当前最佳实践（Current Best Approach，CBA）、标准作业程序（Standard Operation Procedure，SOP）、最佳实践（Best Practice，BP）、专题研究报告（Research Report，RR）、运作机制（Operation Mechanism，OM）。

这样，就形成了第三大维度。五种主要知识载体与二维知识网络结合，共形成 60 个子知识结构，我们称之为三维知识网络。

从组织学习与发展的角度，我们可以加入年度主题维度，如：2020 年，"打基础"年；2021 年，"轻学习"年；2022 年，"深洞察"年；2023 年，"云人才"年；2024 年，"引创新"年……

这样，便形成了第四维知识结构，可以动态地持续更新和完善。

第四层：洞察层，大约 7%。在每个知识模块当中更深入地挖掘本质和规律。如：

"右手原则：人们倾向于按照右手原则在卖场里行走。"

"购买决策：一位母亲在做出购买儿童香皂时决策的关键影响因素，排名第一的是：杀菌。"

"安全感是创造高效能组织的基础。"

"零真理时刻指的是人们在做出品牌选择的时刻，第一真理时刻指的是人们在货架前或网页前做出购买决策的时刻，第二真理时刻是人们在体验产品和服务之后的时刻。移动互联网时代，宝洁进一步提出，1.5 真理时刻，指的是用户下单到打开包裹的时刻。"

"第一性原理是事物发展的本质，持续挖掘假设背后的假设。"

第五层：智慧层，大约 1%。以全局视角重新洞察人与事的本质，并且将人与事进行有机融合，共同构成一个不可分割的整体。如：

认知心理：爱比克泰德在《沉思录》中写道："伤害我们的不是事情本身，而是我们对事情的看法。"

系统思考："现在的问题来自于过去的解，未来的问题来自于现在的解，系统思考可以找到根本解。"

整体视角："整体大于局部之和。"

经营本质："以人成事，事在人为，经营企业就是经营人心。人心齐，泰山移。方向一致，上下齐心，以创造高效能组织。"

通过洞察净化器（Insight Purifier）将最有价值的知识、洞察和智慧过滤出来，结合业务实际发展需要，进行选择性应用。洞察净化器可以通过以下方式逐步建立起来：

实践检验：实践是检验真理的唯一标准。知识的应用往往是建立在某一个特定场景下，洞察往往结合某一个时间段，如我们研究消费群体从"70后"到"80后"，再到"90后"和"00后"，每个时代的消费群体有自己的特定时代背景，会打上深深的时代烙印。因此，知识和洞察均需要用实践来检验，根据实际发展需要选择适应的知识与洞察应用，并通过建立知识与知识之间的深层链接、洞察与洞察之间的深层链接，开展知识与洞察的创新。然后，通过复盘的方式，对知识和洞察进行全过程的扫描，并将经过实践检验的流程、方法论和工具包更新到洞察库当中。

专家检验：在组织内部和外部组建每个专题领域的专家库，邀请专家进行评估，根据需要可以选择背对背的评价排名、德尔菲法、现场评价法对相关的知识和洞察进行筛选和过滤。如Q品牌服装公司建立粉丝管理专家库，从全国90多位负责粉丝管理的经理级以上专业人员当中，以分公司推荐、专业考试、高管面试三层过滤网，筛选出20位专家，颁发聘书。然后，邀请这20位专家对粉丝管理的经验进行萃取，并筛选全国所有有关粉丝管理的当前最佳实践方法、最佳实践案例，进行多次专家研讨，形成《粉丝管理手册》，包括粉丝管理目的、目标、策略、衡量指标、制度、流程、方法与工具包、最佳实践案例。梳理出来后，再将这些资料印刷分享，并拍成视频课程放在移动学习平台上，以最快的速度传播到全国3000多家门店，以帮助全国2万多个门店着装顾问更好地服务几百万的粉丝用户。

对于条件成熟的组织，可以设立研究院，如 IBM 商业价值研究院、阿里研究院，依据企业的战略发展规划与企业文化，借助内外部专家成员，开展前瞻性的研究，并输入到洞察库。

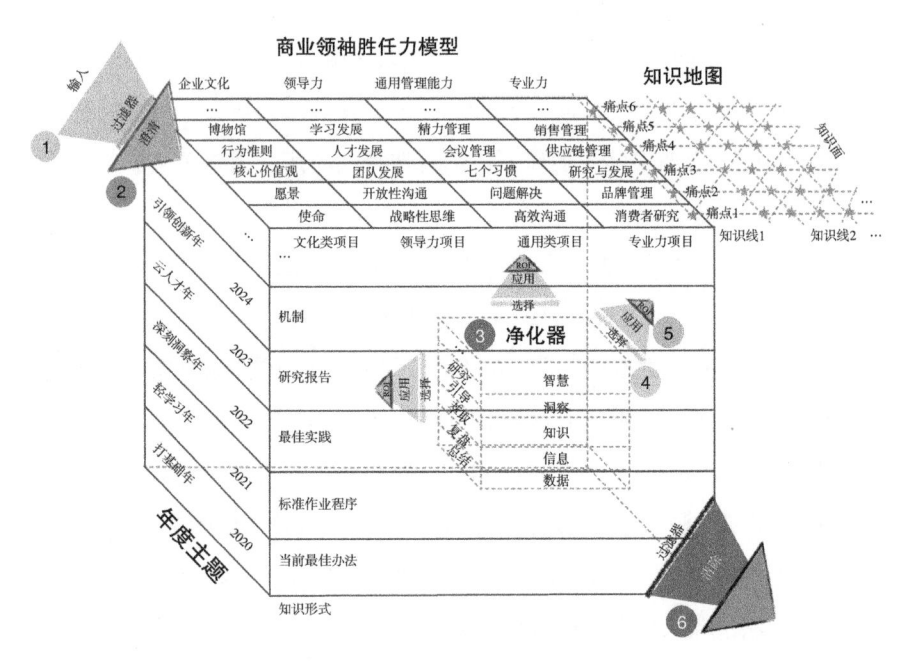

图 8-2 洞察净化器运用

②分享：

分析实际生意发展需要，匹配相应的知识和洞察，选择合适的方式，将相关领域成员召集一起共同开展分享与研讨。

如 Q 品牌服装企业实施的时尚买手发展项目中，邀请 Y 分公司将其在商品调拨方面的实践经验进行总结，通过移动学习平台进行全国范围分享，同时结合主题学习活动，进行商品调拨管理的现场研讨，制订行动计划；邀请 S 分公司将直营门店管理经验进行现场分享，并展开直营门店店效提升现场研讨，制订行动计划；邀请 C 分公司将终端团队管理经验进行现场分享，并展开门店如何激活终端团队的现场研讨，制订行动计划。将专家组梳理出来的《粉丝管理手册》通过移动学习平台的方式快速覆盖到全国零售终端各级人员，由各个专家组成员带领各分公司团队开展线下培训、研讨，并制订行动计划。

③学习 / 应用：

将洞察应用在具体的业务实践当中，在实践中检验洞察的有效性，从而帮助业务取得成果。如在 Q 品牌服装公司，我们发现开 2—3 家服装门店的加盟商的盈利能力最强，超过 3 家或只有 1 家的经营风险都比较高，原因在于该服装的目标消费群体定位与商圈覆盖的目标消费群体定位存在差异，因此，当一个门店的产品动销率比较低时，可以迅速地调配到另外一家门店，以确保商品的库存周转率和售罄率处于高水平状态，减少资金的占用，获得更多的利润。

在"创造高效能组织"项目中，我们洞察到真正影响一个组织效能的根本原因在于组织的安全感。因此，在项目设计中，我们深入研究如何为组织创造安全感的干预措施，并将创造组织安全感贯穿于整个项目的始终。

④创新：

如在个人学习与成长项目实施的过程中，A 带领团队成员，发挥集体智慧，通过多次内部研讨，确定了"创造高效能组织"的项目名称，并在此后经过多次修订升级成了全新的"Inside out organization leadership model（由内而外的组织领导力模型）"，将组织当成一个富有生命力的能量整体来看待，从全局视角系统思考组织可持续发展议题，提出了全新的"战略目标落地指数"与"组织健康指数"来衡量一个组织的高效能状态。该项目已经从一个事业部复制到另外两个事业部，并将持续深化实施。

在"创造高效能组织"项目中，结合过去领导力发展实践经验与第一阶段项目成果，从群体动力学的角度更进一步提出了以下深层次命题：如何让组织可持续发展，实现真正的高效能组织？我们洞察到要实现组织的可持续发展，需要做到两大方面——方向一致和上下齐心，并且匹配参与机制、项目机制、激励机制和创新机制，以动态平衡的方式向前发展。

当洞察流在组织里有效地流动时，我们就可以更好地发挥集体智慧的力量，最终实现整体大于局部之和的目的。

组织信念：持续生命力

正是顽强的生命力，让悬崖上的松树傲视风霜雨雪，茁壮成长。

如果把组织比作一个人，那么组织就是一个富有生命力的能量整体。人才就像是人体的细胞，细胞的活力决定了组织生命力，给细胞持续输入正能量，细胞的活力就会有保障，使人体具有良好的营养结构，并散发出生命的光彩。爱是富有生命的能量源泉。

1. 人才供应链是组织生命线——BTLA 模型

可持续的人才供应链构成组织的生命线，就像组织的血液。组织的可持续发展需要有一个良性的人才供应链作为基础，其中领导人才与专业人才的发展起到了核心的支撑作用。在组织核心人才发展过程中，会遇到三个最大的挑战：

I. 需要明确地识别出业务模块的隐性发展需求，即到底为生意发展提供什么价值。

II. 需要从逻辑上回答人才发展与生意发展之间的关系，即人才发展到底有没有效果。

III. 需要清晰而量化地呈现人才发展过程的事实和数据支持，即怎么证明人才发展真正有效。

那么，组织应该如何首先从逻辑上回答这三个挑战呢？我们用四条线从逻辑上解决这三个核心问题：

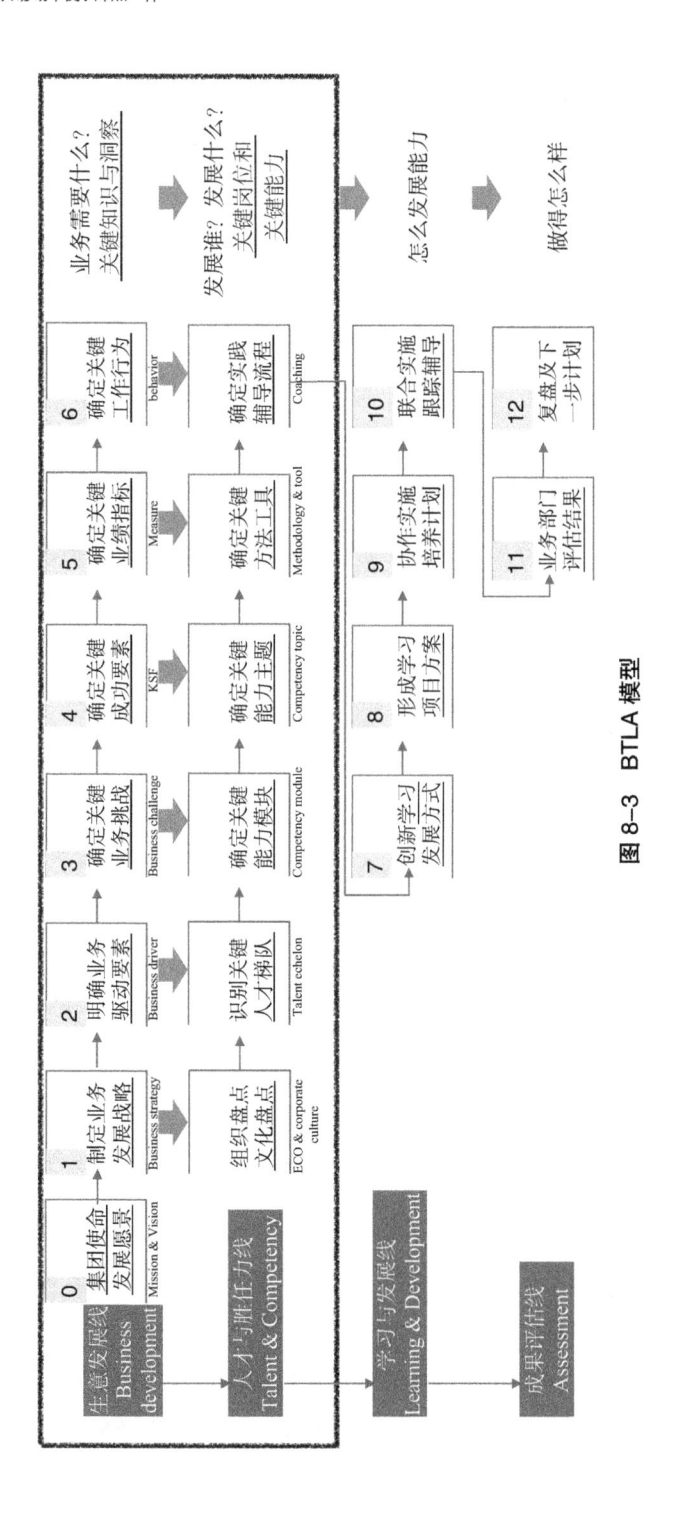

第八章 组织场域平衡：浑然一体   219

图 8-3 BTLA模型

I. 生意发展线（Business development line）。生意发展线要回答的具体问题是：业务到底需要什么？为生意发展提供什么价值？即支持生意发展的组织关键知识与洞察。

通常业务部门会直接提出其具体的人才发展需求：能不能帮我们做一些管理培训？能不能帮我们做一些心态类的培训？能不能帮我们做一些销售技巧培训？也有业务部门领导提出更深入一些的需求：我们现在业绩压力很大，能不能做一些培训来提升业绩？我们的终端单店产出水平达不到要求，能不能帮我们做一些提升终端表现的培训？然而，由于多数职能线条的人在业务背景方面不够深厚，导致他们在面对业务领导提出以上类似需求时，难以更深入地挖掘背后的隐性需求。这意味着，业务领导提出来的很可能是一个非常模糊和笼统的需求，而我们要帮助业务模块的领导识别其真实的隐性需求，既要保证能让业务部门领导清楚我们提供解决方案的严谨逻辑，又要让整体的解决方案符合业务发展需要。既要高大上，又要接地气；既要照顾短期发展需要，也要符合长远发展目的。

为了确保所提供的方案符合公司长远发展方向，我们需要从集团共同愿景、共同使命和共同目标出发，与业务部门领导一同来探讨生意发展策略，明确生意驱动要素、关键生意发展挑战、关键成功要素，并在此基础上进一步确定关键业绩结果指标和过程指标，最后确定什么样的关键工作行为可以有效地支撑业绩关键过程指标和关键结果指标。从左往右是一个逐步拆解的过程，当整个生意发展路径根据这个逻辑画出来时，会像一棵根系特别发达的大树。

之所以在制定和明确生意发展策略之后只抓住"关键"部分，是因为考虑到企业资源有限性、外界不确定性和多变性，要抓住主要矛盾，并确保解决主要矛盾之后能够使上一个环节的目标实现。如对关键业务驱动要素的提升会有效地支撑生意发展策略，解决了关键生意发展挑战能有效地支持关键业务驱动要素，增强关键业务成功要素能有效地帮助解决关键业务发展挑战，明确关键业绩过程指标和结果指标能有效地帮助关键业务成功要素落地，而一系列关键工作行为能有效地支撑关键业绩过程指标和关键结果指标。

环环相扣，每个环节集中优势资源只解决最关键的部分，并且确保解决之后能有效地支持上一个层级的关键目标。如在购物体验中，涉及四大业务驱动要素，分别是：

（Ⅰ）品牌体验。要回答的关键挑战是"如何让顾客在产生需求时第一个想到你"，对应的关键成功要素是"占领顾客心智，即影响顾客零真理时刻（The zero moment of truth）"，关键业绩指标是"顾客第一提及率"，关键行为是"实施关键触点（Touch point）计划"。

（Ⅱ）环境体验。要回答的关键挑战是"如何让顾客最方便找到你"，对应的关键成功要素是"占领最优货架（含线上线下）"，关键业绩指标是"货架占有率"，关键行为是"抢占最优货架位置和最大面积"。

（Ⅲ）产品体验。要回答的关键挑战是"如何让顾客做出购买你的品牌的决策"，对应的关键成功要素是"影响顾客第一真理时刻（The first moment of truth）"，关键业绩指标是"顾客购买率"，关键行为是"实施顾客购买决策的店内表现管理八大要素：分销、位置、陈列、库存、价格、助销、促销、促销员"。在移动互联网时代，进一步增加"下单到收货体验"：要回答的关键挑战是"如何让顾客在打开包裹的一瞬间超出顾客的期望"，对应的关键成功要素是"影响顾客1.5真理时刻（The 1.5 moment of truth）"，关键业绩指标是"超出顾客期望率"，关键行为是"实施一系列物流及开箱体验计划"。

（Ⅳ）服务体验。要回答的关键挑战是"如何让顾客在用了产品或服务之后说你好"，对应的关键成功要素是"影响顾客第二真理时刻（The second moment of truth）"，关键业绩指标是"顾客推荐率与复购率"，关键行为是"实施影响顾客推荐率和复购率的系列行动"。

图 8-4 购物体验的四大业务驱动要素

II. 人才与胜任力线（Talent and competency line）。人才与胜任力线回答的具体问题是：应该将有限的资源用来发展哪些人才？发展人才的哪些能力能有效地支持生意发展需求？也就是确定关键岗位和关键能力。

业务领导在考虑第一个问题时，需要从更深入的角度来思考达成业务成果需要哪些关键业务流程的协作，并以此为核心来确定关键岗位。这和埃隆·马斯克对第一性原理的应用性解释是一样的。构成一件事情最本质的是什么？比如汽车的本质是让人们能以最便捷、舒服的方式到达目的地，驾驶汽车本身并不是汽车存在的本质，因此有了无人驾驶的汽车。同样，在确定关键岗位时，我们以达成业务成果为核心来确定核心人才。如要提升终端单店业绩，我们确定的关键岗位是零售经理、市场经理、商品经理、运营经理这四个关键角色，并把这些关键岗位上的人才重新定义为"核心零售人才"，因此，核心零售人才发展项目将以这四个关键岗位人才作为发展对象来设计学习与发展项目。

在此基础上，我们需要进一步根据组织盘点和文化盘点的结果，来确定关键人才梯队、关键能力、关键能力主题、关键方法与工具、关键实践辅导流程。同样的道理，结合资源有限性及集中资源投放原则，在每一个环节，我们要识别出关键要素。关键人才梯队的成熟能有效地支持组织发展和文化发展的需要，关键能力模块的发展能有效地支持关键人才梯队的培养与发展需要，关键能力主题的发展能有效地支持关键能力模块的掌握，关键方法与工具的学习与实践应用能有效地支持关键能力主题得到有效掌握，最后实践辅导流程的落地实施能有效地支持关键方法工具的学习与实践应用。

做到这一步，仍然无法回答这个问题：人才发展与生意发展之间的关系如何，人才发展到底有没有效果？显然，生意发展线和人才与胜任力线之间需要有密切的关联。因此，在进行人才与胜任力线设计时，必须同时考虑生意发展线的需要，并且要将每一个过程进行一一匹配：生意发展战略指导了组织盘点与文化盘点，业务驱动要素决定了关键人才梯队即关键岗位，关键业务挑战决定了关键能力模块，关键成功要素决定了关键能力主题，关键业绩过程指标和结果指标决定了关键方法与工具的选择与应用，关键工作行为决定了实践辅导流程及辅导方式。这样，通过生意发展线和人才与胜任力线横向拆解，以及一一对应的纵向拆解，确保关键岗位及关键能力能够直接支持业务的关键业绩过程指标和关键业绩结果指标，并确定关键工作行为与实践辅导流程，确保学以致用、用以致学。这样，我们就可以非常明确每个关键岗位的员工所实施的每一个关键工作行为为集团的使命与愿景提供了什么样的价值，通过对应的人才与胜任力线，我们明确了通过什么样的努力可以更好地促进集团实现共同愿景、共同使命和共同目标。

III. 学习与发展线（Learning and development line）。学习与发展线要回答的问题是：如何更有效地开展人才的学习与发展，在最短时间内为业务发展提供有效支持？

人才的学习与发展既要符合成人学习与成长的规律，又要能够满足企业生意发展的需要，因此，在设计整个学习与发展项目时，要综合体现这两大方面。

大卫·库伯提出了学习圈理论。单环学习指的是从置于某种情境中开始，人们获得具体经验，反思在具体经验中自己的思维与行为，形成属于自己对事物本身的理解和概念，并将这样的理解和概念再次应用于实践当中检验的过程，如图8-5所示。

图 8-5　单环学习

双环学习指的是在多次单环学习的基础上，人们从更深层次角度思考自己的思维过程、信念与价值观、动机与需要，从而改变动机、信念、假设、价值观和态度，在此基础上进一步改变行为过程，最终获得新的成果，如图8-6所示。

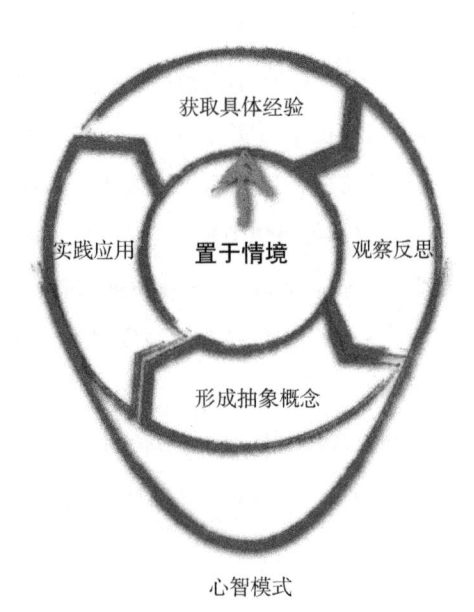

心智模式

图 8-6　双环学习

根据大卫·库伯的学习圈理论，结合业务发展需求，我们需要进一步制定人才学习与发展的项目逻辑。以Q品牌服装公司的零售特种部队培养为例。

（Ⅰ）明确项目目的：建立一支思想坚定、军事过硬、能征善战的零售特种部队。

（Ⅱ）确定项目目标：特种部队数量和特种部队质量。

（Ⅲ）制定对应策略：包括严格筛选、严酷训练、严谨评估三大策略，并进行细化分解。

（Ⅳ）形成对应指标：根据每个策略形成具体对应的关键过程指标。

如表8-1所示。

表8-1 零售特种部队培养OGSM

目的	目标	策略	策略分解	衡量指标
建立一支思想坚定、军事过硬、能征善战的特种部队	特种部队数量 特种部队质量	严格筛选	提高门槛	年度绩效A及以上或目标完成率100%及以上
				从一线做起，当过3年及以上店长，所在商圈地位第一或第二
				具备优秀的客、货、场、人管理能力（90分以上）
			精准测评	个性匹配度（90分以上）
				潜力匹配度（90分以上）
			群体决策	80%以上高管审核通过
			循环选拔	每年2期分区域循环选拔
		严酷训练	贴近实战	建立N个分区实战模拟训练中心
			以赛代训	3个阶段任务实施，任务成果90分以上
			严格考核	100%通过所有训练要求
			知识沉淀	每人提供1个完整的合格的商圈成功运作案例
		严谨评估	多维评估	形成完整的、动态的人才画像比例100%
			汇报答辩	成果汇报以小组答辩形式，成绩须90分以上
			分段审视	召开N次人才培养与发展审视会议
			定比淘汰	每次汇报10%淘汰率

在制定整体项目逻辑之后，需要进一步确定学习与发展内容体系，并且要在经验学习圈的指导下，在学习前、中、后保持一脉相承，不断加深思考深度，逐步引导学员透过现象看到本质。如表8-2所示。

表 8-2 零售特种部队学习与发展内容体系

项目目标	占据同行业特种兵人才的 N%，成为第一品牌的商圈数量占全国 ABC 类商圈的 50% 以上													
培训目的	市场导向	CI-SPECIAL 训练			实战基础知识技能训练			分享主题	阶段产出	对象	人数	时间	天数	讲师	预算
		业务逻辑	主题	内容	工具	学习方式	模块	主题	学习方式							
培养一支"CI-SPECIAL"零售特种部队，以终端消费者/购物者需求角度出发，基于线下门店，快速复制	一切从消费者/购物者需求角度出发，基于线下终端业绩提升	什么是品牌？应如何经营品牌？		品牌定义			货场	产品知识	自学、考试、培训							
		如何分析所在商圈现状？思考：如何使 A 成为商圈第一品牌？	品牌管理与品牌策略	品牌框架	品牌三角模型	案例教学、最佳实践分享、研讨、行动实践、结果评估		时商搭配	实操、培训、考试、PK、执行评估	3个最佳盈利模式分享	N 份"成为商圈品类第一品牌"经营策略	优秀店长+潜力教练	N+7	Pending	Pending	Pending	Pending
				品牌定位				数据化陈列	实操、培训、考试、PK、执行评估							
				品牌案例				进销存管理	自学、评估							
		如何进行商圈竞争分析并制定竞争策略？思考：如何进行差异化竞争？	商圈品牌差异化竞争分析	竞争的本质（消费者心智）	SWOT	案例教学、最佳实践分享、研讨、行动实践、结果评估		竞品分析	实操、考试、PK		N 份商圈差异化竞争策略与计划	优秀店长+潜力教练	N+7	Pending	Pending	Pending
				竞争策略制定				店内运营标准	实操、带教、MSP							
		什么样的经营理念？思考：如何保证业绩稳定增长？	商圈经营策略分析与应用	经营理念	—	培训、最佳实践分享、行动实践、结果评估		固定资产管理	自学、考试、执行评估		N 份门店业绩分解与极限进计划	优秀店长+潜力教练	N+7	Pending	Pending	Pending
				经营策略分析（ROI）	OGSM			销售分析	培训、考试							
				业绩稳定增长	目标拆解			店铺账务管理	自学、考试							
								业绩回顾	培训、考试							

第八章 组织场域平衡：浑然一体

续表

培养目的	市场导向	业务逻辑	CI-SPECIAL 训练 主题	内容	工具	学习方式	实战基础知识技能训练 模块	主题	学习方式	分享主题	阶段产出	对象	人数	时间	天数	讲师	预算
培养一支"CI-SPECIAL"零售特种部队，以点穿线带面、快速复制	一切从消费者/购物者需求角度出发，提升终端业绩	谁是目标消费者和购物者？具有哪些心理和行为特征？思考：如何提升消费体验？如何引导购物决策？	MOT	目标消费者需求生态圈分析整合商圈资源满足消费者生态需求消费者/购物者洞察消费体验圈消费行为数据挖掘	需求生态圈资源整合模板FMOTPV模型（价格价值敏感度模型）	培训、最佳实践分享、研讨、考察、行动实践、结果评估自学、考试、执行评估案例教学、最佳实践分享、研讨、行动实践、结果评估	客	服务标准	自学、考试、MSP执行评估	3个最佳品牌推广模式分享	N份目标消费群体与购物者分析所在商圈的应用计划	优秀店长+潜力教练	N+7	Pending	7	Pending	Pending
		如何使顾客产生购买需求时首先想到A？思考：如何高效找到目标消费者？	MOT	品牌终端传播策略与计划（商圈内外）	FMOTZMOTTouch PointISP/O2O			VIP管理	培训、考试、执行评估		N份商圈目标消费群与传播计划	优秀店长+潜力教练	N+7			Pending	Pending
		什么才是"忠诚的顾客"？怎样感动顾客？思考：如何使顾客成为A代言人？	MOT	忠诚度定义忠诚度方法与促销系列忠诚度案例应用	ZMOT5认模型AIDCASMOT	案例教学、最佳实践分享、研讨、行动实践、结果评估		投诉处理	实操、考试、执行评估		N份A代言人实施计划	优秀店长+潜力教练	N+7			Pending	Pending
		什么是能量场域？思考：如何让团队士气高涨、并具备自我调节能力？	特种部队的精神打造一分钟经理人	意志力训练领导力训练	感动顾客模型—5E模型批评、赞扬原则	培训、最佳实践分享、研讨、行动实践、结果评估	人	早会/交接班工作分工人员排班	自学、考试自学、考试自学、考试		N份"CI-SPECIAL"打造计划	优秀店长+潜力教练	N+7	Pending	7	Pending	Pending
		培养接班人的价值有哪些？个人价值？公司价值？思考：如何培养店长接班人？	终端人才梯队培养	培养逻辑培养地图发展路径辅导技巧	16种结果方式发展通道六脉神剑	培训、最佳实践分享、研讨、实践、结果评估		实地带教鼓舞士气	PK、执行评估PK、执行评估		N份接班人培养实施计划	优秀店长+潜力教练	N+7			Pending	Pending

同时，根据"721"学习法则，我们知道，70%的学习效果来自于亲身实践，20%的学习效果来自于他人的分享与交流，10%的学习效果来自于以培训为主的自我学习。单纯在实践中学习的人很有可能更快成功，但如果不懂得总结和学习其他人的经验，并从中洞察事物的本质和发展规律，那么，很可能难以持续成功。因此，"721"学习法则是一个完整的整体，少了任何一部分都会影响一个人的可持续发展。基于"721"学习法则，我们提出了"1=N×1×1×1"的创新学习组合方式，即：

1次有效学习=N种学习方式×1个结果×1次复盘×1系列分享

如，N种学习方式=1次培训×1次最佳实践分享×1次标杆市场考察×1次实地演练×1次现场研讨×1次行动计划×1个书面承诺×1系列实践辅导

之所以是N种学习方式组合，是因为人们从自我觉察到实现最终成果需要一个复杂且持续的认知升级过程。从《布鲁姆教育目标分类学》一书中我们知道教育目标分为三类：认知领域、情感领域和动作技能领域。认知领域的教育目标包括六个部分：记忆、理解、应用、分析、评估、创造。在N种学习方式组合中，我们首先要实现的是应用教育目标，此后通过过程分析与结果评估提升对人才发展与生意发展的洞察能力，在此基础上实现创新与突破，最后将新的研究成果进行广泛分享，再次用于指导实践。

在实践中，我们发现真正有效的学习是：针对某一个具体能力主题将"721"学习法则中所涉及的各种学习方式以串联的方式贯穿起来，使得一个主题可以得到非常深入的体验、反思、总结、分享与再次实践应用，只有这样才能真正地让知识与洞察迁移，变成思维与行为习惯。参与人员都能从中学习到新的思维与方法论，从实践结果当中得到进一步的验证，然后萃取成功和失败的经验，将这些经验进行重新建构、内化，输出属于自己的思维、方法、工具与应用成果，然后在团队内部进行再次分享与研讨，项目组根据每个成员梳理的成果，进一步总结提炼为生意洞察，结合3—5个成功案例在全公司进行分享与复制。

同时，这也意味着少了任何一个中间环节将很可能无法达到有效学习

的目的，因此，一次有效的学习所组成的各种学习方式之间是乘积的关系，而不是相加的关系。

我们在 Q 品牌服装公司的"核心零售人才发展项目"中针对"提升店效"主题学习与发展项目设计时，采用的学习方式为：

1 次提升店效主题学习 =1 次《如何提升店效之店铺商品规划》培训 ×1 次商圈实地考察与分析 ×1 次店铺商品陈列实战 ×1 次最佳实践分享 ×1 次现场店铺商品调拨研讨 ×1 系列行动计划 ×1 系列店铺商品调配辅导 ×1 系列门店量化结果 ×1 系列复盘 ×1 系列分享

我们在 11 个省份的加盟商中选择了 31 家有代表性的重点门店（有些门店业绩好、有些门店业绩差，比例大约各占 50%），在实施了 3 个月（6—8 月，属于服装行业全年最淡的季节）的辅导之后，31 家门店平均店效同比增长 8.09%，同期，控制组业绩同比下降 0.51%。

更进一步地，要针对每个主题做深入的需求调研，洞察隐藏在背后的真实需求。

在学习活动实施前 3 个月，我们收集相关干系人对该主题的显性需求和隐性需求，最终我们想要的是满足内部相关干系人的显性或隐性需求中的真实需求。如图 8-7 所示。

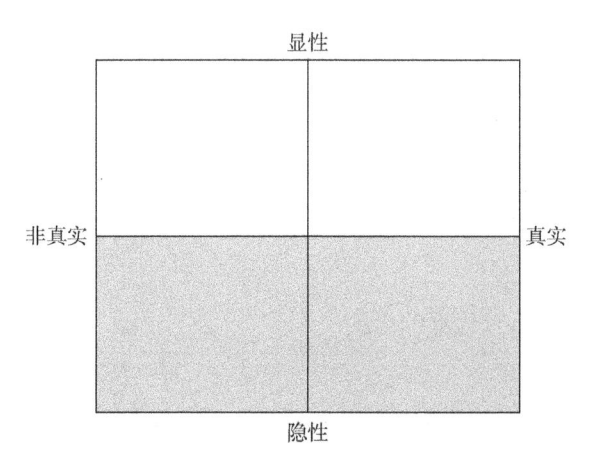

图 8-7　洞察真实需求

隐性需求的特征：通常在冰山的下面，隐藏得比较深，甚至连提出需求的人也说不清楚具体想要什么。比如：

心态类——"最近终端的业绩表现不好，感觉员工的心态不够积极，能否帮我们做一次心态类培训？"这类需求经常出现，并且总是以我们难以拒绝的理由出现，也就是以业绩提升为目的，提出心态类培训需求。

管理类——"老板觉得我们的管理不行，能不能帮我们做一次管理类培训？"这类需求同样经常出现，并且更加具有迷惑性、不确定性和复杂性。

因此，除了收集基本的事实和数据之外，我们要回到基本面，做深入分析，以便透过现象看到本质。

询问提出需求方时应包括以下内容：

（Ⅰ）事实依据

O，Objective，客观的事实和数据

心态类——"最近的业绩总体表现怎么样？同比和环比增长或下降幅度分别是多少？这种变化是在什么样的情况下发生的？……还有呢？"

管理类——"曾经出现什么样的情况，让老板觉得管理出现问题？有哪些事实和数据可以支持？……还有呢？"

（Ⅱ）内在感受

R，Reflective，反应的感受

心态类："针对最近的业绩变化，您是什么样的感受？上司和下属分别有什么样的具体感受？平行部门是什么样的反应？……还有呢？"

管理类——"针对这些事实和数据变化，老板是什么样的感受？您的感受是什么？下属和平行部门是什么样的反应？……还有呢？"

（Ⅲ）深刻启发

I，Interpretive，诠释的启发

心态类——"这样的事实和感受带给您什么样的启发？您认为根本的原因是什么？下属和平行部门有什么样的建议？您的期望是什么？……还有呢？"

管理类——"您认为根本的原因是什么？老板想要实现的真正目的是

什么？如果我们实施相关的学习活动，您想要达到的真正目的是什么？您的期望是什么？……还有呢？"

（IV）行动决定

D，Decisive，决定的行动

心态类/管理类——"所以，您希望具体的下一步是什么？……还有呢？""除了实施培训或相关学习活动，您还将采取哪些具体的措施？……还有呢？"

同样，以 ORID 的逻辑询问其他主要干系人：

（I）老板。如表 8-3 所示：

表 8-3　以 ORID 逻辑询问老板

分类	具体问题
O，Objective，客观的事实和数据	"您认为事业部目前面临的最大挑战或问题是什么？从哪些事实和数据体现出来？"
R，Reflective，反应的感受	"看到这样的现象，您有什么样的感受？如果用满意度 1—10 分衡量，您感觉目前是几分？"
I，Interpretive，诠释的启发	"您认为他们需要做出哪些方面的改变或提升？ 您认为根本原因是什么？ 您最终期望达到什么样的目的？ 您希望看到什么样的变化？ 您认为经过大家共同努力之后，他们能有多大的变化，如果用 1—10 分来衡量，您认为现在是几分？努力之后能达到几分？"
D，Decisive，决定的行动	"所以，针对这样的情况，您会采取什么具体的行动？ 您希望他们具体的下一步做什么？ ……还有呢？" "除了实施培训或相关学习活动，您认为他们还应该采取哪些具体的措施？……还有呢？"

（II）管理层。如表 8-4 所示：

表 8-4　以 ORID 逻辑询问管理层

分类	具体问题
O，Objective，客观的事实和数据	"您认为目前在所负责的工作中，面临的最大挑战或问题是什么？从哪些事实和数据体现出来？"
R，Reflective，反应的感受	"看到这样的现象，您有什么样的感受？如果用满意度 1—10 分衡量，您感觉目前是几分？"

续表

分类	具体问题
I，Interpretive，诠释的启发	"您认为需要做出哪些方面的改变或提升？ 您认为根本原因是什么？ 您最终期望达到什么样的目的？ 您希望看到什么样的变化？ 您认为经过大家共同努力之后，能有多大的变化，如果用1—10分来衡量，您认为现在是几分？努力之后能达到几分？"
D，Decisive，决定的行动	"所以，针对这样的情况，您想要采取具体的下一步是什么？ ……还有呢？" "除了实施培训或相关学习活动，您认为我们还应该采取哪些具体的措施？ ……还有呢？"

（Ⅲ）基层。如表 8-5 所示，针对基层可以对询问的顺序做调整，先询问感受，并且可以将问题适当简化。

表 8-5　以 ORID 逻辑询问基层

分类	具体问题
R，Reflective，反应的感受	"您对现在的工作状态感到怎么样？如果用满意度1—10分衡量，您感觉目前是几分？"
O，Objective，客观的事实和数据	"您认为目前在所负责的工作中，面临的最大挑战或问题是什么？能不能说得更具体一些？比如说……"
I，Interpretive，诠释的启发	"您认为需要做出哪些方面的改变或提升？ 您认为根本原因是什么？ 您期望看到什么样的变化？ 您认为怎么做可以把您的能力最大限度发挥出来？"
D，Decisive，决定的行动	"所以，针对这样的情况，您想要采取的具体的下一步是什么？ ……还有呢？"

真实需求的特征：

（Ⅰ）本质或根本原因。如终端业绩不好的根本原因很可能不是员工的心态不好，即使员工表现不佳，其根本原因也很可能不是纯粹的员工心态问题。在现实中，我们经常发现员工表现不佳背后的根本原因是员工的需要、动机和正向意图没有被看到，员工没有感受到安全、被关爱、被尊重、被接纳、有价值感和有意义感，进而转换成具体行为表现。从根本原因进行思考并提出解决方案才是真实的需求。

(Ⅱ)符合组织发展方向和目标。与组织共同愿景、共同使命、共同目标、年度经营目标保持高度的一致。

(Ⅲ)对解决短期和长期问题有价值。

在需求分析过程中，通过让目标学员提交针对该主题的生意挑战及最佳实践案例，将学员的注意力调动到该主题上，并引导学员开始思考内在原因。

在实施学习活动前 2 个月，与业务部门领导沟通，寻找在该主题的实践方面做得最好的个人、团队，由学习与发展专家或经验萃取专家深入地与个人、团队开展沟通，从最佳实践经验中总结出一套方法论与工具包、最佳实践案例，并辅导分享者如何更好地开展分享，目的是让优秀学员通过经验萃取进一步思考现象背后的原因，并通过他们的分享与现场互动交流做更深层次的思考。

在实施学习活动前 1 个月，通过需求分析，让学员回顾在实施业务及管理过程中遇到的问题与挑战，通过阅读、自学对该主题有初步的了解，引导学员进一步思考，并记录下目前暂时还无法解决的问题。

在实施学习活动前 1—2 天，安排学员进行实地考察，引导学员通过接触真实的事实和数据，结合个人的经验，听取小组成员的想法和建议，从而促使学员开始进一步建构属于自己的知识结构，并记录下目前暂时还无法解决的问题。

在实施学习活动中，结合具体的主题知识点，分享最佳实践案例，通过讲师现场分享、小组练习、小组讨论、角色扮演、情景模拟等，引导学员进行更深层次的思考，安排专门的时间与学员就遇到的具体问题进行互动解答、分享与小专题研讨。

与此同时，针对该主题所对应的项目目的，由引导师实施专题研讨，达成团队内共识，按照 OGSM-PRE 模板制订出具体的行动计划与跟踪辅导计划。

通过体验式教学设计，使学员与讲师/专家进行充分的互动，并让学员有机会表达自己的想法，从而结合知识点、个人经验及集体智慧，建构出属于自己的知识体系。在此基础上，针对一个主题的系列化学习方式组合，在 3—5 天内实施完培训、实地考察、最佳实践分享、实施业务关键挑战研讨、制订主题行动计划、公开签订承诺书。

在实践辅导过程中涉及两个要素：

（Ⅰ）辅导周期由紧到松。

第一次辅导在一系列学习（一般 5 天内全部完成，最长不超过 7 天）后的第一周进行，第二次辅导隔 2 周之后进行，第三次辅导隔 4 周之后进行，此后若无特殊情况均为 4 周辅导周期。这样的设计是根据艾宾浩斯遗忘曲线来设计的。

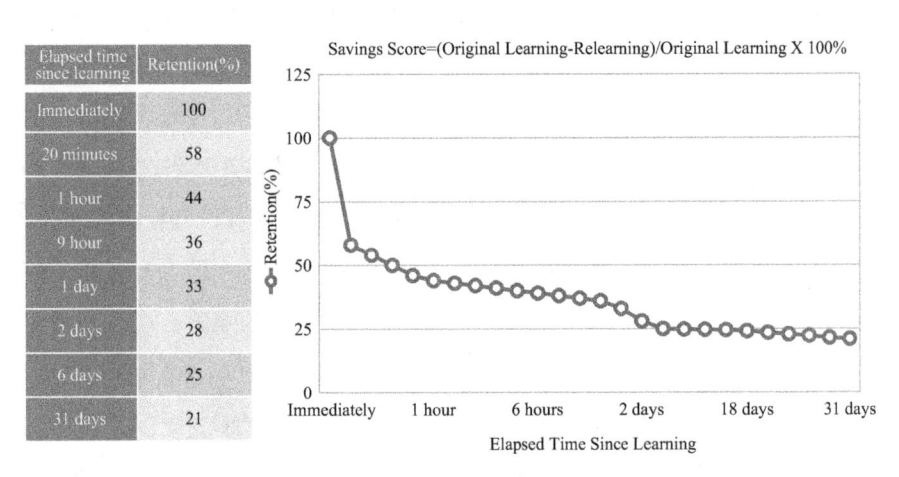

Elapsed time since learning	Retention(%)
Immediately	100
20 minutes	58
1 hour	44
9 hour	36
1 day	33
2 days	28
6 days	25
31 days	21

Savings Score=(Original Learning-Relearning)/Original Learning X 100%

图 8-8　艾宾浩斯遗忘曲线

（Ⅱ）辅导频率由高到低。

辅导团队由内部业务专家组成，包括总部业务专家，如营销副总裁、加盟业务总监、总部零售经理、商品经理、企划部经理，以及个别分公司的业务专家。辅导频率则由高到低，以一个主题学习活动为例：从需求调研开始到总结复盘、分享总共为 3—6 个月。在学习后的第一周内进行第一次辅导，第二周第二次辅导，第四周第三次辅导，第八周第四次辅导，第十周第五次辅导，第十四周第六次辅导，以此类推。目的是强化目标学员从 3 个月前的"知道、想到"到"初步做到"，再到变成行动计划的"看得到"，再到实践过程的"做得到"，接着到总结、复盘实践过程的"写得出"，然后向同一区域或跨区域的同事进行实践案例分享"说得好"，最后到辅导其他同事的"学得会"的过程。

第八章 组织场域平衡：浑然一体

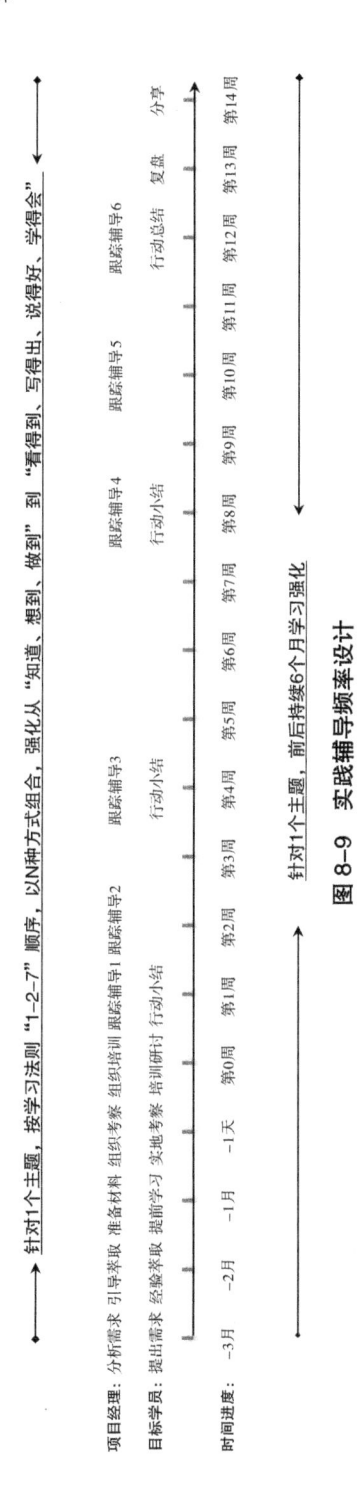

针对1个主题，按学习法则"1-2-7"顺序，以N种方式组合，强化从"知道、想到、做到"到"看得到、写得出、说得好、学得会"

	第0周	第1周	第2周	第3周	第4周	第5周	第6周	第7周	第8周	第9周	第10周	第11周	第12周	第13周	第14周
		跟踪辅导1	跟踪辅导2		跟踪辅导3				跟踪辅导4		跟踪辅导5		跟踪辅导6		
		行动小结			行动小结				行动小结				行动总结	复盘	分享

项目经理：分析需求 引导萃取 准备材料 组织考察 组织培训
目标学员：提出需求 经验萃取 提前萃取 实地考察 培训研讨
时间进度：-3月 -2月 -1月 -1天

针对1个主题，前后持续6个月学习强化

图 8-9 实践辅导频率设计

这样的过程符合成人学习和发展过程：

第一阶段，处于无意识无能力的状态，即不知道也做不到。通过自我觉察方式逐步提升到无能力但有意识的状态，日记、复盘、他人反馈均是帮助人们自我觉察的重要途径，这些方式是以NLP觉察技术中的"结合"方式让自己完全地回到过去的经验中，去看到、听到和感受到经验中的关键场景，即以"我"的角色回到经验中；同时，以"抽离"的方式让自己从过去的经验中"我"的角色出来，站在"他"的视角来看待经验中的我。虽然我们无法完全地接近"真实世界"，但是换个视角会让我们打开另一片世界，看见另一片广阔天空。觉察是开启学习与发展的第一步。

第二阶段，处于有意识无能力的状态，即知道但做不到。通过刻意重复训练可以帮助我们逐步上升到有意识有能力的状态。给自己定下能力提升目标，制定IDP（Individual development plan），按照"721"学习法则，以刻意重复训练的方式提升特定能力。

第三阶段，处于有意识有能力的状态，即知道也做得到。通过强化巩固练习可以帮助我们逐步让"知识深入到肌肉"当中，成为我们的本能反应：无意识有能力，正如张旭男老师所说："知识只是谣言，除非深入肌肉。"

第四阶段，处于无意识有能力的状态，即不知道但做得到。此时，能力已经深入到潜意识，不需要意识的调动即可以做出有能力状态下的成果，让这样的状态自然持续，逐步上升到精通的状态。

第五阶段，处于精通的状态，即完全自然、轻松、愉悦地使用能力。

结合理解层次，可以使我们明确所需要发展的能力。从"系统层次"明确自己的愿景和雄心，到"身份层次"明确自己的使命和角色，到"信念与价值观层次"明确自己的动机和信念价值观，再到"能力层次"明确自己要提升的能量和策略。只有我们方向清晰、目标明确，我们能力的提升才具有真正的原动力，帮助我们克服能力发展过程中会遇到的各种困难和挑战。

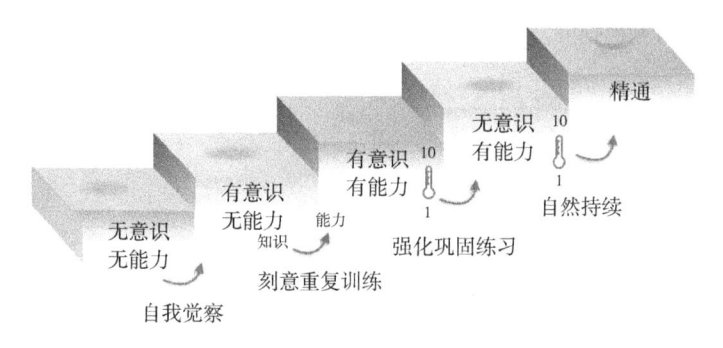

第八章 组织场域平衡：浑然一体　　　　　　　　　　　　　　　　　　237

图 8-10　成人学习和发展过程

Ⅵ. 成果评估线（Assessment line）。

由业务部门根据项目方案中的关键过程指标及结果指标，将行动计划实施过程中的事实和数据进行记录，在项目实施的每个阶段进行小结，并在项目结束时进行汇总、统计、分析。在此过程中，项目小组成员有明确的分工：由学习与发展专家负责方法论与工具包的梳理，由业务专家负责事实和数据的收集，基于以上的事实和数据，双方共同进行复盘，分析并提炼出重要发现，找到问题与机会，洞察现象背后的本质，并形成最终的项目总结报告。

基于项目总结报告，制订明确的下一步行动计划，包括：项目本身的延续计划、进一步辅导计划、项目成果分享计划、学员的最佳实践经验分享计划。

汇报项目成果。邀请项目组成员、项目核心干系人召开项目成果会议。提前与每位核心干系人进行沟通，并征求他们对项目的反馈。在项目实施过程中，及时地收集核心干系人的定性的反馈和定量的反馈。通过及时的沟通，照顾到项目核心干系人的诉求，以获得核心干系人持续的理解和支持。

2. 人才发展模型

（1）人才发展品牌资产模型——Brand Equity

品牌资产是指留在消费者心智中的印象。当听到"海飞丝"时，人们第一个想到的就是"去屑"；当听到"舒肤佳"时，人们第一个想到的就是"杀菌"；当听到"迪士尼"时，人们第一个想到的就是"欢乐"。当听到同一个品牌名称时，越多人想到同一个品牌印象，就说明这个品牌资产越明确、传播越有效。

20世纪90年代，IBM品牌在全球面临着一个巨大的危机，因为许多国家的IBM品牌形象除了"IBM"这三个字母之外，在字体、字号、颜色等方面有很大差异，这给在全球开展业务的跨国公司留下了不一致的品牌印象：到底这些国家的IBM是不是同一家公司？这给IBM的全球业务开展造成了巨大的负面影响。IBM意识到这个问题之后，在全球范围内只留下一家4A公司，统一了IBM的全球品牌形象，从此，开启了IBM的复兴道路。

实际上，品牌并不仅仅只是产品品牌、公司品牌，每个个体、团队、组织都有自己的品牌。1918年创立了松下电器的松下幸之助说："我们生产人才，顺便制造一些电器。"松下幸之助认为"事业的成败取决于人"，"没有人就没有企业"，因此，他的经营理念之一是"集合智慧的全员经营"，让"集合众智，无往不利"践行到公司对人才潜能的激发当中，他本人就是这一理念的最佳榜样。松下幸之助说：

"当员工100人时，我必须站在员工的最前面，身先士卒，发号施令；

当员工增至1000人时，我必须站在员工的中间，恳求员工鼎力相助；

当员工达到1万人时，我只要站在员工的后面，心存感激即可；

当员工增到5万到10万人时，除了心存感激还不够，必须双手合十，以虔诚之心来领导他们。"

因此，对于企业的人才战略而言，人才发展品牌资产便是最重要的指南。以下以Q品牌服装公司的人才发展品牌资产为例来说明。如图8-11所示，品牌资产包括五个核心模块：

第一，目标消费者，指的是根据品牌的市场定位确定所要重点投入资源服务的消费者。对于企业而言，目标消费者即企业的员工，企业在选择人才时，就是在选择目标人才，一般为企业主价值链中的关键岗位人才。在这些目标人才中，我们进一步选择具有强烈意愿的目标人才。以Q品牌为例，目标人才包括：具有强烈学习意愿的人（96%），想通过学习改善绩效的人（75%），乐于分享的人（79%），积极进取的人（82%）。

第八章　组织场域平衡：浑然一体　　239

```
                    激发潜能
       总体品牌资产  Inspire the potential

  ┌─────────────────────┐  ┌─────────────────────┐
  │  战略性品牌资产      │  │  执行性品牌资产      │
  │ • 利益：             │  │ • 执行要素           │
  │ • 功能利益——务实、有效│  │ • Make things happen │
  │ • 情感利益——好奇、热情│  │ • Think big          │
  │ • 体验利益——学习过程充满乐趣│ • Think different    │
  │ • 关系利益——使不同学员的思维、│ • Enjoy learning, enjoy wisdom │
  │   情感、意志、能力产生链接│                      │
  │ • RTB：              │  │ • 视觉识别           │
  │ • 业务专家背景        │  │ • Logo: Q University │
  │ • 项目管理认证        │  │                      │
  │ • 学习发展专家        │  │                      │
  └─────────────────────┘  └─────────────────────┘

  品牌个性    值得信赖的顾问
            （务实、专业、创新、亲和）

  目标消费者（目标人才）  具有强烈学习意愿的人（96%），想通过学习改善绩效的人
                        （75%），乐于分享的人（79%），积极进取的人（82%）
```

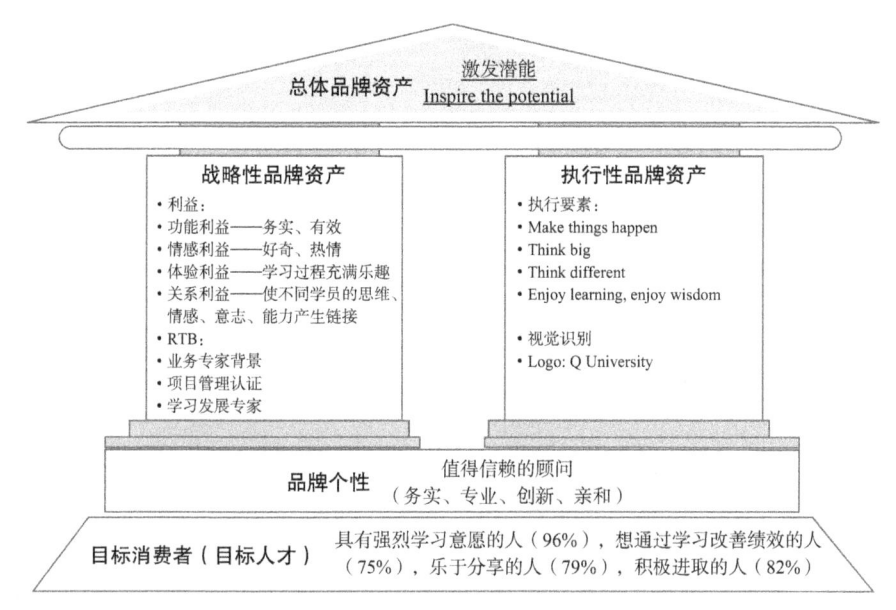

图 8-11　Q 品牌资产的五大核心模块

第二，品牌个性，指的是当人们把品牌当成一个人时所具有的思维、情感、行为特征模式，以及扮演的角色。以 Q 品牌为例，人才发展的品牌个性指值得信赖的顾问，主要包括务实、专业、创新、亲和。务实与专业是行为特征模式，创新是思维特征模式，亲和是情感特征模式，而顾问是在组织里所扮演的角色。

第三，执行性品牌资产，指的是包括品牌 Logo、品牌口号等在内的外在形象特征。以 Q 品牌为例，人才发展的执行性品牌资产包括："Q University"（logo），"Make things happen with love（以爱让事情发生）"，"Thing big（雄心勃勃）"，"Think different（非同凡想）"，"Enjoy learning, enjoy wisdom（享受学习乐趣，享受分享乐趣）"。

第四，战略性品牌资产，指的是带给目标消费者的利益及相信的理由（RTB，Reason to believe）。以 Q 品牌为例，人才发展的战略性品牌资产包括：利益部分的"功能利益（务实：解决实际问题，抓住发展机遇；有效：带来业务过程指标和结果指标的实际变化）、情感利益（调动好奇心，充满学习热情）、体验利益（学习过程充满乐趣）、关系利益（使不同学员的思维、

情感、意志、能力产生链接）"，RTB 部分的"业务专家背景、国际项目管理认证（PMP）、学习与发展专家"。

第五，总体品牌资产，指的是以一句话高度概括这个品牌留给消费者的整体印象。以 Q 品牌为例，人才发展总体品牌资产是：激发潜能。

人才发展品牌资产模型的价值在于指导组织里一系列的人才发展规划与行动计划，如所有的学习与发展项目设计要符合"激发潜能"的总体品牌资产。因此，在学习与发展项目设计时，要考虑如何让整体环境设计、逻辑设计、行动计划与实践辅导等都指向一个共同的方向，即激发组织成员的潜能，具体包括：安全的物理空间和心理空间建设，引导技术在教学过程中的应用，教练技术在行动计划与实践中的应用等。

（2）讲师发展模型——UFO 模型（Unidentified Flying Object Model）

在组织人才发展过程中，内部讲师扮演着非常重要的角色。内部讲师角色所承担的是"传道、授业、解惑"的责任，因此，从专业角度看，只有专业卓越的人才才能成为内部讲师。根据麦克里兰的胜任力冰山模型（动机、品质、自信、价值观、角色、知识、技能），总结出一位卓越的讲师最核心的胜任力是：独特性，具体体现在三大能力模块，分别是：

U，Unique insight（独特的洞察）：讲师对自己所要分享的主题具有深刻的洞察，透过现象看本质，并能够梳理成清晰的逻辑体系。

F，Facilitation（独特的引导）：快速地分享所洞察到的事物的本质和发展规律，通过引导技术让学员共同参与进来，基于实际的生意发展、团队发展方面面临的挑战，结合自己的经验进行深度思考，重新建构并形成属于自己的独特洞察。因此，讲师也同时扮演着引导师的角色。

O，Outcome（独特的产出）：学以致用，学习的目的在于应用，并帮助学员形成具体的成果，同时讲师也通过与学员的互动，不断地反思整个逻辑体系，持续深化对洞察的理解与应用。

UFO 胜任力模型，正如"不明飞行物（UFO）"本身一样令人充满着好奇，需要讲师持续地对该领域深入洞察，探索未知的世界。具体如图 8-12 所示：

第八章 组织场域平衡：浑然一体　　241

		中文	英文
U Unique insight	训前	1 独特洞察（敏锐观察、挖掘本质）	Unique insight
		2 乐于分享（搭建结构、树立权威）	Nice to share
		3 兴趣挖掘（学汉分享、分析需求）	Interesting point
		4 品质课程（设计痛点、设计逻辑、设计教学、设计课件）	Quality course
F Facilitation	训中	5 出奇方式（创新设计、打开心扉）	Unusual manner
		6 有效引导（分析情境）	Effective facilitation
		7 灵活反应（关联旧知）	Nimble reaction
		8 追问本质（追问本质、处理全场、处理挑战）	Essence-driven
O Outcome	训后	9 总结提炼（提好问题、深层总结、课程复盘）	Summary
	始终如一	10 自尊自重（形象修和、自尊、自信）	Self respect

图 8-12　UFO 胜任力模型

UFO 胜任力模型对应的子能力及具体例子，如表 8-6 所示。

表 8-6 UFO 胜任力模型对应子能力及示例

Model	Competency	胜任力	子能力	例子
Unique insight	Unique insight	独特洞察	敏锐观察	1. 客户签约数量：视场来的客户数量与签约数量比例变化有什么启发？深入分析发现让客户在签约前感受到"即时拥有感"，从而持续地增强客户的信心是签约的决策瞬间的关键。 2. 经营门店数量：服装行业加盟商开的门店数量多于 3 个和只有 1 个的区别在哪里？实际上开 2~3 家的客户的盈利能力最强，因为 2~3 家门店的管理依然在加盟商老板的控制范围内，可以灵活地做出货品在店与店之间的调配。
			挖掘本质	1. 四个真理时刻：每个地区客户在四个真理时刻做出的变化趋势显示；先搞清楚真正的客户痛点，开发的速度越来越快，难度越来越大。更需要帮助客户在四个真理时刻做出有效甄别，持续地增强客户信心。 2. 整体大于局部之和：在干快速、由代理商进行统一协调，灵店的满足不同商圈市场的需求，各个不同商圈具有互补和梯级层次，实现 1+1>2。 3. 转＝赚：20 世纪 90 年代的潮汕老板为什么可以做到 3 元进货、2.9 元出货呢？因为他可以利用厂家条子的账期，以快速周期赢得现金流，做其他高毛利产品，用别人的钱赚钱。
			搭建结构	1. 商圈层次的竞争：未来支撑零售者的竞争，会下降到一个更接近消费者的层次，但可能不是一个"门店"层次，而是一个"商圈"的层次。因此做门店计划时，应深从商圈的角度来考虑如何使商圈的各类额来综合满足一个目标商圈的消费群体的需求。 2. 结构化思考：消费者的五认过程：认识、认可、认购、认购。四大体验环节：品牌、环境、产品、服务。门店管理三个维度：客、货、场。人、时间、门店管理人要素：分销、价格、位置、陈列、库存、助销、促销、促销员。
		树立权威	1. 专业专注：展示自己在专业领域多年专注在学习与发展领域。如 20 年专注在学习与发展领域。 2. 超出期望：通过一些其他主题的相互关联地知识点建立自己的名气可以形成。"地道的英语朋友圈""钢琴十级""炒得一手好菜"。
	乐于分享	分享乐趣：帮助别人成长是一种内心自我认可的成就。 责任感：当作作为讲师，站起来走上台前的时候，一种责任感油然而生。
Nice to share				
Interesting point	兴趣挖掘	分析需求	识别需求：其实与其真实的需求，显性与隐性的需求，当下与未来的需求，个人与团队的需求，业务与管理的需求。"帮助提升整个管理层的凝聚力和战斗力"。
		关联痛点	解决难点：如业务部门之间相互没有形成协同作战。 解决难点：如组织成员自身的自我防御，沟通协作不畅，错误的自我认知，限制性信念等方面。
Qualified course	品质课程	设计逻辑	符合业务逻辑和管理逻辑。 符合个体的学习过程：九个过程（置于情境，产生冲突，认知不和谐，产生焦虑，深层次思考，改变价值观，改变态度，改变行为，改变结果）。 符合个体的认知到利行为的基本过程：需求，动机，注意，感觉，知觉，记忆，表象，想象，思维，语言，行为等。
		设计教学	符合 MECE 原则。
		设计课件	1. 单个观点：每页一个观点，每个观点进步。 2. 观点逻辑：观点与观点之间内在关联，形成结构化。

第八章 组织场域平衡：浑然一体　　243

续表

Model	Competency	胜任力	子能力	例子
Facilitation	Unusual manner	出奇方式	创新设计	1. 超出期望的形式设计：一位高中数学老师，在教立体几何"切削问题和加辅助线"时，用细竹竿做成立体模型，在细竹竿形成的立体空间中，用另外的竹竿比画着加辅助线，让同学们一目了然。 2. 创新的现场体验设计：生物老师用野外抓的青蛙，做神经反射实验；物理老师用篮球从篮球框样掉到地上的青蛙，让我们计算重力和加速度。
			打开心扉	1. 笑：真诚的微笑即打开心扉，表情讲师自我关系平衡，身心很稳定，就会带给学员关联地的亲和感。 2. 距离：人与人之间的距离，一般讲师与学员保持大距离 80 厘米这个区域，就表明进入对方较亲密的领域。因此，通过与学员握手、拍肩膀可以迅速拉近双方个人的距离。 3. 空间：创造一个全、自由、开放、轻松的物理空间与心理空间，如圆形的座位设计，在教室墙上贴上标语："每个人的潜能都是无限的""集体智慧所能创造的价值远远超过我们的想象"。
	Effective facilitation	有效引导	提好问题	1. 引导技术：ORID。 2. 深层次思考，设想那些什么样子呢？这个问题一定可以被解决。这个问题能激发人们的热情与责任心。如："你真正想要的是什么？""为什么这对你来说这么重要？""如果实现了，设想那会是什么样子呢？看到什么？听到什么？感受到什么？""你现在马上能采取的行动有哪些是你可控的？""具体的下一步计划是什么？""还有呢？"
		深层思考		1. 挖掘事物本质：安全感设置物理空间与心理空间的本质。 2. 信念改变的规律：如遇到重大经历生死，之后对金钱物质的追求马上消失，这令对个人的体验的九个过程。
	Nimble reaction	灵活反应	处理冷场	1. 观察：学员的眼神、表情、坐姿、反应速度、参与度等。 2. 反思：分析原因，如时间久，观点太杂乱，讲解案例与实际场景相关性不高，或者其他原因。 3. 应用：休息、练习、提问、分享、测评、画图、视频等。
			处理挑战	1. 承认无法回答。 2. 请其他学员回答，然后整合大家请求。 3. 应用 SBI（Situation, Behavior, Impact），即情境、行为、影响的描述方式应对。 4. 应用 "停车场" 技巧，将挑战的问题先搁置。
	Essence-driven	追问本质	分析情境	结合例情境中：复盘业务及管理情境，让跨学员用学习的知识沟通协调冲突中不同的角色所看到、听到和感受到的不同点。
			关联旧知	引导大家思考：让学员在每个人的大脑里重新建构意义。
			追问本质	1. 追问前后语境：直接切入新情境，用突破性的新思维不断追问观点背后的各种潜在假设、预设立场、反思自身的世界观、人生观和价值观等。 2. 追问深层本质：用 5WHY 方法引导大家深层思考。

续表

Model	Competency	胜任力	子能力	例子
Outcome	Summary	总结提炼	课程复盘	1.AAR（After action review）：课程目的、主要观点、目标兑现、实施过程好与不好之处。学员的关注点、兴趣点、难点、痛点、兴奋点及应对措施。 2.向学员学习：整理学员提供的新观点、新案例素材。
			形成模型	用易记方式，如 UFO、ORID、SCQA、OGSM、MECE、STAR、GROW、SMART 等。
	Self respect	自尊自重	自重	唯一共同愿景、共同使命、共同目标、共同信念、共同价值观。
			自尊	1.不卑不亢。 2.高自我效能感。

（3）学习发展顾问模型——DIG（挖掘模型）

在组织人才发展中，学习发展顾问扮演着专家的角色，项目规划、设计、开发、组织、实施、评估的每个过程中，少不了专家的指导合作。依据麦克里兰的胜任力冰山模型及 10 多年的培训、引导、教练、人才发展、企业大学建设实践，我们提炼出了"DIG（挖掘模型）"。作为一名学习发展顾问最核心的胜任力是：挖掘现象背后的本质。DIG 模型包括三大能力模块，分别是：

第一，D，Demand（需求）：通过对需求的深入理解，去识别客户的真实与非真实的需求、显性与隐性的需求、当下与未来的需求、个人与团队的需求、业务与管理的需求。在 Demand 模块中，包括三个方面：

（Ⅰ）Collaboration（协同共赢）：建立与核心干系人的信任关系，以协作视角来开展工作；

（Ⅱ）Open mind（思维开放）：以开放心态和中立立场，收集组织发展与生意发展过程中的相关信息，确保信息来源的广泛性，以及信息的客观、完整、全面性；

（Ⅲ）Needs understanding（需求理解）：透过表面需求洞察到对生意发展和组织发展的深层次需求。

第二，I，Insight（洞察）：透过种种表象洞察生意发展与组织发展的本质与规律，并结合战略发展目标制定明确的解决当下痛点、难点和突破点的改善策略。在 Insight 模块中，包括四个方面：

（Ⅰ）Systems thinking（系统思考）：站在全局角度，看到过去、现在和未来的生意发展与组织发展格局，在思考当下问题的解决方案时，要全面思考可能对其他方面及未来的相互影响，绘制因果循环图；

（Ⅱ）Unique business insight（独特生意洞察）：深入挖掘生意发展的本质和规律，找到对生意发展最具价值的消费者洞察、市场洞察；

（Ⅲ）Learning&development insight（学习发展洞察）：深入挖掘成人在学习与成长方面的认知心理发展规律，找到适合成人学习与成长的最佳路径；

（Ⅳ）Tailor-made solution（定制方案）：根据真实的生意需求与人才发展需求提出系统化的解决方案。

第三，G，Goal（目标）：以终为始是学习发展顾问在开展工作时的重要思路，紧密地结合公司战略发展目标及年度经营目标，制定对应年度学习发展项目目标及预期产出，以此来指导学习与发展项目的规划、设计、实施与评估。Goal 模块包括三个方面：

（Ⅰ）Innovative implementation（创新实施）：与对应的业务模块的核心干系人组成项目小组，共同研讨针对每一个层级的人才梯队的学习与发展实施计划，在协作的前提下，做好明确的分工安排，以创新的思路和方法实施项目；

（Ⅱ）Next steps（具体步骤）：复盘整个项目实施目的、目标、成果及过程，总结成功与不成功的经验，并制订具体的下一步改进和提升计划；

（Ⅲ）Goal-driven（目标驱动）：以终为始，在整个项目实施前、中、后时刻以项目最终目标作为指南针，确保整个项目的实施在符合共同目标的前提下进行。

具体如图 8-13 所示：

D Demand	1	协同共赢	Collaboration
	2	思维开放	Open mind
	3	需求理解	Needs understanding
I Insight	4	系统思考	Systems thinking
	5	独特生意洞察	Unique business insight
	6	学习发展洞察	Learning & development insight
	7	定制方案	Tailor-made solution
G Goal	8	创新实施	Innovative implementation
	9	具体步骤	Next steps
	10	目标驱动	Goal-driven

图 8-13　DIG 挖掘模型

（4）课程开发模型——NICE Model（美好模型）

在组织人才发展中，知识沉淀是一个非常重要的环节，这也是知识管理的起点和知识升级循环的关键环节。知识沉淀包括多种形式：视频、音频、PPT、Word 等，其中以 PPT 的形式最为常见，但无论以什么样的载体及什么样的形式来呈现，背后的逻辑体系是核心。我们提炼出"NICE Model（美好模型）"，具体包括两个模块，如图 8-14 所示。

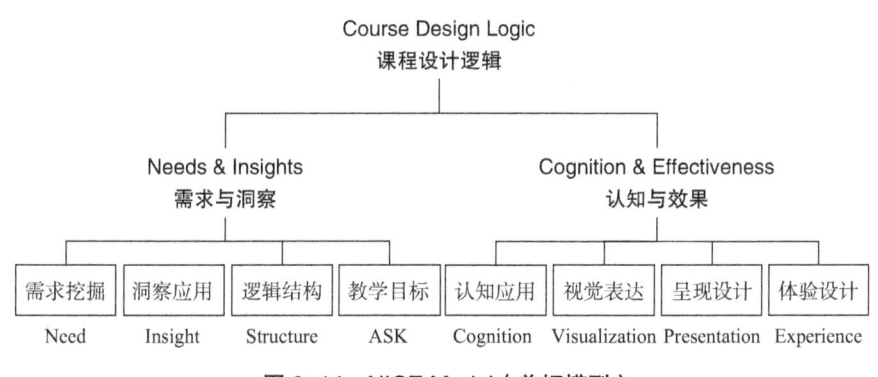

图 8-14 NICE Model（美好模型）

第一，Needs&Insight（需求与洞察）。与讲师和学习发展顾问一样，作为课程开发者，其核心价值依然体现在对生意发展和组织发展需求的深刻理解和洞察，并以清晰的逻辑架构呈现，同时，作为课程开发者要具备教学设计的专业能力。主要包括四个方面：

（I）Need（需求挖掘）：根据整个知识库及学习地图所设定的主题，深入业务一线了解在生意发展和组织发展过程中的各种需求，挖掘出隐性的真实需求；

（II）Insight（洞察应用）：结合自身的实践及标杆企业的卓越实践经验，提炼出针对所在行业和企业生意发展的深刻洞察；

（III）Structure（逻辑结构）：结合生意发展与组织发展洞察，明确其内在的各个层次逻辑关系，形成一个个清晰明了的逻辑结构图；

（IV）ASK（教学目标）：根据不同学员的背景及当下面临的生意和组织

发展的痛点、难点和突破点，设计出 ASK（Attitude, Skill, Knowledge）目标。根据布鲁姆的教学目标设计原理，针对四类知识，分别是：

i. 事实性知识：指的是通晓一门学科或解决现实问题所必须了解的基本要素；

ii. 概念性知识：指的是在一个更大体系内共同产生作用的基本要素之间的关系；

iii. 程序性知识：指的是做某事的方法，探究的方法，以及使用技能、算法、技术和方法的准则；

iv. 元认知知识：指的是关于一般认知的知识以及关于自我认知的意识和知识。

从认知的六个过程设计相应的教学目标，分别是：

i. 记忆：指的是从长时记忆中提取相关的知识；

ii. 理解：从口头、书面和图像等交流形式的教学信息中建构意义；

iii. 应用：在给定的情景中执行或使用程序；

iv. 分析：将材料分解为它的组成部分，确定部分之间的相互关系，以及各部分与总体结构或总目的之间的关系；

v. 评价：基于准则和标准做出判断；

vi. 创造：将要素组成内在一致的整体或功能性整体，将要素重新组织成新的模型或体系。

第二，Cognition&Effectiveness（认知与效果）。课程开发者不仅需要对生意发展和组织发展具有深刻的洞察，同时，也需要对成人的学习与成长规律有深入的理解，在此基础上，可以更好地将生意发展与组织发展洞察结合成人学习与成长规律呈现出来。在呈现的方式上，结合成人的学习特点采用更多的视觉表达、共同参与的体验式学习来设计。主要包括四个方面：

（I）Cognition（认知应用）：成人的学习过程包括九个环节，分别是置于情境、产生冲突、认知不和谐、产生焦虑、深层次思考、改变价值观、

改变态度、改变行为、改变结果,因此,针对一个知识点在设计教学方式时,要将九个环节包含在内;

(Ⅱ) Visualization(视觉表达):根据三脑理论,通过视觉的方式,如画画,来表达学员观点或讲师观点都是一种非常不错的选择,可以让学员更好地记忆、理解知识与知识之间的内在逻辑关系,也可以更好地激发学员富有创造力的视觉脑;

(Ⅲ) Presentation(呈现设计):抓住主要矛盾,言简意赅,直达重点,深入剖析事物发展本质是一种非常重要的呈现设计,对于组织成员而言,均有一定的实践基础,需要有专家帮助快速地在知识与知识之间进行更深层次的链接,让学员有"听君一席话,胜读十年书"的感觉;

(Ⅳ) Experience(体验设计):根据心理学家大卫·库伯的单环学习和双环学习理论,我们可以进一步理解成人需要通过不断地置于情境中,充分体验情境发展的过程,引发内在深层次反思,形成行动意向,并采取行动这四个环节循环过程,并且在持续的反思之后,获得心智模式上的突破,从而更好地指导行动。结合体验式学习、电影设计、游戏设计理论与实践,我们总结出"DICE Model(骰子模型)"指导体验式课程设计,分别是:

i. Dream(梦想):在课程设计中,描绘出这个主题知识点所带来的价值,可以以过去的案例、当下的项目,甚至是未来的愿景,由分享者描绘或者由学员自己描绘出未来的梦想,这是驱动学员的根本动力;

ii. Intensity(紧张):在设计课程和案例的过程中,根据知识点迁移的需要,设计相应的冲突情节,让学员处于高度的紧张状态当中;

iii. Curiosity(好奇):课程体验设计中非常重要的另一个方面是让接下来要发生的事情或采取的行动充满着变数或各种可能性,让学员带着强烈的好奇心进入到课程体验当中;

iv. Empathy(同理心):当人们由外感官的看到、听到和感受到,迁移到内感官的时候,对于知识点的理解将会与身体的感受深深地结合起来,从而逐步地让知识"深入肌肉"(即无意识有能力的状态)当中。

学习的本质："学习 = 动机 × 习惯"

法国著名的生物学家和科学认识论研究专家安德烈·焦尔当（Andre Giordan）在《学习的本质》这本书中指出：

学习 = 动机 × 习惯

其中，动机 = 需求 × 价值

一个成人的学习开始于动机的产生，而动机产生的基础是人们的各种需要，即个体的生理上和心理上的某种不平衡状态。当人们清楚自己的需要时，会进一步评估满足相应需要所要采取的行为和匹配的能力，进而根据自己的信念和价值观，对该行为和能力的价值做出判断。这样，最终便形成了人们的学习动机，有了学习的内在动力，人们开始采用多种方式进行学习，最经典的学习理论便是"721"学习法则。

学习不是单单一次培训就完成的事情，学习是一个持续的过程，只有开始没有结束。"活到老，学到老"也正阐明了这一关键。

要使人们所学习的知识变成自己的一种习惯，需要在明确动机和学习目标的前提下，通过"721"学习法则中对应的多种学习方式进行有效的整合，最后让所学的知识，从"有意识无能力"的状态逐步上升到"无意识有能力"的状态，也就是变成人们的一种习惯。因此，我们要根据学习的本质和"721"学习法则，精心地设计自己的学习过程，可参阅"1=N×1×1×1"学习方式组合模型。

真正有效的学习是：针对某一个具体能力主题，将"721"学习法则所涉及的各种学习方式以串联的方式整合起来，这也意味着少了任何一个中间环节将很可能无法达到有效学习的目的，在绩效改进的学习项目设计中尤其如此；同时，经过一系列的实践之后，我们要进一步分析最终所取得的量化结果，并用复盘的方式总结学习项目的成功与不成功的经验，并总结项目逻辑与成果，再次进行分享，将成功的经验复制到更多组织成员身上。因此，一次有效的学习所组成的各种学习方式之间的关系是"乘积"的关系。

第八章　组织场域平衡：浑然一体　　　　　　　　　　　　　251

组织价值观：爱（Love）

特蕾莎修女是著名的天主教慈善工作者，她的一生都致力于消除贫困。在她 87 岁逝世时，特蕾莎修女留下了 4000 个修会的修女，10 万人以上的义工，还有在 127 个国家中的 600 多个分支机构。1982 年，在贝鲁特难民营遭围攻的紧要关头，她斡旋以色列军与巴勒斯坦游击队之间实现暂时停火，并因此得以从一座处于交战前线的医院中成功救出 37 名孩童。在国际红十字会工作人员的陪伴下，她穿越交战区域前往被损毁的医院，疏散年轻病患。

特蕾莎修女在诗歌《无论如何》中写道：

"If you are honest and frank, people may cheat you; Be honest and frank anyway.

即使你是诚实的和率直的，人们可能还是会欺骗你；不管怎样，你还是要诚实和率直。

People are often unreasonable, illogical and self-centered; Forgive them anyway.

人们经常是不讲道理的、没有逻辑的和以自我为中心的；不管怎样，你要原谅他们。

If you are kind, people may accuse you of selfish, ulterior motives; Be kind anyway.

即使你是友善的，人们可能还是会说你自私和动机不良；不管怎样，你还是要友善。

If you are successful, you will win some false friends; And some true enemies; Succeed anyway.

当你功成名就，你会有一些虚假的朋友和一些真实的敌人；不管怎样，你还是要取得成功。

What you spend years building, someone could destroy overnight; Build anyway.

你多年来营造的东西，有人在一夜之间把它摧毁；不管怎样，你还是要去营造。

If you find serenity and happiness, they may be jealous; Be happy anyway.

如果你找到了平静和幸福，他们可能会嫉妒你；不管怎样，你还是要快乐。

The good you do today, people will often forget tomorrow; Be good anyway.

你今天做的善事，人们往往明天就会忘记；不管怎样，你还是要做善事。

Give the world the best you have, and it may never be enough; Give the world the best you have anyway.

即使把你最好的东西给了这个世界，也许这些东西永远都不够；不管怎样，把你最好的东西给这个世界。

You see, in the final analysis, it is between you and God; It is never between you and them anyway.

你看，说到底，它绝不是你和他们之间的事，而是你和上帝之间的事。"

爱是人类最强大的能量源，只有爱能创造神迹。

一个高效率的组织并不意味着高效益，一个高效益的组织并不代表着高投入产出比，一个高投入产出比的组织并不意味着高正能量，一个高正能量的组织也并不代表组织可持续发展。但是，一个高正能量的组织会以高投入产出为指引，以高效率的工作过程，确保高效益的产出，从而追求可持续发展的目标。

因此，高正能量是高效能组织的根本。爱，是组织高正能量的源泉，是高效能组织的本质。

组织思维与行为准则

1. 云人才计划：天下人才为我们所用

人才不必为我所有，但可以为我所用。当我们站在更高视角来看待事物的长远发展时，我们便可以清晰地看清企业人才供应链的本质。

第一，外部云人才。如 Q 品牌服装公司与某研究生院共同建立了研究生联合培养基地。对于该运动品牌而言，通过双方合作实现如下目的：

I. 提升研发产品时尚度。研究生院每年新招 30—40 名艺术、材料、设计类研究生，所有新入学的研究生开学第一课便是到该公司做一场时尚产品研讨。同时，上一年级的研究生根据公司年度研发主题做产品设计，一旦设计款式被公司选中，便进入样衣生产、选货会；如果通过选货会，则进入订货会，并根据订货数量多少给予研究生相应的提成比例。从第一期合作的情况来看，已经有超过 100 款产品设计进入订货会阶段，并获得全国各地客户的好评；从售罄率角度看，研究生们所设计的产品售罄率要高于公司内其他设计人员的产品售罄率 15% 以上。

II. 引领智能化产品趋势。研究生院同时与 Q 品牌合作基于新材料的智能运动服装研究。市场调查结果显示，市场对于智能服装保持高度的好奇心和期待，并且在智能化功能方面具有一系列独特的需求，主要包括以下方面：

- 服装可以监测周边环境，如温度、湿度、PM2.5 等，并根据需要自动打开空调；
- 服装可以监测用户的部分身体指标，如心率、体温等，并自动提醒用户注意休息；
- 服装可以监测身体健康状况，并做出提醒和自动按摩；

- 服装可以根据用户的心情，自动调整服装的颜色，如心情愉悦时颜色变亮。

第二，内部云人才。选拔内部专家，并将专家链接在一起，解决企业内部实际面临的重大业务挑战。

案例一，Q品牌的粉丝管理经验萃取案例。从全国90多名负责粉丝管理的专业人员当中，根据层层筛选，最终筛选出20位粉丝管理专家。基于整体粉丝管理的核心逻辑，收集并整理全国各分公司粉丝管理制度、流程、标准、方法、工具、最佳实践案例，并通过5次的线上研讨和1次线下集中研讨，梳理出一本136页的Q品牌《粉丝管理手册》。然后，将手册通过20位专家对全国各地的分公司粉丝管理人员进行分享，同时印刷成册分发给每一个分公司和终端门店。

案例二，Q品牌的分公司标准化管理项目案例。从总部8个核心部门选拔出28位专家，共同组成内部专家团队，并由各个部门的副总裁/总监任8个小组组长，进驻到亏损最严重的一家分公司，对分公司的整体战略目标、生意发展策略、业务实施计划、关键业务过程指标进行全面梳理，同步开展对组织架构、人员的调整，并建立起所有分公司涉及的相关管理制度、流程、标准、方法和工具。最终梳理出来的是分公司整体的标准化运营管理体系。这个项目从4月持续到9月，共5个月时间。从结果来看，该分公司同比减亏1751万元，整体呈良性发展态势。

2. 组织健康动态

组织健康指数是动态的。通过持续的定期跟踪，在每一个关键时间节点（如组织成立时，组织变革前）开始记录，每隔一段时间重复调查，获得时间序列的数据，并观察组织健康指数变化趋势，提前实施干预。

组织健康指数包括以下模块：

I. 组织方向：使命清晰度、愿景清晰度、价值观清晰度、目标清晰度；

II. 团队氛围：心理安全感、氛围轻松度、关系密切度、接纳别人程度、帮助别人程度、关心别人程度、乐于分享程度、包容别人程度、受到重视程度、得到赞美频次、高效工作状态、鼓励发展频次、发挥所长状态、工作价值感、同事关心程度、紧密合作程度；

III. 个人心态：个人使命、个人愿景、个人定位、心态开放程度、思维活跃程度、有机会表达频次、自由表达状态、接纳自己程度、包容自己程度、换位思考程度；

IV. 能量状态：包括个体和整体的能量感知状态。

以上四个维度均是从个人视角看待自己，以及个人认为组织其他成员如何看待自己、团队和组织。实际上，这两个角度均主要反映了个体的现状，这正是自我防御机制中的"投射"机制在起作用。投射指的是个体把自己所不喜欢，或者不能接受的属于自己的特点转移到他人身上。通过对投射机制的应用，我们能更全面地获得个体对自己、团队及组织的更接近真实的看法。

同时，匹配每个成员在项目前后定性和定量的变化，如行为变化与量化成果描述。

表 8-7 "创造高效能组织"项目组织健康指数评估表

说明：根据现状，描述您的以下各个方面的状态和感受，如果用 1 分代表最低，10 分代表最高，您会分别打几分？（您可以选择匿名）						
模块类型	序号	定量（指标）	指标描述	现状（1—10分）	期望（1—10分）
组织方向	1	使命清晰	我能清晰地描述销售事业部的使命。		
	2		我看到我的同事能清晰地描述销售事业部的使命。		
	3	愿景清晰	我能清晰地描述销售事业部的愿景。		
	4		我看到我的同事能清晰地描述销售事业部的愿景。		
	5	价值观清晰	我能清晰地描述销售事业部的价值观。		
	6		我看到我的同事能清晰地描述销售事业部的价值观。		
	7	目标清晰	我能清晰地描述销售事业部的整体目标。		
	8		我看到我的同事能清晰地描述销售事业部的整体目标。		

续表

模块类型	序号	定量（指标）	指标描述	现状（1—10分）	期望（1—10分）
团队氛围	1	心理安全	在销售事业部这个组织里,有安全感。		
	2	氛围轻松	在销售事业部这个组织里,有轻松的组织氛围。		
	3	关系密切	在销售事业部这个组织里,同事之间关系密切。		
	4	接纳别人	在销售事业部这个组织里,大家能互相接纳不同观点。		
	5	帮助别人	在销售事业部这个组织里,大家能互相提供帮助。		
	6	关心别人	在销售事业部这个组织里,大家能互相关心。		
	7	乐于分享	在销售事业部这个组织里,大家乐于分享自己的知识、资源。		
	8	包容别人	在销售事业部这个组织里,能鼓励创新尝试,接受失败尝试。		
	9	受到重视	在销售事业部这个组织里,我觉得我的意见受到重视。		
	10	得到赞美	在销售事业部这个组织里,我经常会受到赞美或表扬。		
	11	高效工作	在销售事业部这个组织里,同事们都致力于高质量和高效率的工作。		
	12	鼓励发展	在销售事业部这个组织里,我的上级关心和鼓励我个人发展。		
	13	发挥所长	在销售事业部这个组织里,我有机会做适合我做的事情。		
	14	工作价值	在销售事业部这个组织里,我的工作对完成组织目标具有重要意义。		
	15	同事关心	在销售事业部这个组织里,我的上级和同事会关心我。		
	16	紧密合作	在销售事业部这个组织里,我的工作部门有我的好朋友。		
个人心态	1	个人使命	我很清晰我个人的人生或工作使命。		
	2		我看到我的同事很清晰他个人的人生或工作使命。		
	3	个人愿景	我很清晰我个人的人生或工作愿景。		
	4		我看到我的同事很清晰他个人的人生或工作愿景。		
	5	个人定位	我很清晰我个人的发展定位。		
	6		我看到我的同事很清晰他个人的发展定位。		
	7	心态开放	在团队里,我保持开放的心态。		
	8		在团队里,我看到我的同事保持开放的心态。		
	9	思维活跃	在工作中,我的思维活跃。		
	10		在工作中,我看到我的同事思维活跃。		
	11	有机会表达	在会议中,我有机会表达自己的想法。		
	12		在会议中,我看到我的同事有机会表达自己的想法。		

续表

模块类型	序号	定量(指标)	指标描述	现状(1—10分)	期望(1—10分)
个人心态	13	自由表达	在工作中，我可以自由表达自己的观点。		
	14		在工作中，我看到我的同事可以自由表达自己的观点。		
	15	接纳自己	在内心里，我接纳自己的不完美。		
	16		在内心里，我看到我的同事能接纳自己的不完美。		
	17	包容自己	在内心里，我能包容自己去尝试新事物时的失败与错误。		
	18		在内心里，我看到我的同事能包容自己去尝试新事物时的失败与错误。		
	19	换位思考	在组织里，我能站在对方的角度考虑问题。		
	20		在组织里，我看到我的同事能站在对方的角度考虑问题。		
能量状态	21	能量等级	你对自我能量等级评分是多少？		
	22		你觉得他人对我的能量等级评分是多少？		
	23		你对现在整个管理层团队的能量等级评分是多少？		
	24		你觉得团队其他成员对整个管理层团队的能量等级评分是多少？		

收获感悟		定性（描述）		
	1	在学习前我对自己优势的描述是：		
	2	在学习前我认为别人对我的优势的描述是：		
	3	我很乐意向其他同事、团队和组织推荐"创造高效能组织"项目	是（请打勾）	否（请打勾）

部门：
姓名：
时间：

组织健康指数计算步骤如下：

Ⅰ.将个体对自己的评分值与个体认为的别人的评分值进行平均，获得个体的最终得分值；

Ⅱ.将所有组织成员对同一个题目上的得分值进行平均，获得在该问题上所有组织成员的最终值；

Ⅲ. 将各个模块所有人的平均值再次平均，获得模块平均值；

Ⅳ. 将各个模块的整体平均值进行汇总平均，得出整个组织各个模块的整体平均值；

Ⅴ. 将每一次评估得出的整体平均值按时间序列画出折线图，得出组织健康指数发展曲线图。

以一个案例进行具体说明。

S 事业部实施了一系列的组织学习与发展干预措施：

Ⅰ. 实施马斯洛需要主题系列研讨。组织成员共同选择 5 个层次需求共 15 个最为关心的问题，每个问题制定 3 个解决方案共 45 个方案，匹配 45 个详细的行动计划，由总经办负责跟进落实到每个部门的工作当中。这些落实的具体工作包括：

i. 生理需要：食堂饭菜改善计划、住宿环境改善计划；

ii. 安全需要：部分车间里的化学用品的安全保障措施；

iii. 社交需要：正能量电影计划、新入职 3 个月的员工座谈会计划；

iv. 尊重需要：赞美墙计划；

v. 自我实现需要：创新小组计划；

vi. ……

Ⅱ. 实施乔哈里视窗主题个人层面的研讨活动，帮助组织成员增加对个人信息的了解，同时提升自我觉察水平。

Ⅲ. 实施乔哈里视窗主题组织层面的研讨活动，帮助组织成员增加对组织信息的了解，同时提升自我觉察水平。

Ⅳ. 实施吸引力法则主题学习与研讨活动，帮助组织成员明确个人目标的价值与驱动作用，同时提升自我觉察水平。

Ⅴ. 实施马斯洛需要主题个人层面的研讨活动，帮助组织成员明确个人需求层次，同时提升自我觉察水平。

Ⅵ. 实施使命愿景和价值团队层面的研讨活动，帮助组织成员明确整个

第八章　组织场域平衡：浑然一体

事业部的发展方向、愿景和共同遵守的价值观，同时提升自我觉察水平。

以上学习与研讨活动均以引导技术为主要教学方法，项目组为组织成员创造了一个安全的、开放的、自由的、轻松的物理空间和心理空间，以照顾好组织成员的本能脑（生存与安全感）、情绪脑（尊重与信任），从而帮助他们打开视觉脑（愿景和创造力）。

通过 2 年的系列学习活动，我们可以看到以下变化：

在模块指标方面，组织方向、团队氛围、个人心态、能量状态四个模块指标在项目实施前后对比中有大幅度提升，如表 8-8 所示。

表 8-8　项目前后四大模块对比

维度	项目前	项目后	变化
组织方向	6.04	8.73	44.5%
团队氛围	6.22	8.22	32.1%
个人心态	6.41	8.32	29.9%
能量状态	6.23	8.21	31.7%
整体	6.22	8.37	34.5%

在信度与效度方面：根据原始数据，对组织健康指数的信度进行分析，得出其信度为 0.990，意味着信度非常高，如表 8-9 所示。

表 8-9　可靠性统计资料

Cronbach 的 Alpha	基于标准化项目的 Cronbach 的 Alpha	项目个数
.990	.990	96

同时，目前由于项目组成员为 25 名，其中有个别人员变动，在效度方面暂时无法提供有效分析结果。

项目目前已经复制到其他两个事业部，这部分的数据也将持续积累，也期待更多读者在自己的组织里进行跟踪。

第四部分

战略目标落地指数应用

方向一致和上下齐心构成了战略目标落地的两大核心要素。方向一致由七个环节构成，上下齐心由三个层次和四个环节构成。那么，我们如何衡量组织的战略目标落地现状及发展趋势呢？

第九章

基本算法

战略目标落地指数计算

战略目标落地以最终的"突破性成果",即"果"的子系统来验证,通过"事""人""为"的子系统来实现。"事"的子系统:共同愿景、共同使命、共同目标,具体包括七个环节:目的、目标、策略、衡量、计划、资源、执行;"人"的子系统:共同身份、共同信念、共同价值观、共同语言、批判性思维、创新思维,具体包括三个层次和四个环节:个体、团队和组织三个层次,动机、信念、价值观和准则四个环节;"为"的子系统:包括弹性行为;"果"的子系统:包括突破性成果。

战略目标落地 = 方向一致 × 上下齐心（G=D×H）

方向一致 = 目的 × 目标 × 策略 × 衡量 × 计划 × 资源 × 执行

上下齐心（生态平衡）= 个体身心平衡 × 团队关系平衡 × 组织场域平衡

其中,

个体身心平衡 = 个人动机 × 个人信念 × 个人价值观 × 个人行为准则

团队关系平衡 = 团队动机 × 团队信念 × 团队价值观 × 团队行为准则

组织场域平衡 = 组织动机 × 组织信念 × 组织价值观 × 组织行为准则

我们用0%—100%代表每个要素所达到的程度,0代表完全没有,100%代表完全达到。因此,战略目标落地指数的基本算法是:

战略目标落地指数＝方向一致值 × 上下齐心值（生态平衡值）

多数情况下，我们会认为达到 90% 的状态已经是"优秀"的水平，现在我们假设所有环节达到的程度均为 90%，那么：

方向一致值 =90%×90%×90%×90%×90%×90%×90%=47.83%

表 9-1　方向一致值算法

逻辑	目的	目标	策略	衡量	计划	预算	执行	一致值
一致程度	90%	90%	90%	90%	90%	90%	90%	47.83%

也就是说，如果七个环节中每个环节均做到 90% 程度（优秀水平），最后方向一致值为 47.83%。

上下齐心值（生态平衡值）= 个体身心平衡值 × 团队关系平衡值 × 组织场域平衡值

个体身心平衡值 = 个人动机 × 个人信念 × 个人价值观 × 个人行为准则

个体关系平衡值 =90%×90%×90%×90%=65.61%

团队关系平衡：团队动机 × 团队信念 × 团队价值观 × 团队行为准则

团队关系平衡值 =90%×90%×90%×90%=65.61%

组织场域平衡：组织动机 × 组织信念 × 组织价值观 × 组织行为准则

组织场域平衡值 =90%×90%×90%×90%=65.61%

上下齐心值（生态平衡值）=65.61%×65.61%×65.61% =28.24%

表 9-2　上下齐心值（生态平衡值）算法

整体	层次	动机	信念	价值观	行为准则	平衡值
生态平衡	个人：个体身心平衡	90%	90%	90%	90%	65.61%
	团队：团队关系平衡	90%	90%	90%	90%	65.61%
	组织：组织场域平衡	90%	90%	90%	90%	65.61%
	平衡值	72.90%	72.90%	72.90%	72.90%	28.24%

第九章　基本算法

战略目标落地指数 = 方向一致值 × 上下齐心值（生态平衡值）
战略目标落地指数 =47.83%×28.24%=13.51%

这就意味着，如果每个环节都做到 90% 的程度，最后战略目标落地指数也仅仅达到 13.51% 的程度。

那么，假设每个环节都做到 99%，战略目标落地指数会是多少呢？

战略目标落地指数 = 方向一致值 × 上下齐心值（生态平衡值）
战略目标落地指数 =93.21%×88.64%=82.62%

假设每个环节都做到 95%，战略目标落地指数会是多少呢？

战略目标落地指数 = 方向一致值 × 上下齐心值（生态平衡值）
战略目标落地指数 =69.83%×54.04%=37.74%

这意味着，如果每个环节都做到 95% 的程度，最后战略目标落地指数也仅仅达到 37.74% 的程度。以此类推，我们再来看一下每个环节实现程度从 99% 到 89%，对应的战略目标落地指数：

表 9-3　各环节实现程度与对应的战略目标落地指数

每个环节实现程度	战略目标落地指数
99%	82.62%
98%	68.12%
97%	56.06%
96%	46.04%
95%	37.74%
94%	30.86%
93%	25.19%
92%	20.51%
91%	16.66%
90%	13.51%
89%	10.92%

由此，我们可以得出每个环节实现程度与战略目标落地指数之间的函数为：

$Y=-0.2535\ln(x)+0.7812$（$R^2=0.951$）

如图 9-1 所示：

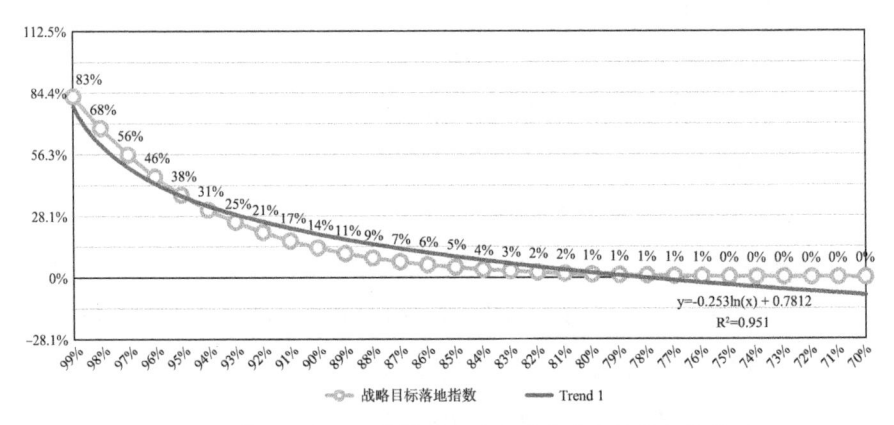

图 9-1　战略目标落地指数与因素实现程度之间的函数关系

每个环节的实现程度与战略目标落地指数之间的函数为对数函数，这意味着：当每个环节达到的程度下降 1%，战略目标落地指数会产生大幅度的下降；同样地，当每个环节实现程度上升 1%，战略目标落地指数将会产生较大幅度的上升。

我们日常认为每个环节达到 80% 的一致性程度已经为良好水平的时候，最终构成的战略目标落地指数仅为 1.44%。这几乎意味着战略目标实现的可能性接近于零。

战略目标落地指数提升策略

那么，在这样的情况下，我们如何将战略目标落地指数提升到每个环节的实现程度均为 99% 的极致水平？

（1）战略目标落地指数提升策略一

①确保组织成员对方向的理解程度达到100%；

②将目标提升到200%的挑战性水平（突破常规思维，匹配相应资源）；

③确保实现目标的策略、过程衡量指标、计划制订、资源匹配及执行一致程度达到95%（考虑到误差存在的客观性及应对灵活性，将一致程度设置为95%）；

④确保个人、团队及组织层级的动机、信念、价值观和行为准则的实现程度达到95%（考虑到每个人认识系统的差异性及个性化特点，将四个方面的因素实现程度设置为95%）；

⑤基于此，战略目标落地指数将达到83.63%，即实现了每个环节达到99%的情况下的战略目标落地指数水平（82.62%）。

如表9-4所示：

表9-4　战略落地指数提升策略一

战略目标落地指数	逻辑	方向	目标	策略	衡量	计划	预算	执行	一致值
83.63%	一致程度	100%	200%	95%	95%	95%	95%	95%	154.76%
	生态平衡	层次			动机	信念	价值观	准则	平衡值
		个体：个体身心平衡			95%	95%	95%	95%	81.45%
		团队：团队关系平衡			95%	95%	95%	95%	81.45%
		组织：组织场域平衡			95%	95%	95%	95%	81.45%
		平衡值			85.74%	85.74%	85.74%	85.74%	54.04%

（2）战略目标落地指数提升策略二

①确保组织成员对方向的理解程度达到100%；

②将目标提升到135%的挑战性水平（突破常规思维，匹配相应资源）；

③确保实现目标的策略、计划制订、预算匹配及执行一致程度达到95%（考虑到误差存在的客观性及应对灵活性，将一致程度设置为95%）；

④同时，将过程衡量指标提升到135%的水平（突破常规思维，匹配相应资源）；

⑤确保个体、团队及组织层级的动机、信念、价值观和行为准则的实现程度达到95%（考虑到每个人认识系统的差异性及个性化特点，将四个方面的因素实现程度设置为95%）；

⑥基于此，战略目标落地指数将达到80.22%，即基本接近每个环节达到99%的情况下的战略目标落地指数水平（82.62%）。

如表9-5所示：

表 9-5 战略落地指数提升策略二

战略目标落地指数	逻辑	方向	目标	策略	衡量	计划	预算	执行	一致值
80.22%	一致程度	100%	135%	95%	135%	95%	95%	95%	148.44%
	生态平衡	层次			动机	信念	价值观	准则	平衡值
		个体：个体身心平衡			95%	95%	95%	95%	81.45%
		团队：团队关系平衡			95%	95%	95%	95%	81.45%
		组织：组织场域平衡			95%	95%	95%	95%	81.45%
		平衡值			85.74%	85.74%	85.74%	85.74%	54.04%

考虑到部分过程因素的不确定性和不可控性，许多企业正是采用"提升战略目标值"这种办法来帮助企业实现战略目标落地。在策略一中，目标提升到200%的水平，同时匹配相应的资源，以及通过调节激励机制来大幅度提升激励程度，激发人们外在动机，同样可以达到几乎完美的程度。许多房地产企业正是通过这样的方式来实现快速的业务增长。这样的策略特别适合行业处于高速发展阶段时，市场遍地都是机会，速度成为其关键的成功要素，因此，可以通过激励的方式来实现激发个体、团队和组织的外在动机的目的，最终实现整个企业的战略目标落地。一旦行业发展速度下降，其成功的关键要素不再是"速度"，设置的超常规目标无法完成时，

整体战略目标落地指数将面临崩盘的危险。因此，企业决策者需要具有前瞻性，并及时做出相应的调整。无论怎么调整，都需要确保"共同愿景、共同使命、共同目标、共同身份、共同信念、共同价值观、共同语言"，只有组织成员的心在一起，才能灵活地应对外界市场的变化。

由于市场的不确定性，以及中国人口红利的结束，中国经济发展调整到依靠品质的"智造"时代，许多企业依靠大幅度提升目标值，通过速度来抢占市场的策略已经失效。这迫使他们重新思考新的战略目标落地指数提升策略。当市场依然具有一定的发展潜力，同时，由于行业内部的并购与整合，企业可能在保持 135% 的挑战性目标的情况下，通过对过程衡量指标的有效突破，达到 135% 的水平，同时匹配以相应的资源和激励机制，依然可以建立企业的相对竞争优势，从而在行业内的其他企业发展大幅下降的同时，实现自身的快速发展。

中等难度的挑战性目标更能够有效地激发组织成员的动机。心理学家耶克斯（R.M Yerkes）与多德森（J.D Dodson）的研究表明，动机强度和工作效率之间的关系是倒 U 形曲线关系。中等强度的动机最有利于任务的完成。也就是说，动机强度处于中等水平时，工作效率最高，一旦动机强度超过了这个水平，对行为反而会产生一定的阻碍作用。

2012 年之后，中国的运动鞋服行业正是经历了这样的发展态势，安踏通过并购和提升零售终端运作效率的方式，大幅度地获得业绩增长。根据年报，安踏 2014—2018 年净利润额同比增长率最低为 16.90%，最高达到 32.77%，营业额同比增长率最高达到 44.38%，如表 9-6 所示。

表 9-6 安踏业绩增长趋势

年度	营业额（亿元）	同比增长率（%）	净利润额（亿元）	同比增长率（%）
2010	74.08		15.51	
2011	89.04	20.19	17.30	11.54
2012	76.23	−14.39	13.58	−21.50
2013	72.81	−4.49	13.15	−3.17

续表

年度	营业额（亿元）	同比增长率（%）	净利润额（亿元）	同比增长率（%）
2014	89.23	22.55	17.00	29.28
2015	111.26	24.69	20.41	20.06
2016	133.46	19.95	23.86	16.90
2017	166.92	25.07	30.88	29.42
2018	241.00	44.38	41.00	32.77

同期，我们看到2017年全球体育行业的增长率由8%降至6.4%，降幅达到20.7%；未来3—5年全球体育行业预期整体增长率将从过去三年至五年的7.7%降至7.0%，降幅为10.2%。与此同时，我们看到曾经风光的部分运动品牌已经破产，而乔丹、鸿星尔克、匹克等已经风光不再，特步、361°等在整装调整过程中，业绩同比增长率保持行业同等增长水平。

我们可以从安踏最近几年所采取的具体举措窥见一斑：

2009年收购FILA，此后接连收购迪桑特、小笑牛等国际知名体育品牌，逐步形成更完整的多品牌格局。目前，安踏已形成大众专业运动、高端时尚运动、专业户外运动的三大业务布局。根据2018年年报，安踏主品牌零售额同比增长率为20%，FILA、迪桑特等品牌零售额同比增长率达85%—90%，整体零售额同比增长率达44.38%，净利润额同比增长率为32.77%。

安踏的案例正体现了在行业增长率下降的情况下，设置适当水平的挑战性目标（135%左右），采用突破常规的市场增长策略（收购多品牌），匹配相应的资源提升过程衡量指标（FILA等品牌同比增长率为90%），从而使得整体业绩实现同比增长率44.38%。

通过战略目标落地指数，我们可以清晰地看到组织战略目标实现的可能性和路径，并找到哪些关键要素在影响着战略目标落地。同样，我们也可以通过战略目标落地指数，根据行业发展阶段及发展规律，做出前瞻性的战略布局，以确保在行业其他企业调整的过程中，自身依然可以获得高速增长，实现弯道超车。

第十章

关键原则

根据战略目标落地指数的算法和实现路径，要最大限度地提升战略目标落地指数，我们必须遵守四个关键原则。

严肃的方向研讨

对方向的一致性理解直接决定着一个组织前进力量的强大程度，一个方向一致性程度达 100% 的组织，其产生的正能量可能是几何级的增长；同样，一个方向不一致的组织，其产生的负能量也是几何级增长的。达成方向一致最有效的做法是邀请相关组织成员共同讨论愿景、使命、战略目标，如集团级的方向研讨由总裁邀请副总裁和总监级一起进行，事业部级的方向研讨由副总裁邀请总监及部门经理一起进行。共同参与是确保高度方向一致的最有效方式。

共同参与愿景、使命、战略目标研讨时，需要严肃对待整个流程，这是态度上的保障。同时，要求每个参与人员提前做好相应的准备，如数据、事实、信息、知识、洞察及具体的方案或建议，并将这些信息最大限度地做到提前分享，使得共同参与讨论的成员在信息对称性方面达到最高的一致性。关于方向的一致性理解，对于方向描述的每一个字、词、词组的选择都要非常严肃,并做到对每个关键词有非常严格的定义和详细的解释,以确保在源头上达成最基本的一致性。

方向的理解一旦出现偏差将会导致后面一系列的几何级的偏差影响,方向研讨要秉持极其严肃的态度,对每个关键词做详细的研讨,并给予明确定义和解释,确保所有组织成员的理解高度一致。

严谨的逻辑验证

战略目标落地过程往往就是考验一个组织的逻辑性和灵活性的过程,从目的到目标、从目标到策略、从策略到衡量、从衡量到计划、从计划到资源、从资源到执行的严谨拆解和反向验证过程,每一步都是确保战略目标有效落地的关键环节,少了任何一个环节都会导致战略目标不能有效落地。同时,在上下齐心方面,从动机到信念、从信念到价值观、从价值观到行为准则的每个环节都要保证严谨的逻辑拆解与验证,少了任何一个环节都会导致战略目标不能有效落地。

清晰的视觉呈现

宝马对于公司的新战略目标及核心价值观的解读可谓做到极致,从德国总部做出非常专业、精美的材料,并配以各级领导人员的视频、音频的详细解读,包括从CEO到各个事业部、各个业务模块的第一负责人会定期解读其对公司整体战略的理解、实施的成果及下一步的方向和重点,并让公司里各个层级的管理人员均能够看到和听到他们的理解,通过移动学习平台的方式进行沉淀和快速高效传播,没在现场的管理人员通过平台可以感受到现场的学习,甚至从画面或视频上获得更好的体验。

第十章 关键原则

在每一个层级的研讨过程中，采用引导技术的方式，让每个层级将自己对于战略目标落地的想法以可视化的方式展示出来，通过及时回顾与分享让每个层级的成员第一时间知道整个组织目前的发展阶段及下一步计划，使得整个组织的洞察流在不同层级、不同区域之间处于对称状态，有利于整个集团各个层级的管理人员在方向、目标、策略、衡量指标、计划、资源配置与执行方面保持高程度的一致性，对于最终达成所想要的成果越有帮助，其成功的概率越高。

灵活、弹性、有创意的思维与行为准则

在明确的共同方向研讨、严谨的过程逻辑验证、清晰的视觉呈现之后，我们依然可能发现现实的情况与预计之间存在差异。在掌握明确方向、严谨逻辑基础上，各级管理人员能够以批判性思维、创新思维和更加灵活、弹性的行为准则来实施计划，将有利于整体战略目标的落地，以一种动态平衡的方式获得最终想要达成的成果。

组织是一个富有生命力的能量整体，如果把组织当成一个人，那么，对于人体来说，身体的自动运作机制时刻在起作用。当我们为人体输入正能量时，人体会做出相应的协调反应。

中医艾灸就是一个向人体输入正能量的过程。艾灸是使艾绒燃烧时产生的热量进入到人体组织当中，并随着经络运行到全身各个部位，在运行过程中去疏通和修复生病的部位。但在帮助人体修复过程中，会出现排病反应，从表面现象来看，似乎病情没有得到缓解，反而可能更加糟糕，也就是渐好之前先渐糟。为什么会这样？因为在没有输入新的能量时，人体的能量是一个相对封闭系统，总能量是有限的，当我们身体的某一个部位出现明显问题的时候，本能脑通过潜意识调动身体其他部位的能量来优先满足这个器官对能量的需要，如心脏需要能量时，人体其他部位的能量将

被优先调动到心脏，以维持跳动的基本需要。当我们在艾灸时，身体的血气得到逐步补充，最需要能量补充的部位得到照顾之后，其他没有被照顾到的身体部位的病灶开始被修复，这实际上是身体的能量补充的过程，也是身体在排毒的过程。当过了排病反应阶段之后，身体将会逐步康复，直到完全恢复健康。

参考文献

1. ［奥地利］西格蒙德·弗洛伊德，《自我与本我》，上海译文出版社，1923年版。

2. ［美］F. 路桑斯等，李超平译，《心理资本：打造人的竞争优势》，中国轻工业出版社，2008年版。

3. ［美］大卫·霍金斯，蔡孟璇译，《心灵能量：藏在身体里的大智慧》，方智出版社，2012年版。

4. David R. Hawkins, Power vs. Force, Hay House, 2014.

5. ［美］丹尼斯·舍伍德，邱昭良、刘昕译，《系统思考》，机械农业出版社，2014年版。

6. 孙晓敏，《群体动力》，北京师范大学出版社，2017年版。

7. 朱建军，《我是谁：心理咨询与意象对话技术》，中国城市出版社，2001年版。

8. 陶西平主编，《教育评价辞典》，北京师范大学出版社，1998年版。

9. 暴丽艳、林冬辉主编，《管理学原理》，清华大学出版社，2010年版。

10. 王凤彬、李东编著，《管理学》，中国人民大学出版社，2011年版。

11. 王磊，《企业量化管理》，中国经济出版社，2012年版。

12. 林崇德等主编，《心理学大辞典》，上海教育出版社，2003年版。

13. 袁贵仁，《价值观的理论与实践》，北京师范大学出版社，2013年版。

14. ［苏］惠特曼、［美］汉密尔顿，吴振阳等译，《价值观的力量》，机械工业出版社，2010年版。

15. 彭聃龄，《普通心理学》，北京师范大学出版社，2012年版。

16. ［美］亚伯拉罕·马斯洛，张晓玲、刘勇军译，《需要与成长：存在心理学探索》，重庆出版社，2018年版。

17. ［美］亚伯拉罕·马斯洛，许金声等译，《动机与人格》，中国人民大学出版社，2012年版。

18. ［美］亚伯拉罕·马斯洛，［美］爱德华·霍夫曼编，张登浩译，《寻找内在的自我：马斯洛谈幸福》，机械工业出版社，2018年版。

19. ［奥地利］西格蒙德·弗洛伊德，徐胤译，《精神分析引论》，浙江文艺出版社，2016年版。

20. 林崇德主编，《发展心理学》，人民教育出版社，2008年版。

21. 陈琦主编，《教育心理学》，高等教育出版社，2011年版。

22.《德国研究人员发现多巴胺有助提高记忆》，载人民网，2012年11月9日。

23. ［匈牙利］约兰德·雅各比编著，陈瑛译，《荣格心理学》，生活·读书·新知三联书店，2018年版。

24. ［德］法尔克·莱因贝格，王晚蕾译，《动机心理学》，上海社会科学院出版社，2012年版。

25. ［美］马库斯·白金汉、唐纳德·克利夫顿，方晓光译，《现在，发现你的优势》，中国青年出版社，2016年版。

26. ［英］R.梅雷迪思·贝尔宾，袁征等译，《管理团队成败启示录》，机械工业出版社，2017年版。

27. ［英］爱德华·德博诺，马睿译，《六顶思考帽：如何简单而高效地思考》，中信出版社，2016年版。

28. ［美］洛林·W.安德森等，蒋小平等译，《布卢姆教育目标分类学》，外语教学与研究出版社，2009年版。

29. ［法］安德烈·焦尔当，杭零译，《学习的本质》，华东师范大学出版社，2015年版。